W0019917

SIEGFRIED & ROY

edition ferenczy bei Bruckmann

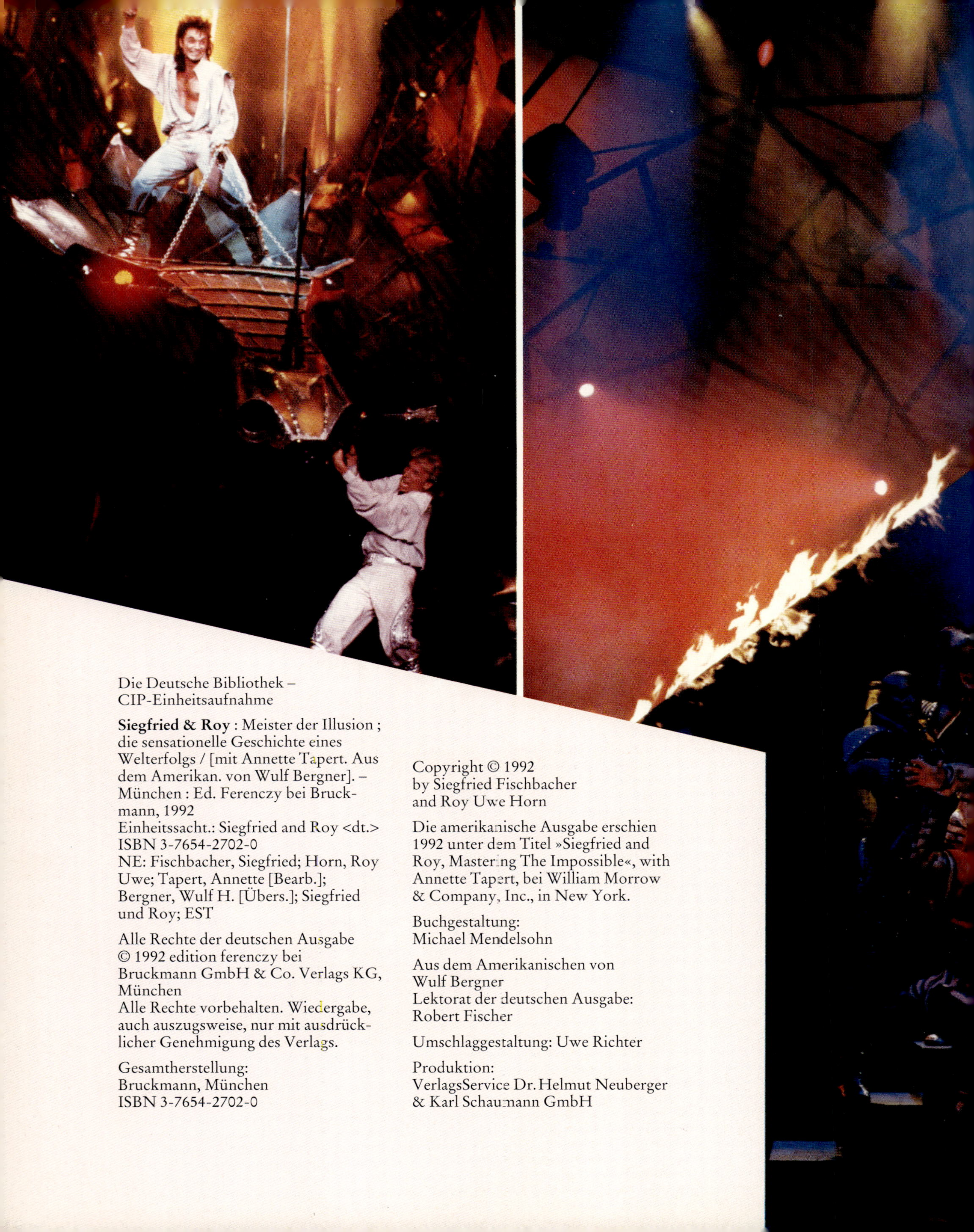

Die Deutsche Bibliothek –
CIP-Einheitsaufnahme

Siegfried & Roy : Meister der Illusion ; die sensationelle Geschichte eines Welterfolgs / [mit Annette Tapert. Aus dem Amerikan. von Wulf Bergner]. – München : Ed. Ferenczy bei Bruckmann, 1992
Einheitssacht.: Siegfried and Roy <dt.>
ISBN 3-7654-2702-0
NE: Fischbacher, Siegfried; Horn, Roy Uwe; Tapert, Annette [Bearb.]; Bergner, Wulf H. [Übers.]; Siegfried und Roy; EST

Gesamtherstellung:
Bruckmann, München
ISBN 3-7654-2702-0

Die amerikanische Ausgabe erschien 1992 unter dem Titel »Siegfried and Roy, Mastering The Impossible«, with Annette Tapert, bei William Morrow & Company, Inc., in New York.

Buchgestaltung:
Michael Mendelsohn

Aus dem Amerikanischen von
Wulf Bergner
Lektorat der deutschen Ausgabe:
Robert Fischer

Umschlaggestaltung: Uwe Richter

Produktion:
VerlagsService Dr. Helmut Neuberger
& Karl Schaumann GmbH

TNT

Inhalt

Vorwort

Dieses Buch zu schreiben, hat viel Mut erfordert.
Das erste Gebot der Magie ist, daß ein Magier niemals seine Geheimnisse verrät. Wir achten unseren Beruf und würden dies niemals tun. Aber was wäre die Alternative gewesen – ein Berühmtheitenalbum mit einem endlosen Strom von Anekdoten, die jedermanns Charakter enthüllen, nur nicht unseren eigenen?
Nun, andererseits gab es die wahre Geschichte. Und die erschreckte uns. Würde eine ehrliche Schilderung unseres Lebens – das unter schwierigen, oft sehr unglücklichen Umständen begonnen hat – die Phantasie und Leichtigkeit zerstören, die für die Magie unerläßlich sind? Konnten wir es ertragen, Erlebnisse zu schildern, über die wir noch mit keinem Außenstehenden und in einigen Fällen nicht einmal miteinander gesprochen hatten? Wie würde unser Publikum auf solche Enthüllungen reagieren?
Erst als wir begannen, unsere Kindheit aufzuarbeiten, verstanden wir den engen Zusammenhang zwischen unserer Wirklichkeit und unserer Magie – denn unsere Realität, auch in ihrer dunkelsten Form, erwies sich als Quelle unseres Charakters. Mit Tatkraft, Willensstärke und Zielstrebigkeit haben wir den Aufstieg aus schwierigen Verhältnissen in unserer deutschen Heimat geschafft. Wir sind unseren Träumen gefolgt, denn wir hatten nur diese. Dadurch ist unser Leben auf magische Weise verwandelt worden.
Heute liest man soviel über Kindheitsdramen, daß es wie ein Wunder erscheint, wenn jemand ein erfolgreicher Erwachsener wird. Wir solidarisieren uns mit allen, die gegen Dämonen ankämpfen – Kindesmißhandlung, Alkoholismus, Scheidung, zerbrochene Familien, Armut. Aber wir lassen keinen dieser tragischen Umstände als Entschuldigung für Niederlagen oder als Begründung für Verzweiflung gelten. Und so schreiben wir nicht als Meister der Illusion, sondern als Meister menschlicher Möglichkeiten.
Diese Philosophie drängt uns dazu, ein Buch zu schreiben, das ganz anders als das ursprünglich geplante ist. Wir sind der festen Überzeugung, daß jeder Mensch unabhängig von Herkunft und Lebensumständen die Macht besitzt, seine Phantasien zu verwirklichen. Dazu braucht man Selbstvertrauen, Fleiß und Ehrlichkeit. Und natürlich Mut.

Welcome, Bienvenue, Willkommen

ERSTER AKT

In uns allen erklingt eine zarte Melodie.
Wenn wir sie hören und ihr folgen,
führt sie uns zur Erfüllung
unserer sehnlichsten Träume.

SIEGFRIED UND ROY

Siegfried

In den ersten Nachkriegsjahren starrte ich auf dem Heimweg von der Schule in Schaufenstern die wenigen Luxusartikel an, von denen ein kleiner Junge träumte: Kuchen und Süßigkeiten. Leisten konnte ich sie mir nie. Aber ich ging nie an den Läden vorbei, ohne sie mir anzusehen.

Als ich acht Jahre alt war, fiel mir eines Nachmittags etwas in der Auslage einer Buchhandlung auf – ein Zauberbuch. Über vierzig Jahre später kann ich nicht erklären, was mich zu diesem Buch hinzog, aber nachträglich gesehen muß irgendeine geheimnisvolle Macht am Werk gewesen sein. Ich ging hinein, ließ es mir zeigen und studierte es eingehender als jedes Schulbuch. Ich brauchte nicht lange, um zu dem Schluß zu gelangen, dieses Buch haben zu müssen.

Das einzige Hindernis, das mir im Wege stand, war der Preis des Buches. Fünf Mark. Für mich ein Vermögen. Für jeden kleinen Jungen im Deutschland des Jahres 1947 ein Vermögen. Aber ich *mußte* es einfach haben. Meine einzige Hoffnung war, mir das Geld irgendwie zu verdienen. Also ging ich nach Hause und war der netteste Junge, den man sich vorstellen kann. Mein Benehmen war völlig atypisch. Ich machte mein Zimmer sauber; ich deckte den Tisch fürs Abendessen; ich wusch das Geschirr ab. Meine Mutter, die als Älteste von acht Geschwistern aufgewachsen war und sämtliche Tricks kannte, begriff sofort, daß ich etwas im Schilde führte.

Ich hatte erst die Hälfte des Geschirrs abgespült, als sie plötzlich hinter mir stand und fragte: »Was ist denn los mit dir?« – »Na ja, ich hab' ein Zauberbuch gesehen ...« Weiter kam ich nicht. »Was? Ein Zauberbuch? Bist du denn von allen guten Geistern verlassen?« meinte sie, schüttelte den Kopf und verließ die Küche.

Siegfried

»Bitte!« rief ich. »Es kostet bloß fünf Mark. Kann ich's bitte haben?« – »Fünf Mark! Du weißt, daß das unmöglich ist.«
Das war mir klar, aber ich bat und bettelte weiter in der Hoffnung, daß sie sich doch noch würde erweichen lassen. Aber natürlich half nichts.
Wir wohnten am Stadtrand von Rosenheim, im Ortsteil Kastenau, ziemlich weit von den Geschäften entfernt. Dies war für mich nicht die richtige Zeit, um Einkaufen zu gehen, aber ich verließ dennoch das Haus, ohne recht zu überlegen, was ich tat. Irgend etwas machte mich innerlich ganz stark – ein Gefühl, das ich nie zuvor hatte und das ich auch danach nie wieder so intensiv empfunden habe: Ich wünschte mir etwas und spürte, daß mir bestimmt war, es zu erhalten. Ich wußte nicht, *wie* ich an dieses Buch kommen würde, aber ich ahnte, daß es mein sein würde.
Was dann geschah, klingt wie ein Märchen, aber es ist eine Tatsache und war auf merkwürdige Weise vielleicht mein erstes wirklich magisches Erlebnis. Auf der Straßenseite gegenüber der Buchhandlung balancierte ich wie ein Seiltänzer auf dem Randstein und überlegte dabei, was ich als Nächstes tun sollte, als mein Blick in den Rinnstein fiel. Dort lag ein Fünfmarkstück auf dem Pflaster…
Mit zitternden Händen griff ich danach – gegen alle »Vernunft« holte ich mir das Buch und lief nach Hause. Ich war mir bewußt, daß es schwierig sein würde, dies meiner Mutter zu erklären, die nicht viel von Märchen und Wundern hielt. Aber da ich nun das Buch hatte, war mir alles andere gleichgültig. Dafür konnte ich jede Strafe ertragen.
Als ich die Tür öffnete, erwartete mich meine Mutter schon. Sie sah das Buch – und ohrfeigte mich fester, als ich jemals in meinem Leben geohrfeigt worden bin. Natürlich nahm sie an, daß ich es nicht auf ehrliche Weise erworben haben konnte. Je mehr ich ihr von dem unglaublichen Zufall, der mir den Kauf des Buchs ermöglicht hatte, zu erzählen versuchte, desto weniger glaubte sie mir.
Ob weitere Strafen folgten, weiß ich nicht mehr; wichtig war mir nur, daß ich das Buch nun endlich besaß. Ich ging schweigend auf mein Zimmer und begann, es zu studieren. Karten, Geldstücke, verschwindende Kugeln: Ich übte, bis mir die Anweisungen in Fleisch und Blut übergegangen waren.
Einen Trick beherrschte ich von Anfang an besonders gut. Man nimmt ein Geldstück, ein Taschentuch und ein Glas Wasser, läßt die Münze ins Glas fallen, und sie verschwindet. Dies war mein erstes Meisterstück, das ich natürlich sofort meinen Eltern vorführte. Mein Vater starrte mich verblüfft an und fragte: »Wie hast du das gemacht?«
In den meisten Familien wäre das eine logische Reaktion gewesen – aber für mich hatte sein Lob etwas Magisches an sich, denn in unserer Familie, in der die Kinder nach bayerischer Art streng erzogen wurden, war dies das erste Mal, daß mein Vater mich überhaupt bewußt wahrzunehmen schien. Bis zu diesem Augenblick glaubte ich für ihn nicht wirklich zu existieren; ich ging in die Schule, kam heim, aß, ging spielen und mußte dann ins Bett. Jetzt hatte mein Vater nicht nur mit mir gesprochen, sondern sein Erstaunen suggerierte auch, daß ich etwas zu leisten imstande war, das er nicht konnte – ein be-

merkenswerter Augenblick für einen Jungen, der in dem Glauben erzogen worden ist, sein Vater sei allwissend.
Und damit begann für mich ein Leben voller Magie.

Roy

Als kleiner Junge streifte ich am liebsten durchs weite Land in der Umgebung meiner norddeutschen Heimatstadt Nordenham. Dies ist eine Landschaft von düsterer Schönheit mit den weiten Flächen der Küstenebene vor einem Hintergrund aus niedrigen, sanft gewellten grünen Hügeln, Heide, Wäldern und riesigen Mooren. Ich liebte die Moorgebiete. Meine Hündin Hexe, ein pechschwarzer Wolfshund, liebte sie ebenfalls. Gemeinsam waren wir Forscher. Oder ich war ein Prinz, und Hexe war mein Einhorn. Wir rannten, wir flogen, wir kannten keine Grenzen – wir waren ein Team, und wir waren frei.

Roy mit seiner Mutter und der Wolfshündin »Hexe« in der Umgebung von Blexen

Als Sechsjähriger erwachte ich an einem Junimorgen und beschloß, dieser Tag sei zu schön, um in die Schule zu gehen. Ich rief Hexe, und wir verschwanden gemeinsam. An diesem Morgen begannen unsere Abenteuer damit, daß wir einen Maulwurf sahen, der sich aus seinem Bau gewagt hatte. Wir jagten ihn, aber er verschwand unter der Erde.
Wir spielten und tollten, bis ich zuletzt unter einer alten Weide einschlief. Als ich wieder die Augen öffnete, glaubte ich, eine Stimme zu hören. Hexe war nirgends zu sehen. Wo

war sie nur? Als ich aufstand, um sie zu suchen, sah ich statt Hexe einen Raben, der mich mit klugen schwarzen Augen anstarrte. Dabei fiel mir ein, von irgend jemandem gehört zu haben, daß Raben alles stehlen, was aus Gold oder Silber ist oder sonstwie glänzt.
Das Verhalten des Vogels faszinierte mich, denn er schritt und flatterte vor mir her und schien mit einer Stimme, die an das Krächzen eines alten Weibes erinnerte, mit mir zu reden. Während ich dem Raben langsam folgte, blieb er stehen, wenn ich stehenblieb, und bewegte sich, wenn ich mich bewegte. Ich machte dieses Spielchen mit, bis er in der Nähe einer anderen Trauerweide mit tief herabhängenden Zweigen hinter einem Büschel Schilf verschwand. Ich folgte ihm, weil ich mir einbildete, irgendwo dahinter müsse der Vogel sein Nest mit allen seinen Schätzen haben.
In meiner Hast, dem Raben zu folgen, brach ich durchs hohe Schilf, fiel nach vorn und spürte sofort, daß ich einzusinken begann. Ich versuchte, meine Füße aus dem Morast zu ziehen, aber sie blieben stecken. Ich strampelte mich ab, doch nichts half. Danach versuchte ich zu kriechen, was ebenfalls nicht funktionierte. Ich fing an, so laut ich konnte, um Hilfe zu rufen, aber je lauter ich schrie, desto tiefer sank ich ein.
Nun bekam ich wirklich Angst. Ich ruderte verzweifelt mit den Armen und klammerte mich an das hohe Schilf in meiner Umgebung, weil ich hoffte, mich daran herausziehen zu können, während der Rabe auf festem Boden stand und so laut krächzte, daß seine Stimme wie boshaftes Lachen klang. Der Vogel schien sich sehr darüber zu freuen, daß es ihm gelungen war, mich in den Sumpf zu locken.
Aber jetzt erschien Hexe wild kläffend. Der Rabe flog davon. Obwohl Hexe wußte, daß ich in Gefahr war, konnte sie mir nicht helfen, ohne sich selbst zu gefährden. Als sie wieder verschwand, wuchs meine Angst ins Unermeßliche – hatte meine beste Freundin mich verlassen?
Unterdessen steckte ich bis zur Brust im Moor. Weinend, bittend und flehend rief ich: »Hexe, Hexe, hilf mir, hilf mir!«, bis mir fast die Stimme versagte. Dann hörte ich eine Stimme, eine Menschenstimme. In Begleitung von Hexe tauchte ein alter Bauer auf. »Du lieber Gott!« rief er aus. »Halt durch, Junge!«
Der Bauer lief davon und ließ mich scheinbar ewig lange allein – in Wirklichkeit wohl nur für einige Minuten. Dann kam er mit einem zweiten ebenfalls schon älteren Mann und einem Seil zurück, das sie mir wieder und wieder zuwarfen, bis es schließlich über Kopf und Arme fiel. Sie zerrten endlos lange daran, bis der Sumpf mich endlich freigab, so daß die beiden alten Männer mich herausziehen konnten.
Ich heulte, zitterte am ganzen Leib und dankte meinen Rettern mit Tränen in den Augen, aber sie beteuerten, eigentlich müsse ich meinem Hund danken. Die beiden hatten offenbar auf dem Feld gearbeitet, als Hexe angerannt gekommen und an ihnen hochgesprungen war. Sie wußten nicht, was das bedeuten sollte, waren aber trotzdem mitgekommen. Wenig später hatten sie mein Schreien gehört und geahnt, was passiert sein mußte.
Als der Bauer das erzählte, sank ich auf die Knie, schlang meine Arme um Hexe und drückte mein kleines Gesicht an sie, während sie meine Tränen ableckte. Dies war nicht

das erste und bestimmt nicht das letzte Mal, daß ich einem meiner Tiere meine Rettung verdankte, daß die Harmonie zwischen mir und einem Tier die stärkste – und magischste – Bindung in meinem Leben war.
Dies ist, so glaube ich, der Schlüssel zum Verständnis dafür, weshalb Siegfried und ich uns trotz all unserer scheinbaren Gegensätze ähnlich sind. Die Magie hat ihm die Möglichkeit eröffnet, unglücklichen Familienverhältnissen zu entkommen und bei anderen Menschen die Beachtung zu finden, die ihm bei seinen Eltern stets versagt blieb. Für mich schien der Fluchtweg aus einer durch stumme Tränen gesehenen Kindheit zu Ruhe und Frieden über Tiere zu führen. Seltsam, nicht wahr? An entgegengesetzten Enden unseres Vaterlands fanden wir beide unseren Grund, zu *glauben*.

Siegfried

Hat man in seinem Reisepaß stehen »Geboren: Deutschland, 1939«, läßt man dadurch die Welt wissen, daß man auf der dunkleren Seite des Lebens geboren ist. Noch vor meinem zweiten Geburtstag nahm mein Vater als Soldat an Hitlers Rußlandfeldzug teil und geriet später in Kriegsgefangenschaft. Wie damals fast alle deutschen Soldatenfrauen war meine Mutter in den folgenden vier Jahren damit ausgelastet, meinen Bruder, meine Schwester und mich unter unsäglichen Umständen durchzubringen. Um es deutlich zu sagen: Wir hatten nichts. Zum Glück für meine Mutter – und für alle Frauen in vergleichbarer Lage – hielten die Leute in unserer Gegend und die Verwandten zusammen und halfen sich gegenseitig aus. In dieser Beziehung waren wir während des Krieges vermutlich glücklicher als danach, denn als er endete, begannen alle sich wieder mehr in ihr Privatleben zurückzuziehen. Für die Familien, deren Väter nicht heimkehrten, wurden Kummer und Entbehrungen noch schlimmer. Und in vielen Familien, deren Väter wie der unsere heimkehrten, war es so, als hätten sie den Krieg mit sich nach Hause gebracht.

Siegfried in der Lederhose

Als mein Vater aus Rußland zurückkam, war er zum Alkoholiker geworden. Es gelang ihm, sein Malergeschäft wieder aufzubauen, aber die frühere Größe erreichte es nie mehr. Meine Mutter mußte den Laden zusammenhalten. So hatten wir finanziell und emotional zu kämpfen. Nachträglich betrachtet muß sie das Geschäft gut geführt haben, denn wir hatten als erste Familie im Dorf ein Telefon und einige moderne Haushaltsgeräte.
Vielleicht hätte meine Mutter die Lage ändern können, aber für sie kam eine Scheidung nicht in Frage. Als alten Traditionen verhaftete katholische Hausfrau war sie in dem Glauben erzogen worden, man heirate eben, habe Kinder und akzeptiere sein Los – sei es nun gut oder schlecht.
Also fand meine Mutter sich mit einem entbehrungsreichen Leben ab, was dazu führte, daß sie außer Kummer und Sorgen kaum ein Gefühl zeigen konnte. Inmitten allgemeiner Unzufriedenheit war es kein Wunder, daß sie außerstande war, positive Gefühle zu zeigen oder uns die Liebe spüren zu lassen, die ihr Herz – wie ich weiß – für ihre Kinder empfand. Ich habe nie erlebt, daß meine Eltern sich oder uns umarmten oder küßten; ich habe sie nie »Ich liebe dich« sagen gehört. Andererseits umarmten auch wir nie unsere Eltern oder sagten ihnen, daß wir sie liebten.
Meine Kindheit bestand aus zahllosen Dramen – und trotzdem sind mir nicht bestimmte Ereignisse, sondern die dadurch ausgelösten Empfindungen im Gedächtnis geblieben. Und durch diese Empfindungen habe ich mich zu dem Menschen entwickelt, der ich heute bin. Sieht man den Auftritt eines Magiers, könnte man glauben, Magier gehören zu den selbstbewußtesten Menschen. Gewiß, man braucht Selbstbewußtsein, um Kunststücke vorführen zu können – aber wie bei Entertainern und Schauspielern sind die Wurzeln eines Magiers häufig Unsicherheit, Mangel an Beachtung und das Bedürfnis nach Liebe. Für mich war die Magie nicht nur ein Mittel, um Anerkennung zu finden, sondern als erstes und wichtigstes auch eine Möglichkeit, Trost zu finden und der

Siegfried (rechts), sein Bruder Marinus (links) und Margot, ihre Schwester, unter den Fittichen ihrer Mutter Maria

Atmosphäre bei uns daheim zu entfliehen. Sobald ich das Zauberbuch hatte, übte ich unablässig – und war glücklich dabei. Allein auf dem Weg zur Schule übte ich mit der rechten Hand Kartenkunststücke, während ich mit der linken Geldstücke verschwinden ließ. Gut, keine richtigen Geldstücke, sondern Knöpfe. Hätte ich ein Geldstück gehabt, hätte ich mir davon lieber etwas gekauft. Manchmal ließ ich mich von meinem neuen Hobby so mitreißen, daß es Schwierigkeiten gab. Nach meinem ersten Erfolg daheim meisterte ich ein weiteres Kunststück, bei dem man ein »Geldstück« hinter dem Ohr seines ahnungslosen Opfers hervorholt, das man dann verschwinden läßt. Ich beschloß, diesen Trick an meinen Freunden auszuprobieren.
Eines Tages führte ich ihn also auf dem Schulweg meinen Klassenkameraden vor. Meine eingeübten Bewegungen liefen flüssig ab und erzeugten genau die richtige Reaktion bei den anderen. Als ich eben fertig war, sah mein Freund Otto, der ein großer Possenreißer war und oft mit mir zusammen Streiche ausheckte, eine ältere, etwas korpulentere Dame auf uns zukommen, und meinte, es sei bestimmt lustig, meinen cleveren Trick an einer Fremden auszuprobieren. Otto und ich liefen auf sie zu und hielten sie an; dann ließ ich meinen Knopf auftauchen und wieder verschwinden. Die Frau wurde hysterisch – sie war davon überzeugt, der Knopf stamme von ihrem Mantel. Und trotz unserer Proteste beschwerte sie sich beim Direktor unserer Schule, Otto und ich hätten ihr einen Knopf abgerissen.
Damals hatten Kinder immer unrecht, ohne daß erst lange nachgeforscht wurde. Wir wurden sofort in den Keller geschickt und eingesperrt. Unglücklicherweise vergaß der Lehrer uns dort unten. Zwei, drei, vier Stunden verstrichen, ohne daß jemand kam. Unterdessen mußte der arme Otto dringend auf die Toilette. Da er Angst hatte, auf den Fußboden zu machen – das hätte eine weitere Strafe einbringen können –, sah er sich nach einer anderen Lösung um. Zufällig standen in unserem Keller einige Fässer Sauerkraut. Mit tränenüberströmtem Gesicht und vor Schmerzen zusammengekrümmt, weil er sich so lange zurückgehalten hatte, stieg er auf ein Faß, scharrte im Kraut wie eine Katze in ihrem Klo und machte endlich sein Geschäft ins Sauerkraut. Und als er damit fertig war, scharrte er es ganz wie eine Katze wieder zu. Durchs Fenster sahen wir es draußen dunkel werden; alle hatten uns vergessen. Gott sei Dank, daß um die Abendessenszeit doch noch der Hausmeister vorbeikam und uns herausließ.
Dieses Erlebnis hatte drei Konsequenzen: Kein Schüler wurde jemals wieder im Keller eingesperrt, ich rührte niemals wieder Sauerkraut an, und ich führte niemals wieder ein Zauberkunststück mit Knöpfen vor.
Etwas anderes bewirkte dieser Vorfall allerdings nicht: Er konnte mich nicht von der Zauberkunst fernhalten. Denn sobald man einmal süchtig geworden ist, läßt die Zauberei sich mit nichts anderem vergleichen. Sie wird zur Herrscherin, der man verfällt.
Ich weiß noch, wie ich als Zwölfjähriger für ein paar Leute einige Zauberkunststücke vorführte, als ich jemanden sagen hörte, in München gebe es einen Zauberladen. Da ich in vieler Beziehung vom Rest der Welt abgeschnitten war, war ich niemals auch nur auf

den Gedanken gekommen, daß es ein Geschäft für Zauberartikel geben könnte. Daheim schlug ich als erstes in einem Münchner Telefonbuch nach. Und da stand tatsächlich groß und deutlich: ZAUBERKÖNIG.
Das einzige Problem war, daß München knapp 60 Kilometer von Rosenheim entfernt liegt. Meine Mutter wäre nicht im Traum auf die Idee gekommen, mich allein in die Großstadt fahren zu lassen. Und schon gar nicht, um in ein Zaubergeschäft zu gehen – niemals! Für mich gab es also nur eine Lösung: Ich mußte mit dem Fahrrad meines Vaters hinfahren. So stand ich eines Morgens vor Sonnenaufgang auf, machte mir ein paar belegte Brote und fuhr los, ohne mein Ziel anzugeben.
Die weite Fahrt war kein leichtes Unterfangen. Das Fahrrad meines Vaters war viel zu groß für mich. Da meine Füße die Pedale sonst nicht erreicht hätten, konnte ich nicht auf dem Sattel sitzen, sondern mußte im Stehen fahren, wobei ich mit einem Bein unter der Stange hindurch das andere Pedal trat. Hätte mich jemand dabei beobachtet, hätte er geglaubt, keinen zukünftigen Magier, sondern einen Schlangenmenschen im Training vor sich zu haben.
Als ich nachmittags endlich ankam, wußte ich zwar die Adresse, hatte jedoch keine Ahnung, wo das Geschäft liegen könnte. Nach längerem Umherirren in dieser großen, pulsierenden Stadt, in der ich mich völlig verloren fühlte, fand ich es schließlich doch und blieb lange Zeit wie gebannt vor dem Schaufenster stehen. Ich wollte meinen Augen nicht trauen. Hier gab es alles, wovon ich geträumt hatte: Federboas, Blumen, Seidentücher, Spazierstöcke – lauter Dinge, mit denen ich gern gezaubert hätte. Dann faßte ich mir ein Herz und trat ein. Die Verkäuferin muß weit über achtzig gewesen sein: eine runzlige, vertrocknete ungarische Zigeunerin mit eingesunkenen Wangen, einem Turban und riesigen Ohrringen. Ich fragte so höflich wie ich nur konnte, ob sie mir einige Zauberartikel zeigen könne.
»Welche interessieren dich denn?« sagte sie barsch.
Ich sah mich um. Mein Blick fiel auf ein Kästchen, aus dem man scheinbar endlos Seidentücher zaubern konnte. Ich bat wiederum höflich, dieses Kästchen sehen zu dürfen, aber weder meine Höflichkeit noch meine pennälerhafte Unschuld nahmen sie für mich ein.
»Wieviel Geld hast du denn?« fauchte sie.
»Keines«, gab ich zu. »Aber wenn Sie mir zeigen würden, wie dieses Kästchen funktioniert …«
»Das ist nur was für Berufszauberer«, sagte sie in einem unfreundlichen, abweisenden Tonfall, der mir die Gewißheit gab, daß sie mir das Kästchen nicht zeigen würde, bevor ich mit einer Handvoll Geldscheinen bei ihr aufkreuzte.
Niedergeschlagen verließ ich das Geschäft und radelte die weite Strecke nach Rosenheim zurück. Wichtiger als meine Enttäuschung war aber das Gefühl, etwas gelernt zu haben: Meine Neugier und mein Wunsch, etwas zu erleben, waren so groß, daß mich nichts mehr beirren konnte, und ich war inzwischen fest davon überzeugt, daß man stets einen

Weg findet, das zu erreichen, was man sich am sehnlichsten wünscht. Nichts konnte mich aufhalten.

Mit solchen Eigenschaften wie dieser Fähigkeit zur Selbstmotivation, mit Tatkraft und Ehrgeiz bin ich, so glaube ich, schon auf die Welt gekommen, denn in meinem Leben gab es niemanden, der mir das nötige Selbstbewußtsein vermittelt hätte. Um mich herum wurde alles im Leben eher negativ gesehen – in Rosenheim war das Glas stets halbleer. Nicht nur daheim, überall schien diese Einstellung vorzuherrschen: von der Nachbarin bis zur Krämerin und zum Eiermann. Für sie gab es nur die »Realität«, aus der man irgendwie das Beste zu machen hatte. Träume, Phantasien und Ehrgeiz blieben für den Rest der Welt reserviert.

Die wenigen Kunststücke in meinem kleinen Zauberbuch genügten mir schon bald nicht mehr. Aber mehr zu lernen, erwies sich als Problem. In Deutschland war die Zauberei damals eine eifersüchtig geheimgehaltene Kunst. Deshalb lernte ich, Kunststücke selbst zu entwickeln, wobei ich die einzigen Hilfsmittel gebrauchte, die mir zur Verfügung standen: meinen Instinkt und meine Phantasie.

Siegfried – Aufmerksamkeit um jeden Preis!

Ich brachte mir bei, Glühbirnen zu essen und Rasierklingen zu verschlucken. Nicht wie diese Tricks in gewöhnlichen Zaubershows vorgeführt werden, sondern à la Siegfried Fischbacher – indem ich sie wirklich aß. Durch viel Nachdenken und Übung fand ich eine Methode, sie zu verdauen, so daß ich mir nicht mehr tat, als mich gelegentlich in die Zunge zu schneiden. Nachträglich ist mir klar, wie verrückt ich damals war. Obwohl ich nur einen Weg zu selbstentwickelten Zaubertricks suchte, benützte ich die Magie auch, um mein Publikum, meine Freunde zu beeindrucken. Um ihre Achtung und Anerkennung zu erringen, wollte ich etwas tun, wozu ihnen der Mut fehlte.

Ich erinnere mich noch gut daran, wie ich in einer Schaubude auf dem Rosenheimer Volksfest die Magier bei der Arbeit beobachtete und dann versuchte, ihre Tricks zu erlernen. Bei einer solchen Vorstellung sahen meine Freunde und ich einen Magier, der behauptete, Rasierklingen essen zu können. Als Beweis, daß sie echt waren, bat er jemanden aus dem Publikum auf die Bühne, um sie kontrollieren zu lassen. Natürlich wollte ich liebend gern dort hinauf, deshalb sprang ich hoch und erkletterte die Bühne. Ich untersuchte die Rasierklingen sehr sorgfältig – sie waren ohne Zweifel echt. Und weil ich das Gefühl genoß, auf einer Bühne zu stehen und alle meine Freunde zu mir aufblicken zu sehen, aß ich sämtliche Rasierklingen mit dramatisch wirkenden Gesten selbst auf. Das gesamte Publikum begann zu kreischen. Die Artisten waren so aufgebracht, daß sie mich von der Bühne prügeln wollten. Aber ich war mir freudig bewußt, daß ganz Rosenheim über mich reden würde.

Diese Geschichte ist vor allem ein Gleichnis dafür, wie ich immer an meine Kunststücke und Illusionen herangegangen bin. Sie sind stets etwas gewesen, das ich aus meiner eigenen Phantasie geschöpft habe. Dabei war ich nicht immer erfolgreich. Mit 14 Jahren gab ich eine Zaubervorstellung, die eine Katastrophe war. Sie fand vor einem Ziegenzüchterverein statt, den ich glänzend unterhielt, bis ich als Höhepunkt eine Ziege verschwinden lassen wollte. Nun, die Ziege verschwand, aber ihr wedelnder Schwanz blieb sichtbar. Ich mühte mich ab, ohne den Schwanz zum Verschwinden bringen zu können. Die Ziegenzüchter brüllten vor Lachen, aber ich gab – zumindest vorläufig – alle Hoffnung auf, jemals große Tiere verschwinden lassen zu können.

Doch es gab Zeiten, in denen meine Magie mich nicht nur in andere Welten entführte, sondern mir auch dabei half, unglückliche Umstände zu mildern. Zum bayerischen Alltag gehörte damals etwa, daß der Mann am Samstag seinen Wochenlohn erhielt und an diesem Abend durch die Wirtshäuser zog, um mit seinen Stammtischbrüdern zu trinken. So auch mein Vater. Er hatte ein Motorrad, mit dem er mehrmals verunglückte, als er betrunken fuhr. Dann mußten mein Bruder und ich ihn blutend und zerschlagen auflesen und heimschaffen. Während wir ihn bis zur Tür schleppten, wartete unsere arme Mutter zu Hause – krank vor Angst, weil sie fürchtete, er könnte zu Tode gekommen sein.

Als ich etwa vierzehn war, kam mein Vater einmal von einer Sauftour besonders lange nicht mehr heim. Drei Tage lang weinte meine Mutter und meinte: »Diesmal weiß ich, daß er tödlich verunglückt, wenn er heimfährt.« Zuletzt konnte ich es nicht länger aushalten. Ich wollte ihren Schmerz lindern, deshalb ging ich ins Wirtshaus.

Wie aber sollte ich den Schlüssel an mich bringen, damit er das Motorrad nicht benützen konnte? Ich wußte, daß es zwecklos gewesen wäre, ihn direkt darum zu bitten. Er und seine Kumpel waren alle schon ziemlich betrunken.

Anfangs glaubte er, Mutter habe mich geschickt. Dann leistete ich ihm eine Zeitlang Gesellschaft, und als ich spürte, daß er mir nun nicht mehr mißtraute, kündigte ich freundlich an, einige Zauberkunststücke vorführen zu wollen. Ich bat den Wirt um ein Stück Bindfaden, ließ mir von meinem Vater den Zündschlüssel geben, band ihn an die Schnur, breitete ein Taschentuch darüber und zog es mit elegantem Schwung weg – der Schlüssel war verschwunden. Während die Männer noch staunten, verschwand ich selbst.

Hätte ich gewußt, welche Folgen mein einfallsreicher Zaubertrick haben würde, hätte ich ihn wahrscheinlich nicht vorgeführt. Schon als ich ging, hatte ich ein schlechtes Gefühl: Früher oder später würde mein Vater merken, daß ich ihn bloßgestellt hatte, weshalb er in den Augen seiner Freunde als Tölpel dastehen mußte. Als ich heimkam, ging ich daher sofort ins Bett und stellte mich schlafend.

Wenig später kam mein Vater nach Hause. Ich lag starr und mit bis zum Hals schlagendem Herzen in meinem Bett, während ich ihn durchs Haus poltern hörte. Nach einigen Minuten kam er wie ein Besessener in mein Zimmer gestürmt, ein Stück Gummischlauch in seiner Hand. Er warf sich auf mich und prügelte und prügelte mich, und als er nicht wußte, ob ich genug abbekommen hatte, prügelte er mich weiter. Wäre mein Bruder Marinus nicht gekommen, um mich zu beschützen, hätte er mich totgeprügelt.
Und trotzdem verzieh ich meinem Vater, weil ich erkannte, daß er damals nicht er selbst war: Er war betrunken, und Alkoholismus ist wirklich eine Krankheit. Das war eine schmerzliche, aber nützliche Lektion: Niemals mehr würde ich die Magie auf Kosten anderer einsetzen; sie sollte nur unterhalten und reines Erstaunen wecken.

Die Geschichte meiner Geburt im Krieg habe ich so oft von meiner Mutter gehört, daß ich fast glaube, alles selbst gesehen zu haben. Am 3. Oktober 1944 hatte Johanna Horn das Pech, im neunten Monat schwanger zu sein. An diesem Abend ließen alliierte Bombenangriffe Bremerhaven und die benachbarte Stadt Nordenham – beides wichtige Marinestützpunkte – wie blutrote Fackeln aufleuchten. Häuser brannten; Frauen und Kinder schrien. Wer nicht unter den Trümmern begraben lag oder viel Vertrauen zu seinem Luftschutzkeller hatte, hastete zur Weser, wo es kleine Boote und verhältnismäßig viel Sicherheit auf dem Wasser gab. In ihrem Keller in Nordenham wußte Johanna Horn nicht, was sie tun sollte. Einerseits mußte sie drei kleine Kinder trösten und beschützen, andererseits regte sich neues Leben in ihr – inmitten dieses Wahnsinns hatten ihre Wehen eingesetzt. Johanna Horn entschied sich für die Zukunft. Sie ermahnte ihre Kinder, den Keller nicht zu verlassen, bestieg ihr Fahrrad und strampelte verzweifelt quer durch die ganze Stadt. Um sie herum detonierten Bomben, aber sie schaffte es, das sichere Haus ihrer Schwester unversehrt zu erreichen. Eine Viertelstunde später gebar sie den letzten ihrer vier Söhne. Ihre Träume, Zuversicht und Hoffnungen für die Zukunft wurden in eine kleine Wiege gelegt. Und so, berichtet eine Familienlegende, wurde Roy Uwe Ludwig Horn geboren.

Roy als Zweijähriger – für den Lebenskampf gerüstet

Die Chancen eines Säuglings, das letzte Kriegsjahr zu überleben, waren nicht groß. Zu essen gab es nicht viel. Und in diesem kalten Winter war Heizmaterial noch knapper. Meine Mutter ging dazu über, kleine mit Eis überzogene Holzstücke vom Gartenzaun abzubrechen, weil sie hoffte, ihr winziges Feuer werde uns am Leben erhalten.
Dies war unsere unglückliche Lage, als mein Vater nach jahrelangem Einsatz an der Ostfront heimkehrte. Vor dem Krieg war er ein erfolgreicher Kapellmeister gewesen, der sich ein Vergnügen daraus machte, seinen Söhnen Unterricht auf einem der sechs Instrumente zu erteilen, die er spielte. Nach 1945 war er wie Siegfrieds Vater nicht mehr derselbe Mann, sondern kämpfte einen Privatkrieg gegen sich selbst weiter. Im Gegensatz zu Siegfrieds Eltern ließen meine sich bald nach Kriegsende scheiden; obwohl ich meinen Vater später manchmal besuchte, entstand nie eine richtige Bindung zwischen uns, und die Besuche hörten irgendwann auf.
Schon bald nach ihrer Scheidung heiratete meine Mutter einen Mann, der ebenfalls aus dem Krieg heimgekehrt war. Damals ahnte sie nichts von dem emotionalen Aufruhr in seinem Innern und konnte nicht vorhersehen, in welche geistigen Qualen er unsere Familie stürzen würde. Alles begann wunderbar: Ich hatte ein Kindermädchen, meine Geburtstage wurden groß gefeiert, und vor allem behandelte mein Stiefvater mich wie seinen eigenen Sohn. Ich führte ein in jeder Beziehung privilegiertes Leben.
Obwohl ich drei Brüder hatte, war ich in gewisser Beziehung ein Einzelkind. Alfred, der älteste Sohn, war bereits aus dem Haus. Werner lebte bei unserem wirklichen Vater, und Manfred, der an sich alt genug war, um auf eigenen Beinen zu stehen, wohnte nur gelegentlich bei uns, weil er nach einem Motorradunfall mit medizinischen Problemen zu kämpfen hatte. Er mußte sich zahlreichen Operationen unterziehen und kam dann zu uns, um sich bei unserer Mutter zu erholen. Trotzdem kam ich mir nie als Lieblingskind vor. Aus meiner Sicht wurde Alfred am meisten geliebt, obwohl er das schwarze Schaf war; Manfred war wegen der Unfallfolgen am meisten von unserer Mutter abhängig; Werner, der am selben Tag wie sie Geburtstag hatte, stand ihr am nächsten. Ich mußte mich mit dem begnügen, was übrigblieb.
Als Geschäftsführer eines großen Bauunternehmens war mein Stiefvater – ein hochintelligenter und erfolgreicher Mann – in einer Branche tätig, die in Deutschland nach dem Krieg im Gegensatz zu vielen anderen florierte. Meine Mutter konnte nun glauben, endlich eine gewisse materielle Sicherheit gefunden zu haben. Alles hätte weiter gutgehen können, wäre mein Stiefvater nicht mit einer Beinverwundung, einer Thrombose und bestimmten geistigen Verletzungen aus dem Krieg heimgekehrt. Als ein von Natur aus starker Mann, der keine Schwäche bei sich dulden konnte, wandte auch er sich dem Alkohol zu, um seine Schmerzen zu lindern. Und als diese im Lauf der Zeit stärker wurden, steigerte sich auch sein Alkoholkonsum. Der einst so fürsorgliche Familienvater, der Frau und Stiefsohn mit Liebe und Geschenken überhäuft hatte, verwandelte sich rasch in einen eifersüchtigen und herrschsüchtigen Tyrannen – von der Angst getrieben, die einzigen Menschen zu verlieren, die ihm etwas bedeuteten: meine Mutter und mich.

Der Ernst des Lebens ... beginnt nicht erst am ersten Schultag

Sein geistiger und körperlicher Verfall ließ ihn schließlich arbeitsunfähig werden. Als wertvollem Mitarbeiter des Unternehmens gewährte man ihm eine Pension, die ihm einen behaglichen Ruhestand ermöglichen sollte, die ihm aber aufgrund bürokratischer Hemmnisse nicht sofort ausbezahlt wurde. Personalakten, die in ausgebombten Gebäuden gelagert gewesen waren, blieben verloren, so daß es nicht Monate, sondern Jahre dauerte, bis er seine Pension erhielt. Wir konnten kurze Zeit von seinen Ersparnissen leben, aber als sie aufgezehrt waren und das Ruhegehalt noch immer nicht bewilligt war, mußten wir Sozialhilfe beantragen, um überleben zu können.

Als ich dann in die Schule kam, ging meine Mutter arbeiten, um dafür sorgen zu können, daß ich nicht schlechter angezogen war als die anderen Kinder. Sie stand um halb sechs Uhr auf und fuhr bei jedem Wetter mit ihrem klapprigen alten Rad zur Weserfähre, um nach Bremerhaven überzusetzen. Dort mußte sie noch kilometerweit radeln, ehe sie die Fabrik erreichte, in der sie zehn Stunden lang arbeitete. Wegen dieser langen Arbeitszeit konnte sie mich morgens nicht in die Schule schicken oder zu Hause sein, wenn ich aus der Schule kam – eine schreckliche Strafe für eine Frau, deren einziger Ehrgeiz es war, eine gute Ehefrau und Mutter zu sein.

In dieser Lage mußte ich rasch selbständig werden. Ich war kaum dem Kindergarten entwachsen, als ich morgens allein aufstand, mir selbst mein Frühstück machte, in die Schule ging und allein heimkam. Um dem betrunkenen Gefasel und Geschwätz meines Stiefvaters zu entgehen, schlich ich mich dann in den Keller, kroch aus dem Fenster und flüchtete mit Hexe, um über die Felder zu streifen, bis meine Mutter nach Hause kam. So war es nicht verwunderlich, daß ich einsam und menschenscheu wurde – und daß meine Wolfshündin nicht nur mein Spielgefährte, sondern mein einziger Freund war.

Abends wurden die Konfrontationen nur noch schlimmer. Der Alkoholkonsum tagsüber verstärkte die irrationalen Empfindungen meines Stiefvaters, die dann bis zum Abendessen solche Ausmaße erreichten, daß die Nächte für meine Mutter und mich die Hölle auf Erden wurden. Mein Stiefvater drohte uns mit dem Rattengift, das er im Küchenschrank aufbewahrte, und mit dem im Geschirrschrank versteckten Beil. Ich hatte das Beil eines Tages entdeckt, mir aber nie träumen lassen, daß er es benützen würde. Doch eines Nachts holte er es heraus. Meine Mutter und ich flüchteten in mein

Roy lächelt in die Kamera und führt stolz sein neues Fahrrad vor, das er als erster Junge in seinem Ort bekommen hat

Zimmer und schlossen uns ein, während uns mein Stiefvater lallend beschimpfte und die massive Holztür einzuschlagen versuchte. So ging es stundenlang weiter, während meine Mutter und ich uns ängstlich aneinanderdrängten – und das nicht nur in dieser einen Nacht. Ja, wir hätten um Hilfe rufen können. Wir wohnten noch immer in einem Gebäude, das der ehemaligen Firma meines Stiefvaters gehörte, und dort gab es einen

Wachmann, der stündlich die Runde machte. Meiner Mutter widerstrebte es jedoch, sich anderen zu offenbaren: Sie wollte unbedingt vermeiden, meinen Stiefvater zu provozieren. So waren wir in gewisser Beziehung seine Gefangenen, was genau seinen Absichten entsprach.
Mein Stiefvater hätte das Schloß meiner Zimmertür leicht aufbrechen können, nur meine Wolfshündin hinderte ihn daran, bei uns einzudringen. Tatsächlich wurde Hexe also unsere Beschützerin, und das intensivierte meine Beziehung zu ihr: Sie war das einzige Lebewesen, dem ich hundertprozentig trauen konnte. Spät nachts, wenn der Alptraum endlich vorbei war, weinte ich mich an sie gekuschelt in den Schlaf.
Angeblich kann die tierische Intelligenz niemals mit unserer vergleichbar sein. Ich habe aber schon sehr früh festgestellt, daß Tiere meine Gedanken *spüren*, bevor ich sie habe. Menschen, die keine starken Bindungen zu Tieren haben, mögen das für verschwommenen Mystizismus halten; für mich ist es einfach eine Tatsache. Werde ich also gefragt, was häufig vorkommt, wie sich solche Harmonie zwischen mir und meinen Tieren herausgebildet hat, gebe ich daher nur selten erschöpfend Auskunft. Außer Siegfried habe ich noch keinem Menschen die vollständige Geschichte meiner Kindheit erzählt. Und ich scheue davor zurück, mein Verhältnis zu Tieren als ein lebendes *Karma,* als eine Vorausbestimmung, als die Summe meiner Aura zu beschreiben. Wie soll ich wohlmeinenden Fremden erklären, daß mein Sicherheitsgefühl – die Gewißheit bedingungslosen Vertrauens, bedingungsloser Gefühle und bedingungsloser Stärke – auf meinen Kindheitserlebnissen mit Tieren basiert? Würde es korrekt interpretiert, wenn ich zugäbe, daß meine Tiere und ich sozusagen Komplizen sind? Wer könnte verstehen, daß – unabhängig von allem, was zwischen mir und Menschen, die ich gern habe, vorgeht – die große Liebe meines Lebens stets meine Tiere sein werden? Obwohl es schwierig ist, darüber zu sprechen, ist die Realität meines Lebens sehr einfach. Meine Tiere sind die Freunde, die mich stets als das akzeptieren werden, was ich bin: ob arm oder reich, dick oder dünn, klug oder dumm.

Siegfried

Die Magie war durchaus nicht der einzige Lebensinhalt meiner Kindheit. Mich interessierte auch alles, was mit dem Theater, mit der Bühne zu tun hatte. Das kam hauptsächlich durch den Einfluß von unserem Pfarrer, Johannes Stadler.

In unserer Kindheit spielte der Pfarrer eine wichtige Rolle im Leben der Kinder in Bayern: Er ersetzte vielen den Vater. Für mich fungierte er als Dauerersatz. Er hielt nicht nur unsere Familie zusammen, sondern war auch mein Mentor; er öffnete mir ein Fenster, durch das ein kleiner Lichtstrahl fiel, denn ich war sein besonderer Schützling.

Pfarrer Johann, selbst ein verhinderter Schauspieler, errichtete in seinem Garten eine kleine Bühne, damit wir Theaterstücke aufführen konnten. Als er sah, daß ich solche Aufführungen liebte und ein guter Darsteller war, begann er, mein Talent zu fördern und mich zum Schauspieler heranzubilden.

Ich mochte es, verschiedene Rollen zu spielen, und trat mit etwa 15 Jahren an Wochenenden auf Hochzeiten, Gesellschaften und städtischen Veranstaltungen als Komiker auf. Da mein Repertoire den trockenen Humor meiner bayerischen Landsleute ansprach und da ich auch einige Lokalgrößen verspottete, brachte ich es in Rosenheim bald zu einer gewissen Berühmtheit.

Um nacheinander bis zu fünf Personen unterschiedlichen Alters darstellen zu können, mußte ich lernen, wie man sich schminkt. Damit täuschte ich alle: Ich konnte so alt aussehen, wie es nötig war. Das führte zu Schwierigkeiten nach meinem Auftritt, wenn Zuschauer den Darsteller zu einem Bier einladen wollten. Ohne Schminke war ich bloß ein kindlich wirkender Ju-

Siegfried als Ministrant neben Pfarrer Johann, dem Dorfpfarrer. Wie viele katholische Jungen in Bayern hatte er daran gedacht, Priester zu werden.

Siegfrieds erster Versuch, die Bühne zu beherrschen

gendlicher – und sie waren enttäuscht. Deshalb war ich meistens unsicher, sobald ich die Bühne verließ. Um diese Unzulänglichkeit wettzumachen, begann ich mit Zauberkunststücken, sobald ich saß. So amüsierten sich alle – auch ich – prächtig. Tatsächlich ermöglichte mir Johann den Besuch meiner ersten wirklichen Zaubervorstellung. Ich fuhr nach München, um im Deutschen Theater den großen deutschen Magier Kalanag auftreten zu sehen. Das war der Höhepunkt meiner Kindheit – und bis heute eines der aufregendsten Ereignisse meines Lebens, denn Kalanag regte mich an und inspirierte mich, selbst ein Magier zu werden. Ich war nicht nur von seinen Illusionen gefesselt; auch seine Persönlichkeit und der Glanz seiner luxuriösen Inszenierungen schlugen mich in ihren Bann.
Damals sah ich zum ersten Mal, daß ein Magier seine Illusionen mit Stil und Charme kolorieren kann. Wahre Magie, das wurde mir klar, besteht nur zur Hälfte aus Fingerfertigkeit. Man übt, übt und übt, bis die Bewegungen einem so in Fleisch und Blut übergegangen sind, daß man nicht mehr an sie zu denken braucht. Hat man diesen Punkt erreicht, wird die Magie zu einem Teil des eigenen Ichs, und man beginnt wieder von vorn, indem man seine Persönlichkeit in die Illusion mit einbringt.
Kalanag vereinigte Magie und Persönlichkeit auf brillante Weise. Sein Auftritt bewies mir, daß mein Wunsch, als Schauspieler auf der Bühne aufzutreten und meine Leidenschaft für die Magie miteinander vereinbar waren.

Roy

In der Schule war ich hoffnungslos schlecht. Nach nächtelangen Familiendramen kroch ich morgens mühsam aus dem Bett und war so müde, daß ich kaum die Augen offenhalten konnte. Ich döste im Unterricht, kam erschöpft nach Hause und war zu müde, um meine Hausaufgaben zu machen. Ein anderer Junge hätte sich vielleicht Sorgen gemacht, weil er zurückfiel. Ich dagegen verwandelte mich in einen Träumer und Phantasten.

Ein Vorfall war symptomatisch für meine gesamte Schullaufbahn. Als Hausaufgabe hatten wir einen Aufsatz übers Meer zu schreiben – an sich eine einfache Aufgabe, weil wir von Wasser umgeben lebten. Nach einer schlimmen Nacht hatte ich nicht ein Wort zu Papier gebracht. Als der Deutschlehrer jedoch den Mittelgang entlang kam und uns aufforderte, unsere Aufsätze laut vorzulesen, betete ich darum, die Stunde möge zu Ende sein, bevor ich aufgerufen wurde. Aber ich hatte Pech. Also stand ich auf, sah auf mein leeres Blatt herab, holte tief Luft und begann:

»Unter dunklen Sturmwolken kämpfte der kleine Fischkutter sich mühsam durch die hochgehende See, deren Gischt sein Vordeck überflutete. Der Sturm brachte Eis und Hagel mit, und die Besatzung erkannte, daß sie umkehren mußte. Der jüngste Matrose holte das schwere Netz ein, als plötzlich ein Schrei übers Deck hallte. Der Junge war über Bord gespült worden. Die Besatzung lief an die Reling. Sie sah nichts. Aber dann zeigten sich ein kleiner Kopf und ein zu den Wolken hochgereckter Arm – ein stummer Hilfeschrei. Danach kamen die großen Eisschollen, und er wurde nicht mehr gesehen. ›Uwe, Uwe, wo bist du?‹ rief die Besatzung. Und als der Kutter endlich wieder in den Heimathafen einlief, stand die Mutter des Jungen mit ausgestreckten Armen wartend da und wiederholte dieselbe Frage.«

Während ich die Geschichte erzählte, glaubte ich sie beinahe selbst und trug sie deshalb wohl sehr überzeugend vor. Leider merkte ich nicht, daß die Klasse mucksmäuschenstill war und der Lehrer dicht neben mir stand. Zu meinem Pech sah er nach unten. Was ihn zu meiner Bank geführt hatte, war nicht meine Vorlesekunst, sondern die Tatsache, daß ich kein einziges Mal umgeblättert hatte. Er zog mich am Ohr nach vorn zur Tafel und schickte mich dann zum Rektor Hinrichs.

Diesmal ging die Sache ausnahmsweise gut aus. Dem Rektor gefiel meine phantasievolle Geschichte. Er ließ sie mich nachträglich zu Papier bringen, und dann zeigte er sie als Beispiel meinen Parallelklassen.

Solche Fluchten ins Reich der Phantasie waren für mich gesunde Abwehrmechanismen – denn in seinem Innersten war dieser unterernährte kleine Schwächling ein ausgewachsener Optimist, der das Leben wirklich liebte. Ich glaubte trotz allem, daß es außerhalb meiner engen, begrenzten äußeren Welt etwas Besseres geben müsse. Deshalb erfand ich Geschichten, flüchtete mich in andere Welten, vergrub mich in Bücher oder streifte mit meinen Tieren durch die Natur und spielte Stierkämpfer mit den Bullen, die auf den

Marschen weideten. Irgendwo, dessen war ich mir sicher, würde ich das wahre Leben erkennen. Mein Optimismus war so unerschütterlich, daß andere Menschen mich für ein liebenswertes Kind mit sonnigem Gemüt hielten. Und trotz aller Schwierigkeiten scheine ich im Grunde genommen auch wirklich ein glückliches Kind gewesen zu sein. Niemand sah mich jemals weinen – das tat ich nur, wenn ich mit Hexe allein war. In Gegenwart anderer hätte man mich verprügeln können, ohne mir auch nur eine Träne zu entlocken. In gewisser Beziehung war solche Härte nützlich. In anderer Beziehung schadete sie mir eher, denn diese Stärke und Willenskraft regten meinen Stiefvater so auf, daß er entschlossen war, meinen Willen zu brechen. Zum Glück gelang ihm das nie, denn außer meinen Tieren war dieser starke Wille das einzige, was ich besaß.
Gewiß, in meiner Umgebung gab es Menschen, an die ich mich hilfesuchend hätte wenden können. Ich hatte zwei Großmütter, einen wirklichen Vater und einen älteren Bruder, der inzwischen erwachsen war. Aber Stolz und Scham hinderten mich daran, irgend etwas zu unternehmen. Ich wollte meine Mutter und die Reste unseres kleinen Kreises beschützen; ich wollte verhindern, daß Freunde oder Verwandte mitbekamen, was in unserem Haus vorging.
Deshalb beklagte ich mich nie, so schlimm die Verhältnisse auch sein mochten. Und es gab wahrhaftig viele Tage, an denen wir nicht genug zu essen hatten, so daß ich wirklich Hunger litt, und Tage, an denen ich durch ein verschneites Fenster unseres Hauses beobachtete, wie mein Stiefvater bis zur Bewußtlosigkeit betrunken von Fremden auf einem Kinderschlitten vor unsere Haustür gezogen wurde.
Zum Glück gab es zwei herzensgute Menschen in meinem Leben: die beste Freundin meiner Mutter und deren Mann. Die beiden waren kinderlos und hatten mich sehr gern. Obwohl »Tante Paula« ahnen mußte, was bei uns zu Hause vorging, versuchte sie niemals, mich auszuhorchen. Und obwohl sie und »Onkel Emil« alles für mich getan hätten, schienen sie zu verstehen, daß ich nicht zuviel von ihnen annehmen durfte. Hätte ich sie zu nahe an mich herangelassen, das wußte ich, wäre damit vermutlich das Drama enthüllt worden, das sich in unserem Haus abspielte.
Etwas wußten Paula und Emil mir jedoch zu bieten, das ich unmöglich zurückweisen konnte: Onkel Emil war Generaldirektor der Bremer Sparkassen, die nach dem Zweiten Weltkrieg eine wichtige Rolle beim Wiederaufbau Bremens spielten. Deshalb saß er im Vorstand praktisch aller großen Bremer Unternehmen; zu meinem Glück gehörte er auch zu den Männern, die den Wiederaufbau eines inzwischen nicht mehr existierenden kleinen Zoos in Bremen förderten.
Da meine Tante und mein Onkel wußten, wie tierlieb ich war, machten sie mir also ein Geschenk: unbeschränkt freien Zugang zum Zoo und seiner Bibliothek. An Wochenenden und in den Ferien war ich stets dort anzutreffen. Anfangs tat ich nie viel, trieb mich nur herum und beobachtete die Tiere. Als ich die dort arbeitenden Leute besser kannte, erbot ich mich, bei der Tierpflege zu helfen. Der Tierarzt nahm mich auf seine Runde mit, und ich durfte den Tierpflegern bald zur Hand gehen.

Roy – damals wie heute ein Freund großer Raubtiere

So sehr ich die Flamingos auch mochte, mein großer Traum war es, das Gehege der prachtvollen Tigerin des Tiergartens betreten zu dürfen. Aber das blieb unmöglich. Sie war so wild, daß sogar die Tierpfleger Schwierigkeiten mit ihr hatten; sie lebte in einem

riesigen Käfig für sich allein. Mich rührte ihre Einsamkeit: Weil die große Katze so gefährlich war, daß niemand sich mit ihr beschäftigen wollte, hatte sie nicht viel Kontakt mit Menschen.
Nicht weit von der Tigerin entfernt hauste eine etwas kleinere Raubkatze – ein Gepard namens Chico. Er war das erste exotische Tier, das ich lieben lernte, und später das Bindeglied zwischen Siegfried, der Magie und mir. Chico war in der Wildnis Somalias gefangen worden und mit seinen zwei Jahren noch immer nicht zahm. Um eines Tages seinen Käfig betreten zu können, mußte ich eine Beziehung zu ihm durch das Gitter hindurch aufbauen.
Tatsächlich kann man einen Geparden dazu bringen, wie eine Hauskatze zu schnurren, wenn man die gleiche Wellenlänge findet. Da ich mich mit vielen streunenden Katzen angefreundet hatte, erspürte ich Chicos Gefühle viel leichter, als dies bei einem Tiger der Fall gewesen wäre. Und so machte ich mich an die Arbeit. Ich brachte viele Monate damit zu, durch die Eisenstäbe mit Chico zu reden und allmählich sein Vertrauen zu gewinnen. Vor dem Betreten des Tiergartens stieß ich jeden Tag einen speziellen Pfiff aus. Erschien ich dann am Gitter, antwortete Chico mit einem seltsam vogelartigen Zirpen, das so zart klang, daß man es nie mit einem so starken Tier in Verbindung gebracht hätte. Die Tierpfleger spürten, was sich zwischen uns entwickelte, und erlaubten mir, Chicos Gehege zu betreten. Ich lernte, ihn zu versorgen: den Käfig zu reinigen, sein Fell zu bürsten, ihn zu füttern. Später durfte ich ihm Halsband und Leine anlegen und ihn spazierenführen. Es dauerte nicht lange, bis Chico durch meine Vorzugsbehandlung gründlich verdorben und nur auf einen Menschen fixiert war. Das machte ihn zu einem Problem: War ich nicht da, konnte kein Tierpfleger sein Gehege betreten. Also fuhr ich schließlich jeden Tag in den Zoo, um ihn zu versorgen.
Ich verbrachte so viel Zeit mit Chico, daß der Tiergarten mein zweites Zuhause wurde. Chico und Hexe waren meine Familie, meine engsten Vertrauten. In der Stille seines Geheges erzählte ich Chico kleine Geschichten und sprach mit ihm von Seele zu Seele.

Siegfried

Mit 14 Jahren wurde es Zeit für mich, die Schule zu verlassen und einen Beruf zu lernen. Ich kam als Lehrling in eine Teppichfabrik und erlernte die Teppichweberei. Da sich bald zeigte, daß ich Talent für das mehr künstlerisch ausgerichtete Feld des Musterzeichnens hatte, begann ich, Teppiche zu entwerfen. Aber ich wußte, daß ich nicht zum Teppichdesigner bestimmt war – meine Leidenschaft galt nach wie vor dem Showbusineß.
Ich hörte nicht auf, meine Fertigkeiten als Magier und Komiker an den Wochenenden zu perfektionieren, und mein Ehrgeiz war es, allmählich über den Kreis der Heimatstadt hinauszukommen. Aber darüber konnte ich mit keinem reden, nicht einmal mit Pfarrer Johann, denn in seinen Augen durfte die Magie nie mehr als ein amüsantes Hobby sein.

Als Beruf wäre es jedoch Gotteslästerung gewesen.
Auch meinen Angehörigen konnte ich mich nicht anvertrauen. Für meine Mutter war »Magier« oder »Varietékünstler« gleichbedeutend mit »Zigeuner«. Und mit Zigeunern verband sich für sie die Vorstellung von einer Welt der Straßenkünstler und Wanderzirkusse – und einem Leben von der Hand in den Mund, das sich keine Mutter für ihren Sohn wünscht.
Daß ich mit niemandem reden konnte, hatte noch einen weiteren Grund: Ich wußte nicht recht, was für eine Art Entertainer ich werden wollte. Gewiß war nur, daß ich dies niemals herausfinden würde, wenn ich in meiner Heimatstadt blieb. Ihre Grenzen waren zu eng gezogen, viele Einwohner zu sehr in dieser kleinen Welt gefangen. Es gab keinen Raum, über sich hinauszuwachsen – weder persönlich noch professionell. Mit zunehmendem Alter erkannte ich, daß ich von meinen Angehörigen und Freunden völlig mißverstanden wurde.
An den Wochenenden erstieg ich die Gipfel der Rosenheimer Berge, genoß die majestätische Aussicht und träumte von meiner

Siegfried verläßt die Heimat auf der Suche nach seinem Zauberberg

Zukunft. Oder ich schlich mich in den Theatersaal des Kolpinghauses. Da ich wußte, wo der Schlüssel versteckt war, sperrte ich nachts auf, schaltete den Scheinwerfer ein, zog den Samtvorhang auf und stand an der Rampe. Ich »hörte« Musik, »sah« mein Publikum, »genoß« den Beifall und ließ so für mich selbst wenigstens zeitweise meine Träume wahr werden. Ich wünschte mir ganz einfach eine neue Identität. Das Bild, das ich jetzt bot, gefiel mir nicht; ich wollte nicht als der Sohn meines Vaters durchs Leben gehen. Spielte ich dagegen Theater, war ich der glücklichste Mensch der Welt: Ich wurde dadurch ein anderer Mensch. Und ich wollte auch im Alltag anders sein.
Mit 17 Jahren hielt ich meinen Gesellenbrief als Teppichweber und -designer in den Händen und beschloß, von daheim wegzugehen. Ich hatte keine Vorstellung davon, *wohin* ich gehen oder *was* ich tun würde. Aber ich wollte irgendwo sein, wo ich mit vielen Menschen Kontakt haben würde. Doch zuvor war noch ein Hindernis zu überwinden: Wie sollte ich es meiner Mutter beibringen?
Unsere Beziehung war reichlich kompliziert. Da es ihr nicht möglich war, mir gegenüber Zuneigung auszudrücken, konnte ich ihr nie meine Liebe zeigen. Trotzdem wußte ich, daß sie mich liebte. Wäre ich mir dessen nicht sicher gewesen, hätte ich mir kein Gewissen daraus gemacht, ihr zu sagen, daß ich fortgehen wollte.
Ihrer ganzen Art entsprechend, reagierte sie auf meine Ankündigung nur mit den Worten: »Wenn du jetzt gehst, brauchst du nie mehr zurückzukommen.« Mein Entschluß, für den sie kein Verständnis hatte, verletzte sie wirklich. Mein älterer Bruder Marinus hatte unterdessen die väterliche Firma übernommen, meine Schwester Margot, die seit ihrem achten Lebensjahr ins Kloster gehen wollte, war in einen Orden eingetreten. Mein Vater zeigte sich wenig oder gar nicht gesellig, so daß meine Mutter im Grunde genommen einsam war. Mein Wunsch bewirkte, daß sie das Gefühl hatte, als Mutter versagt zu haben. Ihre scharfe Zurechtweisung war ein letzter Versuch, mich zum Bleiben zu bewegen.

Mit 13 Jahren hatte man als deutscher Junge die Wahl zwischen zwei Möglichkeiten. Man verließ die Schule, begann eine Lehre und ging in die Berufsschule – oder man legte die Aufnahmeprüfung für eine weiterbildende Schule ab. Für mich stand eines fest: Mir gefiel keine dieser Möglichkeiten; vor allem hatte ich keine Lust, noch länger zur Schule zu gehen.
Meine Mutter legte natürlich größten Wert darauf, daß ich an der Schule blieb. Da sie sich meinen Widerstand nicht erklären konnte, ging sie zum Rektor meiner Schule, um dieses Problem mit ihm zu besprechen. Aber er konnte sich mein Verhalten nicht erklären und sagte, ich besäße zwar große Fähigkeiten, doch meine Weigerung, das vorgeschriebene Pensum zu erfüllen, sei meiner weiteren Entwicklung sehr hinderlich. Und

dann fragte er meine Mutter, ob es irgend etwas gebe, das er wissen müsse. Sie überwand sich mühsam dazu, ihm unser Familienleben zu schildern und brach zusammen, während sie endlich alles erzählte.
Der Rektor war entsetzt. Er erklärte ihr, sie dürfe das nicht länger dulden, sie dürfe ihren Jungen keinen Tag länger in diesen Verhältnissen leben lassen. Danach bestellte er mich zu einem Gespräch unter vier Augen, in dem er andeutete, er habe von gewissen Schwierigkeiten gehört und wolle mir helfen. Aber ich wollte um keinen Preis der Welt etwas zugeben und versicherte ihm, bei mir zu Hause sei alles in bester Ordnung.
So kam also nach zahlreichen weiteren Intermezzi der Augenblick, in dem ich die Schule und auch meine Heimatstadt Nordenham verlassen mußte. Ich wollte nicht, daß meine Mutter allein mit meinem Stiefvater zurückblieb oder von mir enttäuscht war, aber ich *mußte* einfach fort. Irgendwo anders war die Welt noch in Ordnung; es wurde Zeit, daß ich dorthin fand.

Siegfried am Gardasee, 1956

Siegfried

Mein »Zauberberg« im Jahr 1956 war ein kleines Kurhotel am italienischen Gardasee. Ich fing dort als Tellerwäscher an. Danach begann ich zu servieren. Einige Monate später arbeitete ich hinter der Bar.
Das Hotel eröffnete mir eine neue Welt. Ich fühlte mich zum ersten Mal anerkannt. Die Leute mochten mich und lobten mein angenehmes Auftreten. Deshalb beschloß ich, das Hotelfach zu erlernen und drei Jahre lang in Italien zu bleiben. Ich bildete mich nicht nur beruflich fort. Ich sah, wie andere Menschen lebten, wie Familien miteinander umgingen. Ich beobachtete mit gewissem Neid, wie im Hotel wohnende Familien sich küßten und umarmten – und wie liebevoll die Eltern ihre Kinder behandelten. Daß es so etwas gab, hatte ich nicht gewußt. Und deshalb nahm ich mir vor, meine Mutter zu umarmen, wenn ich das

nächste Mal auf Besuch heimkommen würde. Ich dachte mir alles genau aus. Ich würde vor der Tür stehen und klingeln, meine Mutter würde mir aufmachen, und ich würde sie in die Arme schließen und kräftig an mich drücken. Der Gedanke an diesen Augenblick beschäftigte mich monatelang. Als der Tag meiner Heimreise näher rückte, machte die Vorfreude mich so nervös, daß ich kaum noch schlafen konnte.
Schließlich kam der große Tag. Alles lief wie geplant – bis meine Mutter die Haustür öffnete. Bevor ich sie umarmen konnte, kam sie mir zuvor und meinte lapidar: »Da bist du wieder«, als sei ich bloß für ein paar Minuten fortgewesen. Ich wußte, daß in ihrem Inneren mehr vorgehen mußte, und ich bedauere zutiefst, daß keiner von uns beiden imstande war, aus sich herauszugehen und dem anderen seine Liebe zu zeigen.
Nicht nur meine emotionale Entwicklung machte Fortschritte, sondern ich hatte auch Erfolg mit meinen magischen Künsten. Im Hotel fiel mir nach ein paar Abenden auf, daß sich die Gäste langweilten, deshalb begann ich zu zaubern. Während ich als Barkeeper arbeitete, führte ich abends kleine Zaubertricks vor. Ich versuchte auch, an meine Erfolge als bayerischer Komiker anzuknüpfen, aber das klappte nicht, denn dieses Publikum war zu verwöhnt.
Ich danke Gott für diese Erkenntnis, denn daraus lernte ich, daß der sicherste Weg zu allgemeinem Beifall über die Magie führt. Ob reich oder arm, mittelständisch, gebildet oder ungebildet, die Magie überwindet alle Barrieren. Sie ist jedem verständlich und zieht auf irgendeine Weise jeden an.
Nachdem ich drei Jahre lang am Gardasee gearbeitet hatte, fand ich eine Anstellung in einem Hotel im schweizerischen Brig. Die Hotelbesitzer schlossen mich sofort in ihr Herz und behandelten mich nach kurzer Zeit wie zur Familie gehörig. Damals war es sehr ungewöhnlich, daß ein blonder, blauäugiger Deutscher namens Siegfried von Schweizern so gut behandelt wurde, denn wir Deutschen waren dort nach dem Krieg nicht gerade beliebt.
Die Hotelbesitzer wollten mich dazu ausbilden, eines Tages die Leitung ihres Hauses zu übernehmen, aber die Magie war wieder einmal stärker. Ich trat bei Feiern im Hotel auf und fühlte mich bald neuen Herausforderungen gewachsen. Eine weitere Anstellung in einem anderen Hotel reizte mich nicht – also forderte ich Prospekte von Passagierschiffen an und war sofort hellauf begeistert. Die Fotos zeigten eine Tanzfläche, ein Orchester ... eine sehr luxuriöse Umgebung. Bestimmt bot sich dort eine wunderbare Gelegenheit, aus meiner Magie mehr als nur ein Hobby zu machen.
Ich heuerte als Steward auf der *MS Berlin* an, einem prachtvollen deutschen Luxusliner, der zwischen Bremerhaven und New York verkehrte. Ich fing in der Touristenklasse an; auf der Rückreise hatte ich mich aber bereits in die Erste Klasse hochgearbeitet.
An den Abenden saßen die dienstfreien Besatzungsmitglieder unten an der Bar. Mein erstes Publikum auf See, dachte ich, und führte ihnen meine Kunststücke vor, wobei ich dafür sorgte, daß der Kapitän eines Tages davon erfahren mußte. Wie ich gehofft hatte, ließ der Kapitän mich eines Tages zu sich rufen.

»Wie ich höre, können Sie zaubern«, sagte er.
Sofort führte ich ihm einige Zaubertricks vor. »Danke, das genügt«, unterbrach er mich schon bald, »heute abend treten Sie vor den Passagieren auf.«
Mein Plan hatte funktioniert.
An diesem Abend zeigte ich Taschenspielertricks mit Spielkarten, Geldstücken und Zigaretten. Und als Erinnerung an alte Zeiten verspeiste ich zwanzig Rasierklingen. Diesen Trick beherrschte ich inzwischen perfekt. Nachdem ich die Rasierklingen gegessen hatte, verschluckte ich einen langen Bindfaden und brachte sie dann an die Schnur gebunden wieder zum Vorschein. Ich kam so gut an, daß der Kapitän auf der nächsten Reise die bisher als einzige Live-Unterhaltung an Bord vorgesehene »Talentshow der Passagiere« strich und mich in Zukunft jeden Abend eine halbe Stunde auftreten ließ.
Nun brauchte ich mir kein Publikum mehr vorzustellen. Ich hatte es wirklich vor mir und fühlte mich wie im Himmel. Nun hatte ich eine eigene Nische für mich als Entertainer entdeckt. Ich

brauchte nicht länger zu befürchten, meine Zeit mit einem Hobby zu vergeuden, das mich niemals weiterbringen würde, sondern übte endlich meinen Traumberuf aus. Ich legte mir sogar einen Künstlernamen zu: *Delmare der Magier* (»Vom Meere« auf spanisch). Nun mußte ich nur noch meine ständige Seekrankheit überwinden!

Immer hatte ich geglaubt, für etwas Wunderbares und Interessantes bestimmt zu sein. Aber meine Intuition reichte nicht aus, um mir vorstellen zu können, daß ein kleiner Auftritt als Zauberkünstler auf einem Schiff ein weiterer Wendepunkt meines Lebens sein würde. Für mich war seit meinem Weggang nach Italien alles, was mir zum Vorteil geriet, ein Wendepunkt! Das Vergnügen, vor einem Publikum aufzutreten, wurde nun zu meiner Definition des Erfolgs.

Das Schiff, das uns die Freiheit brachte und die erste Etappe unseres gemeinsamen Weges bezeichnete

Roy

Wohin geht man als Dreizehnjähriger – in einem Alter, in dem heutzutage manche Kids noch einen Babysitter brauchen? Für einen Jungen, der wie ich an der Küste lebte, gab es darauf nur eine logische Antwort: Auf ein Schiff des Norddeutschen Lloyd.
Ich heuerte dort an, ohne meine Eltern lange zu fragen. Kurz vor dem Auslaufen hatte ich soviel Anstand, ihnen davon zu erzählen, doch ohne mich auf eine Diskussion einzulassen. Meine Mutter war am Boden zerstört. Und auch mein Stiefvater hatte immer große Hoffnungen für mich gehegt, obwohl er sich nicht gern etwas davon anmerken ließ. Ich blieb unerschütterlich. Ich erklärte ihnen, falls sie mir ihren Segen verweigerten, würde ich ohne ihn fortgehen – und dann könnten sie sich Sorgen machen, wo ich wohl steckte.
Um meine Mutter ein bißchen zu trösten, erklärte ich ihr, ich wolle zur See, um die Welt zu sehen und gleichzeitig einen Beruf zu erlernen – das Hotelfach. Das war nicht einmal gelogen: Durch die Arbeit an Bord konnte ich meinen Abschluß machen.
Die Aufregung wegen meiner ersten Seereise und die Freude über die neugewonnene Freiheit erhielten einen zeitweiligen Dämpfer, als ich die Menschen am Kai beobachtete, die ihren Angehörigen und Freunden beim Ablegen zuwinkten. Wenn das Schiff ablegt und die Bordkapelle »Muß i denn zum Städtele hinaus« und »Auf Wiederseh'n« spielt, ohne daß einem jemand zuwinkt ... nun, daran hat man schon zu schlucken. Alle Verletzungen, die Einsamkeit und die emotionalen Dramen meiner Kindheit sind für mich in dieser einen Szene komprimiert.
Ich bildete mir ein, mein Lebenswille könne durch nichts mehr gebrochen werden, aber ich hatte mich schwer getäuscht. Die Seekrankheit traf mich völlig unvorbereitet. Zum ersten und letzten Mal in meinem Leben war ich ein hoffnungsloser Pessimist und spielte ernsthaft mit dem Gedanken, über Bord zu springen.
Als tapferer kleiner Kerl tarnte ich jedoch meinen Zustand immerhin gut genug, um den Kapitän für mich einzunehmen. Ich fing als Page in der Ersten Klasse an, aber der Kapitän, dem ich sofort gefiel – und der vermutlich ahnte, daß ich zu seekrank war, um auf dem stürmischen Atlantik an Deck zu sein –, machte mich bald zu seinem persönlichen Pagen.
Nach dieser prestigeträchtigen Beförderung brauchte ich mir keine Sorgen mehr zu machen, weil ich kein eigenes Bordjackett besaß. Ich bekam eine wundervolle kleine Uniform mit Unmengen von Sternen und Streifen und eine elegante kleine Mütze. Damit gab ich die Bilderbuchfigur eines Pagen auf einem Ozeanliner ab: klein, mit ausdrucksvollen braunen Augen und so leicht, daß jeder Windstoß mich umwehen konnte.
Mein Image zählte nicht viel, als das Schiff beinahe sank. Als ich am fünften Tag der achttägigen Reise dem Kapitän seinen Abendcocktail brachte, wies er mich an, sofort unter Deck zu gehen, weil schweres Wetter zu erwarten sei. Also machte ich mich auf

den Weg nach unten. Auf dem nächsten Deck waren große Fenster in die Bordwand eingelassen. Ich sah hinaus und stellte fest, daß sich die Wellenberge tatsächlich haushoch türmten. Man hätte glauben können, sich in einem von Gipfeln und Zinnen umgebenen Tal zu befinden. Plötzlich sah ich genau vor mir einen Matrosen in Uniform vorbeitreiben; offenbar war er an Deck gewesen, um irgend etwas festzulaschen, und von einer Woge über Bord gerissen worden. Und er blieb nicht der einzige Mann, der über Bord ging – bis der Sturm sich wieder legte, verloren viele Besatzungsmitglieder ihr Leben.

Die Passagiere gerieten völlig in Panik. Gemeinsam mit zwei weiteren Pagen mußte ich einen Sturm der Passagiere auf die Rettungsboote verhindern. Unser Schiff war in Gefahr, zu sinken, aber ihr Verhalten machte alles noch gefährlicher, denn diese große Gewichtsverlagerung auf eine Seite hätte uns zum Kentern bringen können. Jetzt waren meine schauspielerischen Fähigkeiten gefordert! Ich mußte unbekümmert lächelnd dastehen und den Passagieren versichern, wir durchquerten nur ein Gebiet mit etwas stärkerem Seegang, und sie auffordern, der Anweisung des Kapitäns Folge leistend sich zum Abendessen in den Speisesaal zu begeben.

Der Page Roy lächelt aufgeweckt und fröhlich in die Welt und bezaubert Kapitän und Passagiere

Dann ging ich in die Schiffsküche und half, dieses seltsame Mahl zu servieren. Die Schiffsküche war überflutet, so daß ich meine Hosenbeine aufkrempeln mußte, damit sie nicht naß wurden. Außerdem mußte ich etwas wegen meines einzigen Paars Lacklederschuhe unternehmen, das mein ganzer Stolz war. Ich zog die Schuhe blitzschnell aus und stellte sie auf den Kühlschrank, wo sie vor dem Seewasser sicher waren. Das waren also damals meine Prioritäten.

Am nächsten Morgen um halb vier Uhr kam uns die *SS United States*, das schnellste Passagierschiff der Welt, zu Hilfe. Weil unsere Maschinen defekt waren, schleppte sie uns nach New York. Unterdes-

sen hatten unsere gefunkten SOS-Rufe die deutschen Medien alarmiert. Zur Maschinenreparatur mußte unser Schiff eine Woche lang in New York liegen. Da ich wußte, daß meine Eltern sich große Sorgen machen würden, ob ich zu den über Bord Gegangenen gehörte, schickte ich ihnen ein Telegramm.
New York zog mich magisch an, und ich beschloß, die Stadt auf eigene Faust zu erkunden. Ohne Stadtplan, ohne Englisch zu können, verließ ich die Pier 88 an der Forty-eighth Street und wandte mich nach Norden. Die gigantischen Wolkenkratzer, der tosende Verkehr und die interessanten Menschen auf den Straßen faszinierten mich so sehr, daß ich kilometerweit marschierte. Als ich schließlich stehenblieb und zu einem Straßenschild aufsah, stellte ich fest, daß ich mindestens hundert Blocks weit gelaufen war. Erschöpft hatte ich nun die Orientierung verloren.
Dann sah ich auf der anderen Straßenseite einen Bus stehen. Er war leer bis auf den Fahrer, einen riesigen alten Schwarzen. Ich klopfte an die Tür und erklärte ihm auf deutsch, daß ich zu meinem Schiff zurückwollte. Natürlich verstand er kein Wort. Mir fiel ein, daß Wasser auf englisch *water* heißt, und wiederholte mit schauriger Aussprache immer wieder »Vota, vota«. (Selbst heute ist meine Aussprache nicht viel besser).
Da der Fahrer mich noch immer nicht verstand, holte ich Notizblock und Bleistift aus der Tasche, zeichnete ein Schiff auf, schlug an meine Brust und deutete nach Süden. Daraufhin forderte er mich mit einer Handbewegung zum Einsteigen auf und brachte mich als einzigen Fahrgast zur Pier zurück.
Die Freundlichkeit dieses Mannes hinterließ einen bleibenden Eindruck bei mir. Als ich schließlich nach Amerika übersiedelte und oft Klagen über die unfreundlichen, rücksichtslosen New Yorker hörte, verteidigte ich sie immer wegen dieses Erlebnisses. Dreißig Jahre später wurden dort meine weißen Tiger gestohlen, und New York hatte sich seit damals erheblich verändert. Aber ich wurde trotzdem ähnlich freundlich behandelt. Als wir dann 1989 in der Radio City Music Hall auftraten und das kritischste Publikum der Welt uns in sein Herz schloß, erinnerte ich mich lächelnd an »meinen« Busfahrer. Diese angeblich »hartherzige« Großstadt hat mich niemals im Stich gelassen.
Zehn Tage später liefen wir wieder in Bremerhaven ein, und eine am Kai aufmarschierte Musikkapelle spielte die deutsche Nationalhymne. Auch meine ganze Familie war da. Ich weiß, daß meine Angehörigen dachten, nach dieser Reise sei meine Abenteuerlust gestillt, so daß ich die Gangway hinunterlaufen, sie umarmen und ausrufen würde: »Ich bin so froh, wieder zu Hause zu sein!« Aber darin täuschten sie sich gewaltig. Ich war ein zäher kleiner Kerl mit eisernem Willen, und für mich stand außer Zweifel, daß ich an Bord bleiben wollte. Doch da gab es ein sehr großes Problem: Ich hatte Chico nicht bei mir. Meine Sehnsucht nach ihm hätte für mich der einzige Grund sein können, nicht an Bord bleiben zu wollen. Als sie von meinem Entschluß erfuhr, mein Elternhaus zu verlassen, hatte mir Tante Paula Chico geschenkt – natürlich in der Hoffnung, mich so zum Bleiben bewegen zu können. Als ihr Plan fehlschlug, sagte sie, wenn ich für immer nach Bremen zurückkehren würde, dürfe ich Chico aus dem Tiergarten zu mir nehmen.

Manchmal war ich nahe daran, mich darauf einzulassen. Nach jeder Reise führte mich mein erster Weg zu Chico. Lange bevor ich den Tiergarten betrat, stieß ich meinen Pfiff aus, und er wartete dann am Gitter, als sei ich nie fortgewesen. Ich betrat sein Gehege, das inzwischen mit Ansichtskarten tapeziert war, die ich ihm von meinen Reisen schickte, setzte mich auf den Boden und nahm ihn auf den Schoß. Chico drängte sich an mich und schnurrte stundenlang wie eine Nähmaschine. Für uns beide war das, als hätten wir Urlaub.

Dann kam der Tag, an dem ich wieder fort mußte. Chico spürte das immer sofort. Der Blick seiner großen, traurigen Augen und seine melancholischen Laute begleiteten mich im Weggehen und verfolgten mich, bis ich wiederkam. Aber trotz des Trennungsschmerzes von Chico und trotz des Drucks, unter den meine Tante mich setzte, wußte ich, daß der Entschluß, meine Heimatstadt zu verlassen, richtig gewesen war.

Langsam begann meine Seele zu heilen. Dort draußen gab es wirklich eine freundlichere, bessere Welt, der ich nicht mehr den Rücken zukehren wollte. Und ich wußte, daß sich irgendwann doch eine Möglichkeit ergeben würde, Chico zu mir zu holen.

Frei wie der Wind – Roy auf einem Ausflug mit Chico

ZWEITER AKT

Was man sich vorstellen kann, ist wirklich.

PABLO PICASSO

SEVENTH ANNUAL
LAS VEGAS ENTERTAINMENT AWARDS
ACADEMY OF VARIETY AND CABARET ARTISTS
ENTERTAINMENT PERSONALITIES OF THE
Presented To
Best of Las Vegas Award
Jimmy
SPECIALTY ACT OF THE YEAR
5th Annual Las Vegas
Entertainment Awards
1975
PRODUCTION ACT OF THE YEAR
Hallelujah Hollywood
Siegfried & Roy
HOUDINI AWARD
THE INTERNATIONAL MAGIC AWARDS

Siegfried

Wenn es keine Zufälle gibt, so glaube ich, daß die Begegnung mit Roy *Bestimmung* war. Meine Vorführungen wurden bald so beliebt, daß nicht mehr alle daran interessierten Passagiere sie während einer Vorstellung sehen konnten. Als Lösung boten sich zwei Vorstellungen an: eine für die Erste Klasse, eine für die Touristenklasse. Ich erweiterte meine Nummer, indem ich nach alter Magiertradition nun auch mit einem Kaninchen und mit Tauben zu arbeiten begann.

Nun verfügte ich über Tiere, Requisiten, Lichteffekte. Das konnte kein einzelner, der noch dazu zaubern sollte, mehr bewältigen. Da ich keinen Assistenten hatte, bat ich jeweils einen Steward – an sich war mir jeder als Helfer recht –, mir bei der Show zur Hand zu gehen. Eines Abends hatte ich mich mit dem Bühnenaufbau verspätet. Als ich nach oben hastete, stieß ich mit dem Jungen zusammen, dessen Kabine meiner gegenüberlag. Bis dahin hatte ich noch kein Wort mit Roy gesprochen. Anstatt mir die Zeit zu nehmen, einen der Stewards zu suchen, die ich kannte, fragte ich ihn, ob er an diesem Abend mein Assistent sein wolle.

Ich weiß nicht mehr, wie diese Show ankam, aber danach lud ich meinen Assistenten des Abends wie üblich zu einem Bier ein. Roy war anders als alle anderen, mit denen ich bisher zusammengearbeitet hatte. Anstatt mir Komplimente zu machen oder die Standardfragen zu stellen, hockte er schweigend da und trank sein Bier. Die Minuten verstrichen. Langsam wurde mir klar, daß er nichts sagen würde, wenn ich ihn nicht direkt fragte.

»Na, wie hat dir mein Auftritt gefallen?«

Keine Antwort.

Ich wiederholte die Frage.

Noch immer kein Kommentar.

Statt dessen begann er, hin und her zu rutschen. Offensichtlich war ihm unbehaglich zumute. Aber wenigstens reagierte er jetzt doch noch.

Endlich machte Roy den Mund auf.

»Na ja, dem Publikum hast du wirklich gefallen. Und es ist großartig, daß du alle diese Kunststücke kannst«, sagte er. »Aber mir hat die Schau ehrlich gesagt nicht so gut gefallen. Die Zauberei erscheint mir so voraussagbar.«

Das hatte mir noch niemand gesagt. Ich spürte Ärger in mir aufsteigen. Aber ich legte mir rasch eine rationale Erklärung dafür zurecht. Dieser Junge hatte einfach keine Ahnung. Er war offensichtlich ein frecher, kleiner Bengel, der es nicht besser wußte.

Roy

Der Auftritt hatte mir besser gefallen als ich eingestehen wollte. Tanzende Spazierstöcke, die um seinen Körper schwebten, glitzernde Goldstücke, die auftauchten und verschwanden, ein roter Seidenschal, aus dem sich in der Luft lebende Vögel hervorholen ließen – was gab es daran nicht zu mögen? In Wirklichkeit war ich höchst beeindruckt. Aber das durfte ich mir nicht anmerken lassen, denn ich hatte einen Plan.
Sobald Siegfried seinen Ärger überwunden hatte, stellte er mir eine konstruktive Frage: Was würde ich an seiner Nummer verbessern, wenn ich doch so schlau war?

Die erste Vorstellung auf See

Roy – vom Pagen zum Steward, ohne zu ahnen, in welch unerforschte Gewässer er bald geraten würde

Darauf wußte ich zufällig eine Antwort. Möglicherweise wurde dadurch nicht sein Problem, aber ganz bestimmt meines gelöst. Schon seit einiger Zeit wurde der Druck, mit dem meine Familie meine Rückkehr zu erzwingen versuchte, immer stärker. Wenn ich nicht bald zurückkam, mußte ich befürchten, daß Chico verkauft werden würde. Als ich Siegfried mit seinem Kaninchen und den Tauben auftreten sah, dachte ich sofort: Wenn der seine Tiere an Bord haben darf – warum ich dann nicht meinen Geparden?
»Kaninchen und Tauben kannst du verschwinden lassen«, sagte ich, »aber wie wär's mit einem Geparden?«
Siegfried starrte mich an. Ich sah, daß ich ihm eine harte Nuß zu knacken gegeben hatte. Etwa eine Minute lang schwiegen wir beide.
»In der Magie«, antwortete er zuletzt, »ist alles möglich.«

Siegfried

»In der Magie ist alles möglich.« Natürlich sagte ich das. Dieser kleine Klugscheißer sollte sich ja nichts anderes einbilden! Wie konnte ich wissen, daß er einen zahmen Geparden hatte? Oder daß er die Frechheit besitzen würde, mir vorzuschlagen, *sein* Tier in *meiner* Nummer auftreten zu lassen?

Ich nahm ihn nicht ernst. Ich dachte, er habe ein Bier zuviel getrunken oder bloß eine lebhafte Phantasie. Ein Gepard! Für mich existierten solche Tiere nur in der Wildnis Afrikas oder in Tiergärten eingesperrt. Wer außer vielleicht Josephine Baker konnte einen Geparden als *Haustier* haben?

Ich begegnete Roy auf dieser Reise nicht mehr. Wir legten in New York an und fuhren nach Bremerhaven zurück. Ich dachte ehrlich gesagt gar nicht mehr an ihn.

Bei der nächsten Überfahrt, als das Schiff schon weit auf hoher See war, klopfte Roy eines Tages an meine Kabinentür. Bevor ich etwas sagen konnte, legte er seinen Zeigefinger auf die Lippen und flüsterte, er müsse mir ein Geheimnis zeigen. Ich überquerte neugierig den Gang und sah in seine Kabine. Und da war die Bestie! Ich erstarrte vor Angst.

Roy

Ich wollte, ich hätte ein Foto von Siegfrieds Gesicht, als er Chico zum ersten Mal sprungbereit auf meiner Koje kauern sah. So standen sie sich gegenüber – aber nur einer der beiden zeigte seine Zähne. Obwohl Chico im Umgang mit mir handzahm war, blieb er im Grunde genommen eine exotische Raubkatze und reagierte jetzt auch entsprechend auf diesen Fremden. Siegfried brachte sich mit einem riesigen Sprung rückwärts vor meinem gefleckten, knurrenden, fauchenden Energiebündel, das wirklich angriffsbereit war, in Sicherheit.

Natürlich hätte ich Siegfried auch anders von der Existenz meines Geparden überzeugen können. Aber die Erinnerung an unser Gespräch an der Bar nagte an mir. Ich wußte, daß er mir kein Wort geglaubt hatte. Er dachte eben, ich sei noch feucht hinter den Ohren – ein Junge mit allzu reger Phantasie.

Vielleicht hatte er damit gar nicht so unrecht, aber ich war entschlossen, ihm zu beweisen, daß ich auch ein paar Tricks beherrschte. Ich hatte Chico in Bremen aus dem Zoo befreit, in meinem Wäschesack an Bord geschmuggelt und so lange in meiner Kabine versteckt, bis wir zu weit auf See waren, als daß der Kapitän hätte umkehren können, falls er mir auf die Schliche kommen würde.

Siegfried

Nachdem ich meine Todesangst überwunden hatte, überlegte ich, was es bedeutete, ein Raubtier an Bord zu haben. Und ich erkannte, daß wir ganz schön in der Klemme saßen. Roy dagegen schien von der Sache begeistert zu sein. »Na, was sagst du jetzt?« fragte er immer wieder.

»Ich bin platt«, gab ich endlich zu, weil ich nicht wußte, was ich denken oder tun sollte. »Du hast es wirklich ernst gemeint!«

Und dann wurde *ich* ernst. Ich warf ihm vor, wie falsch er gehandelt hatte. Damit konnte er seinen und meinen Job aufs Spiel setzen. Wenn der Kapitän das herausbekam, sagte ich, würde er uns todsicher von Bord jagen.

Roy blieb völlig gelassen. »Du brauchst es ihm ja nicht zu sagen. Wart einfach ab, bis er deinen Auftritt mit dem Geparden sieht – dann versteht er alles. Er wird begeistert sein. Das garantiere ich dir!«

Der Gepard in meiner Nummer? Puh, dieser Junge hatte ja großartige Vorstellungen! Ich hatte noch nicht einmal begonnen, darüber nachzudenken – und der Gepard war ein größeres Problem als der Kapitän. Konnte ich etwas mit einem so großen Tier anfangen, das noch dazu so wild war? Mein nächster Auftritt sollte in drei Tagen sein. Ließ sich in so kurzer Zeit noch eine ganz neue Nummer einstudieren?

Ich setzte Roy auseinander, daß eine neue Illusion Zeit für Vorbereitungen und Proben erfordert. Man schnalzt nicht einfach mit den Fingern und ... *voilà*! Aber ich mußte zugeben, daß Roys Herausforderung aus künstlerischer Sicht sehr reizvoll war, denn der Gepard würde meinem Auftritt ein überraschendes Glanzlicht aufsetzen. Vielleicht war der Kapitän unter dieser Voraussetzung sogar bereit, ein Raubtier an Bord zu dulden?

Ich ging zum Schiffszimmermann, und wir bauten eine Kiste. Dann fiel mir ein, daß ich im Souvenirshop ein Steiff-Tier, einen Leoparden gesehen hatte, das Chico ähnlich genug sah. Ich kaufte es, schnitt Kopf, Schwanz und Beine ab und heftete die Teile lose aneinander, so daß der Leopard wieder wie neu aussah.

Bei meinem abendlichen Auftritt führte ich meine üblichen Kunststücke vor. Danach brachte Roy die Kiste herein. Unterdessen ahnten der Kapitän, die Stewards und die übrigen anwesenden Besatzungsmitglieder, daß ich eine neue Nummer vorführen wollte. Roy verschwand in den Kulissen und kam mit einem Korb zurück, der den Steiff-Leoparden enthielt. Ich machte mich daran, ihm Kopf, Schwanz und Beine abzureißen, warf sie hoch in die Luft und ließ sie in die Kiste fallen. Dann klappte ich den Kistendeckel zu, als seien die Vorbereitungen damit beendet.

Die Band spielte einen Tusch, der Schlagzeuger schlug einen Trommelwirbel, der Lichtkreis des Spotlights verengte sich. Und dann öffnete sich langsam, mit unglaublich gutem und die Dramatik des Geschehens unterstreichendem Timing der Deckel, worauf der glücklicherweise an seiner Kette hängende Gepard heraussprang.

Für Chico waren das jedoch ungewohnte Verhältnisse. Der ganze Trubel – Menschen, Beifall und Musik – brachte ihn völlig durcheinander. Er starrte das ungläubige Publikum an und sprang knurrend und fauchend von der Kiste. Er hatte nicht weniger Angst als die Menschen und wollte sich vor ihnen schützen. Indem er Roy – seine Bezugsperson – und gleichzeitig das ganze Publikum im Auge zu behalten versuchte, ging er bis an den Rand der Tanzfläche.
Das einzige Geräusch, das seinen Abgang begleitete, war das leise Klirren der Kette auf dem Parkett, denn Roy, der kaum weniger verblüfft war als alle anderen, hatte die Kette losgelassen. Anstatt ihn hinauszuführen, mußte er jetzt neben seinem Geparden hergehen. Sie stiegen langsam die breite Treppe hinauf, und als Chico oben angekommen war, drehte er sich wie eine Primadonna um und starrte hochmütig auf sein Publikum herab. Darauf brach meine erste und *unsere* erste stehende Ovation los.
So etwas mitten auf dem Atlantik zu sehen … nun, das war für damals ziemlich sensationell. Das Publikum raste vor Begeisterung. Nur einer nicht: der Kapitän.

Tatsächlich ließ Kapitän Rossinger uns beide nach der Vorstellung in seine Kabine rufen. Mit eisiger Stimme erklärte er uns, wenn Mr. Nagle, der amerikanische Präsident des Norddeutschen Lloyd, nicht mit seiner Gattin an Bord gewesen wäre, hätte er die Show abgebrochen. Eines stehe fest: Unmittelbar nach unserer Ankunft in New York müsse der Gepard nach Deutschland zurückgeflogen werden. Unser Arbeitsverhältnis würde mit der Rückkehr nach Bremerhaven beendet sein. Das sei unwiderruflich sein letztes Wort. Was mich betraf, machte ich mir keine allzu großen Sorgen, denn für mich gab es nicht viel zu verlieren. Aber ich hatte ein sehr schlechtes Gewissen, weil ich Siegfried in meinen Plan mit hineingezogen und seine Karriere an Bord damit ruiniert hatte. Ich überlegte hin und her, wie man den Kapitän dazu bewegen könnte, seine Entscheidung rückgängig zu machen, aber mir wollte trotz aller Anstrengungen nichts einfallen, was Aussicht auf Erfolg hatte.
Am nächsten Tag ging ich den Korridor zwischen den Kabinen der Ersten Klasse entlang, als ein sehr attraktives, elegantes amerikanisches Paar mich anhielt. Die beiden waren niemand anderes als Mr. und Mrs. Nagle. Sie äußerten sich sehr lobend über die Show und bezeichneten sie als die beste Unterhaltung, die sie je an Bord erlebt hatten. Dieser Auftritt verdiene ein größeres Publikum, sagte Mr. Nagle, und schlug vor, wir sollten auf Karibik-Kreuzfahrt-Schiffen seiner Reederei auftreten. Er gratulierte mir mit einem herzhaften »amerikanischen Schulterklopfen«, versicherte mir, Siegfried und ich hätten eine große Karriere vor uns, und lud uns ein, ihn in seinem New Yorker Büro aufzusuchen. Ich sah ihn verblüfft an.

Verwandte Seelen – Roy und Chico

Mr. Nagle, der meine Verwirrung bemerkte, erkundigte sich, ob irgend etwas nicht in Ordnung sei. Ich antwortete, seine Komplimente seien sehr schmeichelhaft, aber wir seien leider entlassen worden. Das beeindruckte ihn nicht im geringsten. »Machen Sie sich deshalb keine Sorgen, mein Junge«, meinte Mr. Nagle. »Ich rede mit dem Kapitän.« Damit waren wir gemachte Leute.

Mr. Nagle hielt Wort. Eines konnte er allerdings nicht: die Meinung des Kapitäns über uns ändern. Von nun an war der Kapitän unser Feind. Am Abend nach unserem Auftritt mit dem Geparden hatten wir Dienst im Speisesaal, und als Siegfried und ich hereinkamen, applaudierten die Passagiere, während der gleich hinter uns kommende Kapitän für sein Erscheinen nur ein höfliches Nicken erntete. Dabei hielt *er* sich doch für den Herrscher des Schiffs und die einzige Berühmtheit an Bord. Die Aufmerksamkeiten, mit denen »seine« Passagiere Siegfried, mich und Chico bedachten, irritierten ihn sichtlich.
Ich weiß nicht, was ihn schließlich mehr ärgerte – diese Aufmerksamkeiten oder das viele Geld, das wir mit dem Geparden noch verdienen sollten. Anfangs hatte er wohl geglaubt, die allgemeine Aufregung werde rasch abklingen, und er ahnte nicht, daß unsere Phantasie ausreichen würde, uns eine zusätzliche Verdienstquelle auf »seinem« Schiff zu erschließen.
Wir hatten nämlich gespürt, daß Chico eine so große Sensation war, daß viele Passagiere mit ihm ein Erinnerungsfoto haben wollten. Also stellten wir einen Tisch auf das Promenadendeck, bauten dahinter zwei Topfpalmen auf und trafen mit dem Schiffsfotografen eine Vereinbarung: Das übliche Foto mit dem Kapitän kostete einen Dollar fünfzig, und da wir unser Angebot, mit einem Geparden fotografiert zu werden, für wesentlich sensationeller hielten, verlangten wir zwei Dollar fünfzig dafür.
Am Ende der Reise bekam der Kapitän heraus, was wir getan hatten – und kochte vor Wut! Wie sich herausstellte, hatte sich fast jeder der 800 Passagiere mit dem Geparden fotografieren lassen – der Kapitän konnte sich also leicht ausrechnen, daß wir mit unserem Gehalt und diesem Zusatzeinkommen durch die Fotos fast soviel verdient hatten wie er.
Angesichts der kargen Entlohnung, die wir von der Reederei erhielten, fühlten wir uns allerdings zu diesem Nebenverdienst berechtigt. Da wir ja bereits ein Gehalt als Steward verdienten, stand uns für unsere Auftritte kein Extrahonorar zu – statt dessen durften wir uns nach jedem Auftritt eine Flasche Weißwein – »Celler Schwarze Katz« – teilen.
Mit zunehmender Beliebtheit wurde unser ›Honorar‹ auf eine Flasche Weißwein pro Mann erhöht. Da wir Wein nicht sehr mochten, gingen wir bei unserem nächsten Aufenthalt in New York zu Mr. Nagle und fragten, ob wir nicht statt dessen mit Geld entlohnt werden könnten. Er erklärte sich bereit, uns 25 Mark zu zahlen. Mit diesem Coup waren wir recht zufrieden.
Ich werde nie vergessen, wie wir mit diesen zusätzlichen 25 Mark in der Tasche in Bremerhaven an Land gingen. Siegfried und ich radelten in meine Heimatstadt. Wir waren bester Laune, fuhren nebeneinander her durch eine Schrebergartenkolonie und klopften uns gegenseitig auf die Schultern, weil wir glaubten, es nun in der Unterhaltungsbranche wirklich geschafft zu haben. Bevor wir wußten, wie uns geschah, wurden wir von einem Polizeibeamten angehalten. Weil wir auf einer unbefestigten Straße, die kaum breit genug für seinen Streifenwagen war, nebeneinander gefahren waren, schrieb er uns einen Strafzettel über 25 Mark aus. Und schon waren wir unser erstes Honorar wieder los.

Siegfried

Wir wurden zum Tagesgespräch an Bord. Ein Ergebnis unseres Erfolgs und der Aufregung, die unsere Show auszulösen schien, war, daß die Passagiere mehr tranken, so daß wir uns als ziemliche Umsatzbringer für das Schiff erwiesen. Das imponierte den Zuständigen so sehr, daß wir von unseren Pflichten als Stewards entbunden wurden und nicht nur auftreten durften, sondern auch für die sonstige Unterhaltung an Bord zuständig waren – was bedeutete, daß wir weitere Künstler einstellten, die an unseren freien Abenden auftraten. Vor Roy und mir hatte es auf deutschen Passagierschiffen keine Live-Unterhaltung gegeben; als Freizeitvergnügen waren Bingo, Tanz und Filme angeboten worden. Mit unseren Auftritten brachen wir die Bahn für einen neuen Qualitätsstandard in der Bordunterhaltung.
Und wie Mr. Nagle uns versprochen hatte, kamen wir auf Karibik-Kreuzfahrt-Schiffe.
Das war alles großartig, aber weil wir jetzt häufiger auftraten, hatten wir mehrmals dieselben Gäste, was bedeutete, daß wir unsere Show ständig aktualisieren und mit Neuerungen anreichern mußten. Wegen dieser Anforderungen erreichte ich mit meinen magischen Künsten ein neues Niveau – um erfolgreich zu bleiben, probierte ich ständig Neuigkeiten aus.
Wenn ich nicht auftrat, brütete ich allein in meiner kleinen Kabine. Ich lebte drei Jahre lang wie ein Mönch und verwendete meine Freizeit darauf, meinen Auftritt zu perfektionieren oder mir etwas Neues dafür einfallen zu lassen. Das war die phantastischste Schu-

Hmmmmm! – Mit Tante Paula auf dem Oktoberfest, nachdem Siegfried und ich für die gesamte Unterhaltung an Bord zuständig geworden waren

Silvesterfeier auf hoher See mit meiner Mutter Johanna und Tante Paula

le, die man sich vorstellen konnte. Die Theorien bezog ich aus meinen Büchern, aber der eigentliche Lernprozeß vollzog sich durch regelmäßige Praxis.
Manche Leute glauben, die Magie sei verstandesmäßig schwer erfaßbar. Tatsächlich sind ihre Prinzipien ziemlich einfach. Schwierig ist nur die Koordinierung ihrer Elemente: Wie man sich in der jeweiligen Situation zurechtfindet, aufs Publikum eingeht und sich in die Leute hineindenkt, um sie wirksam manipulieren zu können.
An Bord mußte ich nicht nur ein Repertoire einstudieren, sondern bei bestimmten Illusionen besondere Schwierigkeiten überwinden, weil ich ohne den Vorteil einer Bühne auskommen und allseitig von Zuschauern umgeben arbeiten mußte. Daher war ich gezwungen, die anfänglichen Grenzen meiner eigenen Vorstellungskraft weit zu überschreiten. Diese Erfahrung lehrte mich, Staunen und Bewunderung mit den einfachsten Mitteln zu erzeugen.

Siegfried erkannte sehr bald, daß Chico nur einen Herrn hatte. Damit der Gepard in der Show bleiben konnte, mußten wir Partner werden. Ohne es recht zu merken, war ich im Showbusineß gelandet, obwohl ich das nie vorgehabt hatte. Ehrlich gesagt hatte ich keinen Gedanken an irgendeine Zukunftsplanung verschwendet, nachdem ich Chico an Bord geschmuggelt und in Siegfrieds Show untergebracht hatte. Auch als er mich in seine Auftritte einbezog, hatte ich nicht den Ehrgeiz, ein Zauberkünstler zu werden.
Statt dessen konzentrierte ich mich ganz auf Siegfried und das, was er zu bieten hatte.
Siegfried konnte mir ganz einfach eine neue Welt erschließen. Er hatte die Macht, meinen Geparden bei sich auftreten zu lassen. Und er hatte die Macht, mich in eine heile Welt zu entführen – denn Illusionen haben einen Anfang, eine Mitte und ein glückliches oder zumindest interessantes Ende. Obwohl ich von dieser Abfolge innerlich überzeugt war, hatte ich sie einfach noch nie selbst erlebt – und erst recht keine Ahnung davon, welchen Aufwand dieses Happy-End jeweils erforderte! Gewiß, ich bewunderte ihn, aber ich handelte auch egoistisch, weil ich in seine Welt flüchten, darin leben und sie genießen wollte. Sie war eine Fortsetzung meiner eigenen Phantasiewelt, in der ich so lange gelebt hatte.
Tatsächlich genügte ein einziger Satz. Als Siegfried sagte »In der Magie ist alles möglich«, wurden das die wichtigsten Worte meines Lebens – und sie sind es noch heute. Man braucht sich nur vorzustellen, wie ein Sechzehnjähriger, der die meiste Zeit seines Lebens in Phantasien und Traumwelten verbracht hatte, weil die reale Welt zu brutal für ihn war, darauf reagieren mußte, wenn jemand all diese Träume selbst als Magie bezeichnete …
Deshalb fühlte ich mich von dem Augenblick an, in dem ich Siegfried kennenlernte, in seiner Gegenwart sicher – sicherer als in der Gesellschaft jedes anderen Zweibeiners. Da

Leichtgewichtler rettet Schwergewichtler – Roy kann wieder lächeln, nachdem er Chico daran gehindert hat, über Bord zu springen. Das durch unsere Show geweckte Interesse brachte den Kapitän auf, und er hatte Schiffssirene und Nebelhorn betätigt, als Chico ganz in der Nähe stand, weil er hoffte, der Gepard werde vor Schreck in den Atlantik springen. Auf diese Weise hätte er unsere Karriere zerstören können.

ich nie eine besonders enge Beziehung zu meinen Brüdern gehabt hatte, betrachtete ich Siegfried unbewußt wohl als den *wirklichen* Bruder. Aber über diese brüderliche Zuneigung hinaus glaubte ich an ihn – vielleicht mehr als er selbst.
Siegfried war mir für dieses Vertrauen dankbar und revanchierte sich dafür, indem er mir

alles beibrachte, was ich wissen mußte, um bei seinen Auftritten ein wirklicher Partner zu sein. Er lehrte mich, die Logik hinter der Ausführung seiner Kunststücke zu begreifen. Er zeigte mir, wie ein Magier den Ablauf richtig planen muß, um zum gewünschten Höhepunkt zu gelangen, und wie er das Publikum anleitet, nur das zu sehen, was es sehen soll.
Neue Effekte probierte er an mir aus, und wenn ich dahinterkam, wußte er, daß er sie noch verfeinern oder umgestalten mußte. So gehen wir noch heute an unsere Illusionen heran.
Was konnte Siegfried von mir lernen?
Vor allem natürlich den Umgang mit Tieren. Wichtig war jedoch nicht, was ich ihm *beibrachte*, sondern was ich ihm *demonstrierte*: Optimismus, Begeisterung, Phantasie. Der Wunsch, gegen althergebrachte Regeln und Traditionen zu verstoßen, was oft Persönlichkeitskonflikte provozierte. Und natürlich unbegrenztes Selbstvertrauen. Mein Ehrgeiz war ganz einfach: Ich wollte, daß Siegfried der größte Magier unserer Zeit wurde. Und ich hatte mir geschworen, ihm dabei zu helfen. Für Siegfried war das keineswegs nur schmeichelhaft. Er erkannte meinen Ehrgeiz sehr deutlich als schwere Bürde für ihn. Eben das war meine Absicht: Ich wollte ihm ein Ziel geben.

Siegfried

Als ich Roy erklärte, in der Magie sei alles möglich, sagte ich das mit einer gewissen Arroganz. Er nahm es wörtlich. Und deshalb zwang er mich dazu, mich einer neuen Herausforderung in meinem Beruf zu stellen. Kurz gesagt: Roy wurde zum Wendepunkt meiner Karriere. Er und sein Gepard. Ich brauchte nicht lange, um das Potential dieses wundervollen Tiers zu erkennen. Ein Gepard ist viel interessanter als ein aus einem Zylinder gezogenes Kaninchen.
Chico machte mich zu etwas Besonderem. Und das ist das eigentliche Geheimnis der Magie. Ein Magier braucht ein unverwechselbares Markenzeichen. Mit dem Geparden hatte ich eines. Selbst wenn Leute unsere Namen vergaßen – an »diese beiden Kerle mit dem Geparden« würden sie sich todsicher erinnern. Der Gepard war etwas Besonderes. Und Roy ebenfalls.
Mir wurde sehr früh klar, daß Roy ein größerer Illusionist ist als ich. Er *lebt* in seinen Träumen. Er erfindet seine eigene Realität, sieht sie in bunten Farben, freut sich an ihrer Schönheit und ist allen Hindernissen gegenüber blind.
Ich dagegen sehe überall nur Hindernisse. Am Anfang der Magie steht die Phantasie, aber sobald ich eine Idee habe, weiß ich, daß unzählige Probleme zu lösen sind, bevor die Illusion klappt. Indem Roy diese Probleme nicht zur Kenntnis nahm, konfrontierte er mich mit einer größeren Herausforderung, als sie sein Gepard verkörperte – mit seiner Person!

Das Leben eines Magiers: »Die Wahrheit ist die Lüge – die Lüge ist die Wahrheit.«

Zum Glück erkannte ich sofort, wie unbeirrbar Roy an mich glaubte. Und mein Ziel änderte sich: Von nun an sollte er nie von mir enttäuscht sein. Um den Eindruck unerschütterlichen Selbstvertrauens zu erwecken, mußte ich über mich selbst hinauswachsen.

Roy

Auch nach all diesen Jahren ist Siegfried noch immer derjenige, den ich am meisten achte und bewundere – in gewisser Beziehung der einzige Held meines Lebens. Aber das sage ich ihm nicht sehr oft. Tatsache ist nämlich, daß wir von Anfang an wie entgegengesetzte Elemente gewesen sind. Wir streiten uns nicht, aber unsere Auffassung davon, woran wir gerade arbeiten oder was wir tun sollten, ist meistens sehr unterschiedlich.
So hat unsere Beziehung schon immer funktioniert. Und deshalb ist auch unsere Partnerschaft weiter intakt. Siegfried hat eine Idee für eine Illusion, und ich nehme sie ins Reich der Phantasie mit. Er sagt gern, er sei zu nüchtern und ich zu überschäumend. Ich beginne zu phantasieren und seine Idee auszuschmücken. Danach holt er mich auf den Boden der Tatsachen zurück. Irgendwie treffen wir uns in der Mitte und erschaffen zuletzt gemeinsam etwas Neues.
Manchmal funktioniert die Sache auch andersherum. Ich habe eine Idee, die zu verrückt ist, um jemals realisiert zu werden, aber irgend etwas daran reizt Siegfried, Neuland zu betreten. Um zu bekommen, was ich eigentlich wollte, muß ich ihm dorthin folgen.

Siegfried

Gott sei Dank, daß ich mich leicht langweile.
Ein anderer Magier hätte vielleicht zu sehr auf Chico gesetzt und dadurch mit seiner Nummer am Ende Schiffbruch erlitten. Ich fand es bald langweilig, die Illusion mit dem Geparden in ihrer ursprünglichen Form zu zeigen. Mein Einwand war, daß wir mit Chico nicht wirklich eine Illusion schufen. Sein Auftritt war ein Überraschungsmoment, sonst nichts. Ich wollte ihn mehr in die Show mit einbeziehen.
Am Anfang war Roy nicht wirklich an der Vorstellung beteiligt. Er kümmerte sich um den Geparden und war für das Kaninchen zuständig. Erstmals in die Show integriert wurde er, als ich ihn frei in der Luft schweben ließ – eine Illusion, die ich noch nie versucht hatte und die sich auf so beengtem Raum als schwierig erwies. Aber obwohl das Schiff ziemlich schlingerte, schwebte Roy tadellos.
Ich erkannte schließlich, daß ich Roy mit in die Illusion einbeziehen mußte, wenn ich mit dem Geparden mehr erreichen wollte.
Während die Schiffszimmerleute mir nach Skizzen Geräte bauten, deren Verwendungszweck ihnen unverständlich blieb, arbeiteten Roy und ich in unseren kleinen Kabinen

unsere erste Schrankkoffer-Illusion aus: eine Adaption von Houdinis berühmter »Metamorphose«. Roy ließ sich Handschellen anlegen, in einen Sack stecken, der verschnürt wurde, und in den Schrankkoffer sperren. Dann folgte die klassische Verwandlung. Ich sprang auf den abgeschlossenen Koffer und hielt einen Eisenring mit lang herabhängenden Stoffbahnen über mich. Im nächsten Augenblick fiel dieser Ring, und Roy stand an meiner Stelle auf dem Schrankkoffer. Sperrte er ihn dann auf, steckte ich mit Handschellen gefesselt in dem zugebundenen Sack. Als Finale brachten wir unsere ursprüngliche Illusion: Wir warfen gemeinsam die Teile eines Steiff-Tiers in den Koffer, und der Gepard sprang heraus.

Als wir diese Metamorphose zum ersten Mal brachten, hielt Roy es für eindrucksvoller, im Schrankkoffer einen Kostümwechsel mit einem amüsanten nautischen Dreh vorzunehmen. Also trat er anfangs in Pagenuniform auf – aber als er aus dem Koffer kam, war er als amerikanischer Matrose gekleidet. Ich begann die Illusion im Smoking und Abendumhang – und erschien nach der Verwandlung in einer Kapitänsuniform. Statt der sonst üblichen vier Ärmelstreifen hatte meine übrigens fünf – zum Ärger unseres lieben Kapitäns natürlich.

Die Metamorphose befriedigte mich eine Zeitlang, aber dann wollte ich eine dritte Verwandlung einführen – diesmal mit Chico. In unserer neuen Version warfen wir nach der Verwandlung im Schrankkoffer nicht mehr ausgestopfte Tierteile hinein, sondern Roy kletterte selbst hinein. Ich knallte den Deckel zu, und wenn ich ihn nach einem dramatischen Trommelwirbel öffnete, hatte Roy sich in den Geparden verwandelt.

Mit dieser Illusion begann wirklich das organische Wachstum unserer Vorführung. Alle Illusionen basieren auf fünf Grundkonzepten: Auftauchen, Verschwinden, Verwandlung, Levitation (das freie Schweben eines Körpers im Raum) und Zersägen. Die Herausforderung für den Magier besteht darin, diese Prinzipien originell anzuwenden oder der jeweiligen Situation anzupassen. Da ich sie dem aus Roy, mir und Chico bestehenden Trio anpassen mußte, war es nur natürlich, daß unsere Metamorphose sich zu einem Dreifacheffekt weiterentwickeln würde.

Und daraus wurde unser Markenzeichen: die mühelose Kombination dreier Illusionen zu einer einzigen.

Und daraus wurde unser Schicksal.

DRITTER AKT

Erobern allein genügt nicht;
man muß zu verführen wissen. VOLTAIRE

Roy

Im Laufe der Zeit mußten Siegfried und ich erkennen, daß unsere Phantasie an die Grenzen dessen stieß, was wir auf einem Schiff verwirklichen konnten. Wir hatten das Glück, Passagiere kennenzulernen, die aus dem Showbusineß kamen und sich erboten, uns den Weg zu ebnen. Da unser Dauererfolg an Bord uns etwas verwöhnt hatte, wurde die erste Realisierung einer solchen Chance zu einer schmerzlichen, aber realistischen Einführung in die große Welt des Showbiz.
Elmarie Wendel, die erfolgreiche deutsch-amerikanische Komikerin, die ebenfalls auf unserem Schiff auftrat, gehörte zu unseren größten Fans. Sie hatte uns schon vor einer Ewigkeit versichert, ihrer Meinung nach vergeudeten wir unser Talent auf einem Schiff und Amerika sei das richtige Land für uns. Sie drängte uns auf jeder Reise, wir sollten in New York ihren Agenten Mark Leddy aufsuchen. Offenbar war er der beste und cleverste Agent für Entertainer, hatte beste Verbindungen zum Fernsehen, beispielsweise zur *Ed Sullivan Show*, und verschaffte seinen Künstlern Auftritte in ganz Amerika – sogar in Las Vegas.
Als wir nun daran dachten, unser Engagement an Bord zu beenden, kamen wir nach New York und beschlossen, Elmaries Rat zu befolgen. Mit ihrem Empfehlungsschreiben in der Hand betraten wir die Agentur Mark Leddy. Wir hatten drei Jahre lang soviel Lob eingeheimst, daß wir Mr. Leddys Büro sehr selbstbewußt betraten. Wir »wußten« einfach, daß er uns mit offenen Armen empfangen würde.

Siegfried

Wären wir keine Deutschen gewesen, hätte er uns möglicherweise eine Chance gegeben. Aber Mr. Leddy war deutsch-jüdischer Abstammung, und obwohl der Zweite Weltkrieg unserer Meinung nach längst zu Ende war,

Der Anfang unserer oftmals veränderten Metamorphose. Auch 28 Jahre später nimmt sie unser Publikum noch immer gefangen – nur der Schrankkoffer ist gleich geblieben.

genügte der Anblick eines »blonden, blauäugigen Jungmanns«, der sich ihm auch noch mit starkem deutschem Akzent als Siegfried vorstellte, um diesen Agenten gegen uns einzunehmen.
Wir beschrieben ihm unser Markenzeichen, die Schrankkoffernummer mit Chico, und unsere weiteren Illusionen. Dann warteten wir gespannt auf Mr. Leddys Urteil. Doch statt dessen schilderte er uns die Leiden seiner Familie im Zweiten Weltkrieg in Deutschland. Ich wußte nichts dazu zu sagen. Ich stand einfach da und hörte mir alles an, ohne zu wissen, was ich davon halten sollte.
Es mag seltsam klingen, aber dies war das erste Mal, daß ich von den Greueltaten der Nazis hörte. Während des Krieges war ich dafür zu klein; nach dem Krieg wurde dieses Thema daheim, in der Schule, fast in ganz Deutschland totgeschwiegen. Unsere Landsleute wollten nur noch eines: vergessen. Deshalb waren Roy und ich jetzt zutiefst schockiert, als wir Mr. Leddy so sprechen hörten.
Erst danach ging er auf unsere Magie ein: Sie hatte ihn keineswegs beeindruckt. Er stellte es so hin, als sei alles, was wir zu bieten hätten, recht alltäglich.
Meine Englischkenntnisse waren damals noch nicht sehr gut, und ich verstand praktisch gar nichts. Deshalb brauchte ich einige Zeit, um zu begreifen, daß nichts von dem, was wir zu bieten hatten, jemals gut genug für ihn sein würde.
Bald aber kochte ich vor Wut darüber, daß er Roy und mir zuerst die Verbrechen der Nazis und dann auch noch angeblichen Mangel an Talent vorwarf. Als er fertig war, sah ich ihm in die Augen und antwortete in stockendem Englisch: »Mr. Leddy, ich glaube, Sie wollen uns sagen, daß wir nicht gut genug für Sie sind. So, jetzt sage *ich* Ihnen was. Wir gehen – und Sie werden noch von uns hören.«
Roy und ich machten auf dem Absatz kehrt und marschierten hinaus.

Typisch Siegfried – wirkungsvolle Abgänge sind seine Spezialität.
Wir knallten die Tür zu. Siegfried legte mir seinen Arm um die Schultern. »Roy, das war das erste Mal, daß wir zu einem Agenten gegangen sind, und es ist das letzte Mal gewesen. Wir müssen so gut werden, daß sie zu uns kommen.«
An diesen Vorsatz haben wir uns auch gehalten: Wir hatten nie einen Agenten. Tatsächlich ließen wir uns nicht einmal Geschäftskarten drucken. Das heißt allerdings nicht, daß wir unsere Begegnung mit Mr. Leddy vergessen haben. Wir integrieren ihn allabendlich in Las Vegas in unsere Show und geben ihm die Ehre, die ihm gebührt. Mr. Leddys Zurückweisung stärkte unsere Entschlossenheit, und wir machten uns daran, ein Angebot wahrzunehmen, das in Deutschland auf uns wartete. Frau Fritz, die Besitzerin des Astoria-Theaters in Bremen, war als Passagierin an Bord gewesen und hatte uns versprochen, uns für vier Wochen zu engagieren, sobald wir einmal frei sein würden. Obwohl

dies im Jahr 1964 nicht gerade die sichersten Zukunftsaussichten bedeutete, beschlossen wir, das Schiff zu verlassen und diese Chance wahrzunehmen.
Das Astoria gehörte zu den letzten noch in Deutschland existierenden Varietés. Wegen der kabarettkurzen Auftritte mußten wir zwei unterschiedliche Nummern von je 15 Minuten Länge bieten. Das bedeutete, daß wir ein halbstündiges Programm brauchten, das sich zweiteilen ließ – was gar nicht so einfach war, weil wir zweimal Anfang, Mittelteil und Schluß sowie unterschiedliche Dekorationen brauchten. Außerdem türmten sich alle möglichen neuen Hindernisse vor uns auf: ein Orchester, das vom Blatt spielte, ein Beleuchtungssystem, das wir steuern mußten, die ersten Bühnenarbeiter, mit denen wir jemals zu tun hatten, und – da ich nun ganz in die Show integriert war – kein Assistent, der sich um Requisiten und Tiere kümmerte. Um das Maß vollzumachen, verordnete ich mir vier Kostümwechsel, was unseren Auftritt noch eleganter und glänzender machten sollte.
Zum ersten Mal als Profis vor einem zahlenden, erwartungsvollen Publikum aufzutreten, von dem schwankenden Schiff auf die »Bretter, die die Welt bedeuten« – das alles ließ uns das Blut in den Adern gefrieren. Und Siegfried, der stets an sich selbst zweifelt, bekam solches Lampenfieber, daß er nie wieder eine Bühne betreten wollte. Aber uns blieb keine andere Wahl; der Zug war bereits abgefahren. Für unser Debüt ließ ich mir von einem Bremer Schneider ein Samtkostüm entwerfen und bestellte für Siegfried ein Cape und einen Zylinder, was ein erhebliches Loch in unsere Finanzen riß.
Wir hatten weder Kosten noch Mühe und Arbeit gescheut – aber was sollte ich jetzt tun? Zwei Stunden vor der Premiere hockte Siegfried völlig verstört in unserer Garderobe und murmelte immer wieder: »Ich kann nicht, ich kann nicht.« Ich rollte die Abdeckung des Gepardenkäfigs zusammen, machte ein großes Kissen für Siegfried daraus und versicherte ihm, seine Nervosität vor dem Auftritt sei ganz normal. »Ruh dich aus«, sagte ich. »Das macht den Kopf klar.«
Aber nichts half.
Auch ich war ein nervöses Wrack, doch irgend jemand *mußte* etwas tun. Ich konnte nicht zu Frau Fritz gehen und ihr erklären, die Vorstellung müsse ausfallen, weil Siegfried indisponiert sei. Nicht eben hilfreich übrigens war auch der Inspizient gewesen, der Siegfried und mir bei den Proben erklärt hatte, der Versuch, in Deutschland mit einer kompletten Zauberschau aufzutreten, sei beruflicher Selbstmord, denn die gute alte Zeit sei unwiderruflich vorüber.
Dann fiel mir eine letzte Möglichkeit ein. Im Gegensatz zu den meisten Leuten, die unter Druck keinen Bissen hinunterbringen, ißt Siegfried immer. Also zog ich den Schlüssel unserer Garderobe ab, überzeugte mich, daß Siegfried ruhte, und sperrte die Tür von außen ab, damit er nicht heimlich verschwinden konnte. Dann lief ich zum Hauptbahnhof hinüber und holte Rostbratwürste auf Brot und eine Coca-Cola. Siegfried vertilgte alles. Wie auf Bestellung kam dann Frau Fritz vorbei, um uns zu versichern, die letzte Probe habe ihr ausgezeichnet gefallen.

Siegfried hätte sich lieber die Zunge abgebissen, als Frau Fritz zu gestehen, er könne nicht auftreten. Statt dessen war er wieder ganz »Entertainer«, als er ihr erzählte, wie sehr er sich auf den Auftritt freue. Und da sie sicher war, daß alles klappen würde, fühlte er sich allmählich besser.
Unter Berücksichtigung der Tatsache, daß dies alles für uns neu war, lief unser Auftritt ohne größere Pannen ab. Ich war für alle Requisiten und Kostümwechsel zuständig, legte alles zurecht, was Siegfried für die Übergänge brauchte, und achtete darauf, zur rechten Zeit am rechten Ort zu sein, um bei allen Illusionen mitwirken zu können. Mit anderen Worten: Ich war ihm während dieser halben Stunde eine zuverlässige Stütze. Als Siegfried einmal eine halbe Minute lang nichts zu tun hatte, während ich nicht sichtbar war, sagte er: »Ich warte auf meinen Partner Roy, aber der kennt sich hier wohl noch nicht aus.«
Wie das in meinen Ohren klang, kann man sich vermutlich vorstellen!
Diese erste praktische Erfahrung an Land lieferte mir rasch Erkenntnisse über mein Verhältnis zu Siegfried und die Struktur unserer Zusammenarbeit. Mir wurde sehr schnell klar, daß ich niemals zulassen durfte, daß wir gleichzeitig das gleiche dachten, denn das hätte uns gelähmt und beide verwundbar gemacht. Deshalb war es notwendig, wenn auch schwierig, daß ich Siegfrieds Bemerkung schluckte, damit unsere Beziehung intakt und vernünftig blieb.

Siegfried

An diesem Abend hatte ich aber nicht nur schreckliches Lampenfieber. Unsere ganze Situation ängstigte mich. Wie würden wir ankommen? Waren wir gut genug?
Alle sagten, wir seien verrückt, als Magier mit einer kompletten Schau auf Tournee zu gehen. Illusionisten waren traditionellerweise in Varietés aufgetreten, die jetzt reihenweise zumachten. Es gab einen neuen Trend – Nachtclubs. Und in Nachtclubs saßen die Gäste an kleinen Tischen, die den Künstler umgaben.
Für Illusionisten bedeuteten diese Veränderungen, daß sich zwei große Hindernisse vor ihnen auftürmten. Da sie richtige Bühnen gewöhnt waren, konnten sie in dieser Umgebung nicht arbeiten. Das zweite Hindernis war, daß die Nachtclubs, die jetzt die Varietés ersetzten, im Grunde genommen Striptease-Bars waren.
Das erste Hindernis war für uns praktisch kein Thema. Drei Jahre Praxis an Bord, wo wir uns an solche Verhältnisse gewöhnt hatten, machten sich jetzt bezahlt. Das zweite Problem war etwas schwieriger zu lösen. Nachtclubbesitzer standen nicht gerade Schlange, um eine Attraktion zu engagieren, in der eine exotische Raubkatze ohne Käfig Tuchfühlung mit den Gästen hatte. Und vor allem suchten sie kein männliches Magierduo. Falls sie überhaupt einen Zauberer wollten, mußte er wenigstens eine üppige, leichtbekleidete hübsche Assistentin haben.

Wir beschlossen, die Hindernisse mit jenen Illusionen zu überwinden, die wir auf dem Schiff perfektioniert hatten. Das klappte im Astoria und in Hamburger Theatern, weil es dort herkömmliche Bühnen gab. Dann traten wir jedoch in Nachtclubs auf, in deren beengten Verhältnissen die Metamorphose schwierig vorzuführen war. An Bord hatten die Schiffszimmerleute uns alle Requisiten gebaut; auf Tournee von einem Engagement zum anderen gab es diese Hilfe nicht. Und es gab keine Eingänge, keine Bühne hinter dem Vorhang, kein Versteck für Requisiten, keine Bühnenarbeiter. Kamen wir in einen neuen Club, fanden wir immer nur eine winzige Tanzfläche vor, die uns zugleich als Bühne dienen sollte.

Das bedeutete fast unweigerlich, daß wir alle Vorbereitungen für unseren Auftritt außerhalb des Clubs erledigen mußten. Wir mußten völlig autark sein. Und dann mußten wir hereinkommen und die Gäste aus viel geringerer Entfernung verblüffen, als Illusionisten dies sonst gewöhnt waren. Und wir traten nicht nur die übliche Viertelstunde auf, sondern arbeiteten eine halbe Stunde lang – was damals als komplette Show galt. Wir zeigten die Metamorphose, arbeiteten mit Kaninchen und Tauben, führten Taschenspielertricks vor und demonstrierten Telepathie, bevor meine tanzenden Spazierstöcke drankamen. In meiner Eröffnungsillusion produzierte ich zuerst weiße Tauben, dann einen Spazierstock, erneut weiße Tauben, einen Spazierstock – immer hin und her. Um den Autarkiegedanken zu unterstreichen, fügte ich einen Besentrick hinzu, bei dem Roy in den Schwebezustand versetzt wurde, während er sich an einem Besen festhielt.

Es gab noch einige andere Dinge, die wir nicht berücksichtigt hatten – beispielsweise, wie schwierig es war, mit einer großen Raubkatze von Stadt zu Stadt zu reisen. Wir übernachteten in Pensionen und merkten bald, daß man nicht einfach mit einem Geparden an der Leine aufkreuzen durfte. Deshalb ging ich voraus, um mich nach zwei Zimmern zu erkundigen. Waren welche frei, fragte ich die Besitzerin, ob sie etwas dagegen habe, wenn wir eine Katze mitbrächten.

»Oh, natürlich nicht, bringen Sie sie nur mit!«

Daraufhin erklärte ich ihr, unsere Katze sei aber ziemlich groß, und machte ausdrucksvolle Handbewegungen, um ihre wahre Größe anzudeuten. Die Besitzerin, die das für eine lustige Übertreibung hielt, lachte daraufhin, und ich schmunzelte mit, während ich Roy heimlich ein Zeichen gab, er solle hereinkommen. Kam er dann mit Chico an der Leine hereingeschlendert, war die arme Besitzerin so verwirrt, daß sie nicht wußte, was sie sagen sollte.

Schlimm war auch die Ungewißheit, von Monat zu Monat, oft von Woche zu Woche, nicht zu wissen, wo wir als nächstes auftreten würden. Mir war frühzeitig klar, daß dies keineswegs ein erstrebenswertes Leben war, deshalb besserten wir unsere Finanzen gelegentlich durch Engagements auf einem Kreuzfahrtschiff des Norddeutschen Lloyd auf.

Im Hinterkopf behielt ich, daß die einzigen Etablissements in ganz Europa, in denen wir mit Illusionen wie den unseren einen langfristigen Vertrag bekommen konnten, das Lido und die Folies-Bergère in Paris waren. Dort aufzutreten war mein Ziel.

Alles im Leben ist Magie ... – Als wir die Putzfrauen des Bremer Astoria-Theaters ihre Besen schwingen sahen, beschlossen wir, etwas zu ihren Ehren vorzuführen.

Roy

Was wir in diesen Monaten auf Tournee alles durchmachten! Diese Hochs und die Tiefs, das Drama des bloßen Überlebens. Aus heutiger Sicht erscheint es unmöglich, daß wir das alles in so kurzer Zeit schafften. Man könnte glauben, wir hätten die Erlebnisse mehrerer Jahre in diese Zeit hineingepackt.

Als erstes brauchten wir ein Auto, um durch Europa tingeln zu können.

Tante Paula half uns mit einem großen Citröen DS 19 aus – so häßlich, daß er schon wieder schön war, und so schnell, daß er über die Autobahn zu fliegen schien. Ich entschied mich für die Ausführung mit Trennscheibe, damit Chico den Rücksitz für sich allein haben konnte.

Mit unserer stetig wachsenden Menagerie im Kofferraum des Wagens und dem Metamorphosenkoffer auf dem Dachgepäckträger fuhren Siegfried und ich durch ganz Deutschland und später in die Schweiz, nach Monte Carlo, Madrid und Paris. Unsere Aussichten waren herzlich schlecht. Aber um rauszukriegen, ob man schwimmen kann, muß man ins tiefe Wasser springen. Genau das taten wir – und um die Sache ein bißchen interessanter zu machen, schwammen wir gegen den Strom.

Vor allem steckten wir finanziell in der Klemme. Die Clubs zahlten schlecht, und wenn wir Kost und Logis sowie das Tierfutter bezahlt hatten, standen wir praktisch mit leeren Händen da. Wir hungerten tatsächlich. Einige unserer Engagements brachten 80 Mark Gage, was etwas besser war – aber zum Sterben zuviel und zum Leben zuwenig.

Chicos Ernährung kostete am meisten, weil er Fleisch ohne Fett brauchte. Während Chico also Lendenstücke fraß, lebten Siegfried und ich von Bratkartoffeln. Die Kartoffeln konnten wir uns leisten, aber schon an der Butter mußten wir sparen. Und dann hatte ich auch noch immer wieder einmal Mitleid mit einer streunenden Katze, die ebenfalls Futter brauchte.

In diesen ersten Monaten gingen wir in Leihhäusern ein und aus. Wir hätten unsere Eltern um finanzielle Unterstützung bitten können, aber sie waren so sehr gegen den von uns eingeschlagenen Weg, daß wir sie nicht um Hilfe bitten wollten. Aus ihrer Sicht unterschieden wir uns durch nichts von den Feuerschluckern in einem Wanderzirkus. Außerdem waren wir zu stolz, zu Hause anzurufen und von Engagements zu erzählen … das wollten wir erst, wenn wir berichten konnten, es geschafft zu haben.

Unser erster Wendepunkt nach dem Astoria war erreicht, als es uns gelang, ans Hamburger Hansa-Theater engagiert zu werden – heute das einzige noch existierende deutsche Varieté. Es genoß einen hervorragenden Ruf als Schaubühne für Agenten und Talentsucher. Tatsächlich sah uns dort ein Agent und engagierte uns für die Schweiz.

Ich erinnere mich, wie wir einmal vor unserer Reise in die Schweiz ein meiner Ansicht nach sehr gutes vierwöchiges Engagement in dem bekannten Berliner Nachtclub Eden-Saloon an Land gezogen hatten. Besitzer dieses Lokals war der bekannte Berliner Playboy Rolf Eden, der einen Mercedes-Sportwagen fuhr und sich nie ohne ein Mädchen an jedem Arm zeigte. Uns war erzählt worden, dies sei *der* Berliner Nachtclub für Artisten. Dort gebe es ein Ballett, Pferdedressuren und alles, was man sich nur vorstellen könne. Deshalb unterschrieben wir den Vertrag in der irrigen Auffassung, dies sei eine deutsche Version des Pariser Lido.

Schon die Fahrt nach Berlin war jedoch ein Alptraum. Die von mir gewählte Route führte auf weiten Strecken die deutsch-deutsche Grenze entlang und war so öde und deprimierend, als ob dort noch immer Krieg herrschte. Ich schwor mir, diese Straße nie wieder zu fahren. Außerdem gab es Schwierigkeiten an der Grenze, so daß wir mit einem Tag Verspätung ankamen.

Als erstes besichtigten wir den Club: eine völlige Enttäuschung. Viel kleiner, als wir gedacht hatten. Keineswegs so, wie er uns beschrieben worden war. Im Schaukasten hing

Pssst… ein Magier gibt niemals sein Geheimnis preis!

ein Foto von Siegfried und mir mit Chico – aber man hatte uns praktisch weggeschnitten, so daß hauptsächlich unser Gepard zu sehen war. Der Bildtext nannte ihn nicht Chico, sondern Chito und lautete etwa: »Kommen Sie, den wilden Chito zu bestaunen; er wird Sie verblüffen …« Kein Wort über uns.

Und da standen wir nun: zwei ernsthafte und aufrichtige junge Entertainer mit ihrem Schrankkoffer und einem Sack voller Träume.

Als wir die Bühne sahen, war uns sofort klar, daß hier keine Pferdedressur oder ähnlich großartige Nummern vorgeführt werden konnten, denn sie verdiente diese Bezeichnung kaum. Offenbar hatte der Club uns mit den wohlklingenden Beschreibungen ködern wollen, damit wir dort auftraten. Die Bühne war die bisher winzigste, auf der wir hatten arbeiten sollen. Um auf- und abzutreten, mußten wir durchs Publikum gehen. Unsere Vorbereitungen trafen wir im Hauseingang.

Der Eden-Saloon war also keineswegs ein »deutsches Lido«, sondern bloß ein Striptease-Lokal mit Animierdamen, in das die sogenannte Berliner »Gesellschaft« kam, um

sich zu amüsieren. Der Saloon war der Prototyp des dekadenten Berliner Nachtclubs. Und da im damals noch geteilten Berlin jeder verdächtig war oder zumindest so aussah, trieben sich dort alle möglichen seltsamen Leute herum.
Die stets vor uns auftretende Stripteasetänzerin werde ich nie vergessen. Sie war eine bekannte französische Stripperin – ungewöhnlich schön und die größte Attraktion des Kabaretts. Eines Abends kam ich an ihrer Garderobe vorbei, als sie eben ihr Kostüm auszog, und blieb wie angenagelt stehen – sie war ein Transvestit!
In einem Punkt hatte der Besitzer jedoch recht – sein Nachtclub war ausgesprochen »in«. Der Saloon war jeden Abend brechend voll, und weil unser Akt etwas ganz anderes war, avancierten wir zu Publikumslieblingen.
Dabei lernten wir etwas unglaublich Positives: Wir schafften es, unser eigenes Karma aufs Publikum zu übertragen. Mit unserer Magie, unserem Mystizismus bildeten wir einen wirkungsvollen, wenn auch nur kurzzeitigen Kontrast zu der hier in Berlin vorgefundenen korrupten Geisteshaltung.
Wir traten nicht nur im Eden-Saloon, sondern auch bei Matineen im Titania-Palast, im Urania-Palast und bei den großen Galas im Berliner Funkturm auf.
Unser Karma spielte allerdings keine Rolle, als es darum ging, unsere Honorarschecks zu kassieren, denn der Nachtclubbesitzer war nicht nur ein Playboy, sondern auch ein ganz ausgekochter Geschäftsmann. Unmittelbar nach unserer Ankunft in Berlin bekam Chico einen Zahnwurzelabszeß und war so krank, daß er nicht auftreten konnte. Er legte nur seinen Kopf an den Kohlenofen in meinem Zimmer, damit die Wärme seine Schmerzen linderte. Nach einigen Tagen platzte der Abszeß auf, und Chico konnte sofort wieder arbeiten.
Als wir unsere Schecks bekamen, stellte ich fest, daß die beiden Tage, an denen wir ohne Chico auftreten mußten, abgezogen worden waren. Als ich den Besitzer darauf ansprach, erklärte er mir, er habe uns die erste Vorstellung bezahlt, die wir wegen der Schwierigkeiten an der Grenze versäumt hatten. Danke, sagte ich, aber darum geht's nicht – meiner Auffassung nach zahlen Sie, wenn wir auftreten. Sollte er für die versäumte Vorstellung nichts zahlen wollen, war das in Ordnung. Aber er schuldete uns das Honorar für die Abende, an denen der Gepard krank gewesen war, denn Siegfried und ich waren ja trotzdem aufgetreten. Um nicht völlig auf meine Forderungen eingehen zu müssen, zahlte er nur für die beiden Abende und zog die versäumte erste Vorstellung nachträglich doch noch ab. Also gut. Wichtig war mir vor allem, daß ich mich durchgesetzt hatte; daß es mir nicht schwerfiel, diesem Berliner Prominenten gegenüberzutreten. Eine gute Übung...
Ich glaube, daß wir diese Disziplin – auf seinen Prinzipien beharren, für seine Überzeugungen eintreten, sich niemals erniedrigen lassen – unserer tiefen Liebe für unsere Arbeit verdanken. Unsere Show, unser Talent, unsere Träume und unser Ziel, als Magier im Showbusineß Erfolg zu haben, bedeuteten für uns das ganze Leben.
Und dreißig Jahre später hat sich nichts daran geändert.

Siegfried

Wir waren uns unseres Werts immer bewußt. Manchmal boten sich uns Gelegenheiten, die wir ablehnten, um keine Kompromisse schließen zu müssen. Wir wollten uns nicht dem anpassen, was das Publikum damals zu sehen gewohnt war. Wir wollten bleiben, wer wir waren.
Aber wenn man am Hungertuch nagt, fällt es verdammt schwer, etwas abzulehnen, das einem wie ein Freifahrschein zu Erfolg und Sicherheit vorkommt!
Als wir in Hamburg auftraten, lernten wir die Frau des großen Magiers Kalanag kennen, die seine Assistentin gewesen war. Kalanag war gestorben, und Gloria suchte einen jungen Illusionisten, der im Grunde genommen in seine Fußstapfen treten sollte. Ihr gehörte ein ganzer Zug mit allen seinen Requisiten, seinen Kostümen und sämtlichem Zubehör seiner Bühnenshows. Sie hatte unsere Vorstellung gesehen und hielt uns für die einzigen Illusionisten, die es verdienten, diese Chance zu bekommen. Die Veranstalter hatten ein Theater außerhalb Münchens gemietet, in das wir ziehen konnten, um zu proben und die Show des toten Meisters zu perfektionieren – und später sollten wir dann alles übernehmen.
Aber ich konnte dieses auf den ersten Blick so verlockende Angebot nicht akzeptieren. Trotz unserer ungesicherten Zukunft verstand ich sehr gut, daß Kalanag eben der große Kalanag gewesen war, während Siegfried und Roy etwas völlig anderes waren. Ich bewunderte Kalanag sehr, aber ich konnte mich mir nicht in seiner Rolle vorstellen, weil ich mir unterdessen meinen eigenen Stil als Illusionist erarbeitet hatte. Kalanag gehörte zu einer anderen Ära. Wir wollten ihn nicht imitieren; wir wollten unseren eigenen Stil für unsere Zeit entwickeln.

Roy

Von Deutschland aus gingen wir in die Schweiz, wo wir in einer ganzen Reihe kleiner Clubs auftraten. Unser erstes wichtiges Engagement hatten wir im Genfer Moulin Rouge, einem dort bekannten Nachtclub – eigentlich auch wieder ein etwas eleganteres Striptease-Lokal. Und wir mußten unseren Auftritt noch immer in viertelstündige Segmente unterteilen.
Unterdessen waren wir seit gut eineinhalb Jahren auf Tournee und machten uns allmählich Sorgen, weil sich nichts Vernünftiges daraus zu ergeben schien. Damals war ich für neue Engagements zuständig: Ich tippte auf einer kleinen, klapprigen Schreibmaschine im Zweifingersystem Briefe, verschickte Fotos und Zeitungsausschnitte und wandte mich an bestimmte Clubs, ob es dort Arbeit für uns gab. Bisher war ich damit ganz erfolgreich gewesen, aber für die Zeit nach Genf war es mir nicht gelungen, einen Vertrag

abzuschließen. Obwohl wir uns in der Clubszene einen gewissen Namen gemacht hatten, lebten wir finanziell weiter von der Hand in den Mund.
Während wir im Moulin Rouge auftraten, kam der weltberühmte Schweizer Circus Knie nach Genf und gastierte direkt gegenüber auf der anderen Straßenseite. Dieser für seine Tierdressuren berühmte Zirkus war und ist einer der besten der Welt.
Das Lido in Paris schien für uns inzwischen gänzlich außer Reichweite zu sein. Es blieb zwar Siegfrieds Traum, aber nicht notwendigerweise meiner. Ich versuchte, eine Möglichkeit zu finden, wie wir größer und selbständiger werden konnten, anstatt eine kleine Nummer in einer Revue zu sein. Ich glaubte, der Circus Knie könnte eine Lösung sein.
Obwohl ich nie, nicht mal als Kind, davon geträumt hatte, mit einem Zirkus durchzubrennen, ging meine Phantasie mit mir durch, als ich sah, wie uns gegenüber ein Zirkus aufgebaut wurde. Ich malte mir in glühenden Farben aus, wie Siegfried und ich den ganzen Zirkus übernahmen. Ein Elefant – übrigens ein Tier, das ich mir schon als kleiner Junge gewünscht hatte, konnte unsere Requisiten tragen, während ich auf einem zweiten einritt. Ein Gepard in einem Nachtclub mochte etwas Besonderes sein, aber wie würde das erst aussehen, wenn Siegfried Löwen, Tiger und Pferde verschwinden ließ!
Ich war Realist genug, um zu erkennen, daß das keine leichte Aufgabe sein würde. Kein Zirkus, vor allem kein Wanderzirkus, würde sich rasch auf so etwas einlassen. Es dauerte einige Zeit, bis ich Siegfried für meinen Plan gewonnen hatte, doch schließlich gelang es mir, ihn dazu zu überreden, den Zirkusbesitzer Freddy Knie aufzusuchen.

Siegfried

Knies Büro befand sich in einem großen Wohnwagen. Der legendäre Herr Knie war ein älterer Gentleman, der mich an seinem Schreibtisch sitzend empfing. Zuerst hatte ich keine Augen für ihn, sondern nur für das auf dem Schreibtisch liegende Buch.
Einmal dürfen Sie raten.
Hitlers *Mein Kampf*.
Ein ungewöhnlicher Mann. Als Schweizer hatte er vermutlich nicht viel für die Deutschen übrig. Er war entweder intellektuell neugierig oder erlaubte sich einen seltsamen Scherz.
Ein sehr schweizerischer Herr Knie starrte einen sehr deutschen Siegfried an – ich konnte nur hoffen, daß sich daraus nicht wieder eine peinliche Situation wie mit Mark Leddy entwickeln würde, und insgeheim verfluchte ich bereits Roy, daß er mich zu diesem Besuch gedrängt hatte.
Ich brauchte einen Augenblick, um mich so weit zu erholen, daß ich anfangen konnte, ihm von unseren Illusionen und unserem Geparden zu erzählen und ihm all das zu schildern, wovon Roy endlos lange geschwärmt hatte. Zuletzt stellte Herr Knie die entscheidende Frage: »Können Sie Illusionen in großem Maßstab in einer Manege vorführen?«

»Natürlich können wir das«, antwortete ich voller Selbstbewußtsein, »in der Magie ist alles möglich. Aber Sie wissen auch, daß für Illusionen in großem Maßstab erhebliche Bauten nötig sind.«
Doch Herr Knie blieb unbeeindruckt. »Das geht mich nichts an. Sie und Ihr Partner müssen alles allein schaffen.«
Immerhin wollte er vorbeikommen und sich unseren Auftritt ansehen. Leider war Chico völlig durcheinander, weil er all die Zirkustiere auf der anderen Straßenseite witterte. Normalerweise sprang er aus dem Schrankkoffer und blieb darauf stehen, aber an dem Abend, an dem Freddy Knie im Publikum war, machte die Witterung der Zirkustiere ihn so wild, daß er heraussprang ... und flüchtete. Er bewegte sich so blitzschnell, daß Freddy Knie den Geparden überhaupt nicht zu sehen bekam. Und da Herr Knie nicht noch mal kommen wollte, erhielten wir dann doch keinen Vertrag.
Für mich war dieser weit hergeholte Plan beinahe der letzte Strohhalm gewesen. Wir hatten die Herausforderung bestanden, von Bord zu gehen und eine Attraktion aufzubauen, aber nun schienen wir nicht wirklich voranzukommen. In schäbigen Clubs vor Geschäftsleuten aufzutreten, die mehr daran interessiert waren, mit den sogenannten Hostessen an ihren Tischen zu schmusen – war das alles, was uns erwartete? Das war vielleicht eine gute Schule, aber ganz bestimmt nicht »das Showgeschäft«, das wir uns vorstellten. Ich war mir darüber im klaren, daß wir nicht unbegrenzt lange so arbeiten konnten. Deshalb erklärte ich Roy, wir würden noch ein paar Monate zugeben, um etwas Bleibendes zu erreichen.
Wie sich jedoch zeigte, sollten bald bessere Zeiten für uns kommen.
Von Genf aus bereisten wir einige weitere Clubs in Wintersportorten und zogen dann nach Lausanne, um im Cabaret Tabaris aufzutreten. Bei unseren Auftritten in den kleinen Clubs sahen Roy und ich Gestalten wie aus dem Besetzungsbüro einer Filmfirma und erlebten lachhafte Szenen, die geradewegs aus einem Drehbuch hätten stammen können.
Madame Pasch, der das Cabaret Tabaris gehörte, war eine respektgebietende Welschschweizerin, die genau wußte, was sie wollte. Sie bezahlte gut und forderte dafür von allen den vollen Einsatz: In ihrem Club gab es viele ungewöhnliche Attraktionen. Sie war eine absolute Perfektionistin, vor der alle zitterten, die bei ihr arbeiten wollten. Der Nachtclub war wunderschön, ein kleines Juwel. Die Tanzfläche ließ sich heben und von unten beleuchten – ein für die damalige Zeit außergewöhnlicher Effekt.
Vor unserer Ankunft hörten wir, daß sie zwölf spanische Liliputaner engagiert und nach drei Tagen wieder rausgeworfen hatte, weil sie nicht die Kostüme trugen, in denen sie sie in Barcelona gesehen hatte. Ich bekam eine Heidenangst, daß sie unsere Illusion als für sie nicht gut genug ablehnen würde.
Während der Probevorstellung für Madame Pasch beobachteten wir die Nummer, nach der wir drankommen sollten. Eine Stripperin trat auf und tanzte, dann eine weitere. Die zweite war eine 1,80 Meter große Schwedin mit den größten Füßen, die ich je bei einer

Frau gesehen hatte, und einer Nase wie Charles de Gaulle. Der Höhepunkt ihres Auftritts bestand darin, daß sie sich auszog – und sich mit langstieligen roten Rosen peitschte.

Sobald sie fertig war, rief Madame Pasch sie energisch von der Bühne zu sich. Sie forderte die Tänzerin auf, sich umzusehen und ihr zu sagen, was sie sehe. Die Schwedin sagte, sie sehe einen sehr hübschen Club. Sie hatte jedoch keine Ahnung, worauf Madame hinauswollte. Als nächstes forderte Madame sie auf, sich die Tische anzusehen. Auf jedem stand eine Vase mit roten Rosen. Nun fragte Madame die inzwischen völlig eingeschüchterte junge Tänzerin, ob sie Rosen nicht auch für wundervolle Blumen halte. Das Mädchen nickte zustimmend.

»Schön, wozu wollen Sie sich dann auf meiner Bühne mit ihnen auspeitschen?«

Die Tänzerin schwieg.

»Also passen Sie auf«, fuhr Madame fort, »bei mir lassen Sie das gefälligst bleiben. Sie tanzen jeden Abend einen langsamen Walzer.«

Genau das tat die Schwedin also – und dieser Tanz wirkte wegen ihrer riesigen Füße und ihrer langen Nase so komisch, daß das Publikum vor Lachen brüllte.

Nach dieser Szene kamen wir an die Reihe. Als wir fertig waren, sah sie zu mir auf und fragte: »Siegfried, was für eine Beleuchtung möchten Sie?«

Das hatte mich noch niemand gefragt.

»Wissen Sie, Madame Pasch, ich habe noch nie in so schöner Umgebung gearbeitet – ich habe keine Ahnung, welches Licht Sie für richtig halten.«

»Oh, ich gebe Ihnen die beste Beleuchtung, die Sie sich vorstellen können!«

Im Cabaret Tabaris hatten wir von unserem ersten Abend an großen Erfolg. Gleich nach der Premiere teilte Madame Pasch uns mit, sie reise nach Monaco. »Ich bin froh, mit dem Wissen abreisen zu können, wie wunderbar ihr seid«, sagte sie, »denn ich möchte euch weiterempfehlen, damit das Casino Monte Carlo euch engagiert.«

Dieses Engagement in Monte Carlo bedeutete für uns wirklich den großen Durchbruch. Während wir dort auftraten, wurden wir eingeladen, im Sporting Club an der *Gala des Rois* teilzunehmen – der jährlichen Rotkreuz-Gala in Anwesenheit von Fürst Rainier von Monaco und Grace Kelly. In weniger als neun Monaten waren zwei tingelnde Zauberkünstler zu Magiern geworden, die vor Grace Kelly auftraten – was das für uns bedeutete, kann man sich vermutlich vorstellen. Mit auf dem Programm standen einige der damals besten Entertainer Europas, darunter Charles Aznavour, Mireille Mathieu – der junge Liebling der Franzosen, die in ihr die Nachfolgerin der Piaf sahen – und die berühmten Bentley Girls: jedes eine Augenweide, keines unter 1,80 Meter groß.

Dieser Abend ist mir noch lebhaft in Erinnerung. Durch einen Spalt im Vorhang blickte ich an vergoldeten Balkonen mit schweren Samtportieren vorbei. Soviel luxuriöse Eleganz hatte ich noch nie gesehen. Die Schönheit der Damen, ihr glitzernder Schmuck, die Herren im Frack mit Schulterbändern und Ordenssternen. Ich sah sie alle auf den Beginn der Vorstellung warten: Sophia Loren, Cary Grant, Maria Callas und Elizabeth

Taylor, um nur einige zu nennen. Ein Frösteln durchlief meinen Körper, ich begann zu zittern und zu schwitzen. So nervös oder ängstlich war ich bisher nie gewesen. Das war nicht wirklich Lampenfieber, sondern eher die Befürchtung, in so eleganter Umgebung, vor all den Menschen die ich bewunderte, aufzutreten, fehl am Platz zu sein. Wie konnte Siegfried aus Rosenheim ihre sicher hochgesteckten Erwartungen erfüllen?
Dies war nicht das erste und auch nicht das letzte Mal, daß ich so etwas erlebte. In gewisser Beziehung gehört es mit zu unserer Arbeit. Aber die Selbstzweifel fallen von mir ab, sobald sich der Vorhang hebt. Das Scheinwerferlicht trifft mich wie ein elektrischer Schlag, ich bekomme ein Gefühl fürs Publikum, und etwas Magisches ereignet sich. An jenem Abend in Monte Carlo ging es über das Magische hinaus.
Die Vorstellung war fehlerlos. Das Publikum jubelte uns zu: Nach unserem viertelstündigen Auftritt bekamen wir als einzige stehende Ovationen. Die Mischung war perfekt – als Magier auftreten und zugleich das Charisma eines Entertainers auszustrahlen. Bis dahin waren meine Vorbilder Künstler wie Edith Piaf, Maurice Chevalier, Sammy Davis, jr. und Frank Sinatra gewesen. Ich hatte sie beobachtet und studiert. Wenn solche Stars auf die Bühne kommen, klickt irgend etwas, das eine magische Verwandlung auslöst: Publikum und Künstler werden eins.
Roy und ich praktizierten eine andere Form der Magie, aber wir versuchten, das gleiche Gefühl und die gleiche Beziehung zum Publikum herzustellen. Da wir auf unserer monatelangen Tournee keine Zeit gehabt hatten, neue Illusionen zu erfinden, hatten wir uns ganz darauf konzentriert, bei den Auftritten unsere »andere Art von Magie« zu vervollkommnen.
So standen wir nun in Monte Carlo auf der Bühne und wurden von einigen der größten Stars des Showgeschäfts bejubelt. Was ich gespürt hatte, wenn ich die Großen auftreten sah, empfand ich jetzt immer selbst.

Dieser Abend hatte noch einen weiteren Höhepunkt.
Mitten während der Vorstellung fand draußen ein Feuerwerk statt. Wir hatten das Glück, unmittelbar danach aufzutreten. Im Sporting Club befand sich hinter der Bühne ein durch einen Vorhang verdecktes riesiges Spitzbogenfenster, durch das die Zuschauer das Feuerwerk verfolgen konnten. Als es zu Ende war, wurde der Vorhang zugezogen, und wir traten auf. Beim Beginn unseres Auftritts war das Publikum also schon so animiert, daß unsere Präzision und Geschwindigkeit es danach zu Begeisterungsstürmen hinriß.
Natürlich war unser großes Finale die Metamorphose, bei der zuletzt Chico aus dem

Als wir in Monte Carlo bei der Gala des Rois auftraten – die Einzahlform roi bedeutet König auf französisch –, waren wir uns der Namensgleichheit mit Roy bewußt. Ein Titel, dem man erst einmal gerecht werden mußte!

Schrankkoffer auftauchte. An sich hätte er auf den Koffer springen und dort bleiben sollen, während wir uns verbeugten. Aber das Knattern des Feuerwerks und der Jubel des Publikums waren wohl etwas zuviel für ihn gewesen. Chico flüchtete aus dem Schrankkoffer, blieb mitten auf der Bühne stehen, starrte die Menschen an, machte sich durchs Publikum auf den Weg zum Ausgang und tänzelte durch den ganzen Sporting Club von Monte Carlo. Laut fauchend und mit seinem Schwanz ihre Beine streifend vorbei an Fürst Rainier, vorbei an Grace Kelly, vorbei an Sophia Loren.
Mir blieb nichts anderes übrig, als zu versuchen, das Beste aus dieser Situation zu machen. Ich tat so, als gehöre das zu unserem Auftritt, folgte Chico zum Ausgang und winkte dabei dem verblüfften Publikum zu. Damals konnten nur wenige einen Geparden von einem Leoparden oder Tiger unterscheiden; deshalb war es selbst für dieses erlesene Publikum ein außergewöhnlich exotisches und spannendes Erlebnis, eine Raubkatze an sich vorbeischreiten zu sehen.
Ich hatte keine Ahnung, wie ich hinter die Bühne zurückgelangen sollte. Im Hintergrund des Saals öffnete ich die erste Tür, zu der wir kamen und fand mich in der Küche wieder. Auf Umwegen gelangte ich in unsere Garderobe zurück. Inzwischen kam Siegfried wutentbrannt hinter mir hergestürmt. Aber was hätte ich gegen Chicos eigenwilligen Abgang machen sollen?
Siegfried fürchtete, Chico habe unserem Erfolg geschadet; tatsächlich hatte er ihm die Krone aufgesetzt. Wie sich dann zeigte, war unser Finale der Höhepunkt des Abends gewesen. Am nächsten Tag verkündeten Schlagzeilen: »GALA DES ROIS; SIEGFRIED UND ROY, DIE NEUEN KÖNIGE«. Zeitungen in ganz Europa berichteten über dieses Ereignis, und damit war unser Glück gemacht.
Eine weitere Veränderung betraf unsere Namen. Bis dahin waren wir als »Siegfried und Partner« aufgetreten. Obwohl Uwe nur mein zweiter Vorname ist, hatte ich ihn als Rufnamen benützt. Roy, mein erster Vorname, bedeutet ins Französische übersetzt »König«. Nach unserem großen Erfolg in Monte Carlo beschloß ich, mich in Zukunft Roy zu nennen. Vielleicht ein etwas vermessener Name – aber doch auch eine große Herausforderung. Von nun an nannten wir uns »Siegfried und Roy«.

Siegfried

Das Publikum, vor dem wir an diesem Abend auftraten, war bestimmt nicht leicht zu begeistern. Auf diesem Niveau kannte es die Besten des Showgeschäfts. Stehende Ovationen zu erhalten und von Stars in der Garderobe besucht und mit Lob überhäuft zu werden – nun, das stärkte unser Selbstbewußtsein gewaltig. Es ließ mich erkennen, daß wir wirklich etwas ganz Besonderes zu bieten hatten.
Während Roy dabei war, Chico aus dem Club zu begleiten, und ich hinter ihm herlief, folgte mir ein Mann aus dem Publikum, den unser Auftritt so begeistert hatte, daß er uns

vom Fleck weg engagieren wollte. Daniel Marouani, der größte Impresario von der Côte d'Azur, bot uns zwei Verträge für Engagements im vornehmen Hotel Négresco in Nizza und danach im Passaboga in Madrid an.
Ich war begeistert. Wenn wir in Nizza gut ankommen, konnten wir überall auftreten – und das würde uns den Weg ins Pariser Lido bahnen.

Es ist schwierig, von unseren Erfolgen zu erzählen, ohne daß es nach Selbstbeweihräucherung klingt. Nach unseren Auftritten in Monte Carlo und Nizza trafen wir mit dem Passaboga in Madrid auf einen viel kleineren und schlichteren Nachtclub. Die Arbeitsbedingungen dort waren unmöglich. Die Garderoben lagen im Stockwerk über der Bühne, so daß wir unsere Requisiten hinunterschleppen mußten. Aber der Club besaß einen gewissen Charme und galt als bester Nachtclub der spanischen Hauptstadt.
In Madrid zu leben war ein Genuß. Ich fühlte mich dort auf Anhieb wohl. Nach dem steifen deutschen und Schweizer Lebensstil wußte ich das südländische Temperament zu schätzen – die bunten Persönlichkeiten; das ständige Augenrollen, das jede Situation höchst dramatisch erscheinen läßt, und die Leidenschaft, die der Spanier in seinen Alltag einbringt. Ja, dort war ich in meinem Element. Ich begann sogar, selbst etwas »spanisch« zu werden.
Während dieses Engagements erhielten wir ein Telegramm von René Fraday, dem künstlerischen Direktor des Pariser Lido, der von unserer Performance gehört hatte und nach Madrid kommen wollte, um sie sich anzusehen. Das sollte uns nur recht sein ...
Bei jedem Engagement gibt es einen Auftritt, der alle anderen weit übertrifft, so daß jeder Augenblick, jede Bewegung ein Meisterwerk ist. Nach Abenden, an denen man's kaum erwarten kann, auftreten zu dürfen, um die Pannen eines Vorabends wettzumachen, richtet einen das wieder auf. Nicht lange nach dem Eingang des Telegramms aus Paris erlebten wir einen dieser absolut perfekten Abende.
Nach der Vorstellung kam ein Ober mit der Nachricht, im Publikum sitze ein Herr aus Paris, der uns sprechen wolle. Wir hielten ihn natürlich für Fraday. Deshalb forderte ich Siegfried auf, erst allein mit ihm zu verhandeln; würde es Schwierigkeiten geben, sollte er mich dazuholen, damit ich weiterverhandeln konnte. Das war eine bewährte Taktik, die ich ausgearbeitet hatte. Siegfried zog sich um: Damals waren wir noch konservativ gekleidete junge Europäer mit gestärkten weißen Hemden und zweireihigen Blazern.
Siegfried ging an den Tisch des Mannes. Die beiden machten sich bekannt – aber Siegfried war so aufgeregt, daß er nicht merkte, daß dies gar nicht der Mann aus dem Lido war. Ganz zufällig hatten die Folies-Bergère einen Repräsentanten geschickt, der sich ebenfalls die Show ansehen sollte: Tony Azzie, ein Libanese, engagierte Künstler für die Folies in Paris und ihre Revue in Las Vegas. In unsere Show war er vor allem deshalb ge-

kommen, weil er noch für die letzten dreieinhalb Monate einer Revue im Hotel Tropicana in Las Vegas unbedingt eine besondere Attraktion unseres Kalibers fürs Finale brauchte.
Tony war einer der charismatischten Männer, die ich jemals gekannt habe. Gutaussehend, sehr elegant gekleidet und niemals ohne eine blonde Schönheit am Arm.
Siegfried brauchte mich nicht an den Tisch zu holen, damit ich weiterverhandelte. Ich wollte nur wissen, was dieser Mann uns Wunderbares zu erzählen hatte. Sobald ich Las Vegas hörte, war mir klar, daß ich nirgendwo anderes hin wollte. Das Pariser Lido war schon beinahe vergessen.
Tony machte uns ein Kombiangebot: Wir sollten erst in Las Vegas auftreten, nach Abschluß des dortigen Engagements für ein Jahr zu den Folies-Bergère in Paris gehen und dann nach Las Vegas zurückkehren. Das Dumme daran war nur, daß wir René Fraday erwartet hatten. Obwohl die Folies-Bergère verlockend klangen, wünschten wir uns mehr, endlich im Lido auftreten zu können. In unseren Augen gab es im Folies-Bergère zu viele Kostüme und Cancan. Das Lido brachte mehr Neuigkeiten und Spezialnummern. Und es genoß letztlich das größere Ansehen.
Weil Tony Azzie uns aber eine phantastisch hohe Gage anbot, erbaten wir uns einige Tage Bedenkzeit. Im Gespräch hatte Siegfried, ohne sich viel dabei zu denken, erwähnt, daß wir schon immer im Lido auftreten wollten – Tony erkannte sofort, daß wir ihn mit René Fraday verwechselt hatten. Diese Verwechslung machte sich auf wunderbare Weise bezahlt: Sie stachelte Tony so sehr an, uns zu engagieren, bevor das Lido zugreifen konnte, daß er uns die höchste noch vertretbare Gage bot.
Am nächsten Abend war unser Auftritt weit weniger glänzend: nicht schlecht, aber eben doch unter unserem sonstigen Niveau. Eine Glühbirne brannte durch, und unser Scheinwerfer war schlecht justiert; der Gepard kam auf der falschen Seite heraus, und eine der vor uns auftretenden Tänzerinnen hatte etwas auf der Bühne verloren, über das Siegfried stolperte. Das Seil, das ich um den Schrankkoffer schlang, verknotete sich – lauter unerwartete Ablenkungen, gegen die man nichts machen konnte und die an diesem Abend wie eine Kettenreaktion aufeinander zu folgen schienen.
Wie am Vorabend ließ uns ein Besucher an seinen Tisch bitten, und diesmal war es der richtige René Fraday. Da wir wußten, daß die Vorstellung nicht eben großartig gewesen war, wollte Siegfried nicht mal mit ihm reden. Natürlich ging er dann doch zu ihm hinaus, und nach einigen höflichen Floskeln begann Monsieur Fraday sich so zu benehmen – das sage ich ungern –, wie die Franzosen es tun, wenn sie feilschen: Er meckerte und war negativistisch.
Das ist verständlich. Da sich viele Artisten um einen Probeauftritt fürs Lido rissen, hatte Fraday wirklich freie Auswahl; er konnte es sich leisten, arrogant zu sein. Aber anstatt uns wie Tony Azzie einen Vertrauensvorschuß zu geben, wollte er uns miesmachen, um unseren Preis drücken zu können – Siegfried begrüßte er gleich zu Anfang besonders »freundlich«: »Hmmm, ich dachte wirklich, Sie seien größer. Sie sollten Liftschuhe tra-

gen. Ah, Sie sind etwas zu blond. Ich wollte, Sie wären dunkler. Ihre Nummer mit den Tauben gefällt mir sehr gut, aber die haben andere auch schon gezeigt. Ja, der Schrankkoffer mit dem Geparden ist großartig, aber die Bühne im Lido ist offen und mitten zwischen den Gästen. Wir müßten ein Sicherheitsnetz spannen, und es wäre *très difficile*, die Behörden dazu zu bringen, ihre Genehmigung zu erteilen. Deshalb kann die Sache gewaltig ins Geld gehen.«

Und so weiter und so fort, als sei es ihm wirklich verdammt lästig, uns zu engagieren. Siegfried, der wegen unserer keineswegs perfekten Vorstellung anfangs nicht sehr selbstsicher gewesen war, wurde allmählich wütend. »Mal sehen, ob ich Sie richtig verstanden habe«, sagte er. »Sie behaupten doch, wir seien nicht gut genug fürs Lido. Gut, dann will ich Ihnen sagen, daß Roy und ich beschlossen haben, mit den Folies-Bergère nach Las Vegas zu gehen.«

Daraufhin wechselte Fraday blitzschnell die Tonart.

»*C'est impossible, c'est terrible!* Hören Sie, die Folies-Bergère sind doch nichts – gar nicht mit dem Lido zu vergleichen. Las Vegas! Ich verstehe nicht, warum alle Europäer dorthin wollen. Las Vegas ist nichts! Ein kulturloses Stück Wüste. Das Lido ist die absolute Spitze, und Ihr Akt wird dort eine Sensation sein. Wie Sie mit den Tauben arbeiten ... Dieser Stil, diese Raffinesse ... und erst der Gepard! Paris wird hingerissen sein!«

Siegfried erklärte ihm, er müsse mit mir reden. Also rief er mich übers Haustelefon an und erzählte mir die ganze Geschichte.

Ich stellte sofort meine Stacheln auf. Siegfried versicherte mir immer – und tut es noch heute –, Kritik sei nützlich, weil sie einem helfe, besser zu werden. Ich persönlich habe es aber nie über mich gebracht, sie bereitwillig anzunehmen.

»Nein, gib nicht nach«, forderte ich ihn auf. »Laß ihn zappeln.«

Fraday lud Siegfried zu einem Drink in sein Hotel ein, damit sie nicht weiter in dieser Stripteasebude verhandeln mußten. Wieder ein abwertendes Urteil über etwas, das nicht ihm gehörte!

Sie fuhren in sein Hotel! Unterwegs malte Fraday Siegfried in den glühendsten Farben aus, was Paris alles für uns tun könne. Aber als sie die Hotelhalle betraten, begegneten ihnen – als hätten wir sie eigens dafür engagiert – drei typische alte Amerikanerinnen mit blaugetönten Haaren, Perlenketten und Nerzstolen. Und alle drei erkannten Siegfried.

»Oh, Sie sind der Magier! *Wonderful*! Gott, wie blendend Sie aussehen – in Wirklichkeit noch viel besser als auf der Bühne. *Lovely*! Sie und Ihr Partner sind wundervoll. Sind Sie schon mal in Amerika aufgetreten! Das sollten Sie aber! Warum wollen Sie in Europa bleiben? Sie wären haargenau richtig für Las Vegas. Wir fahren dauernd hin, und Sie würden dort groß rauskommen. Auch Ihre Tiere sind wunderbar. Grüßen Sie Ihren Partner von uns!« Siegfried hätte nicht besser in Szene gesetzt werden können.

Ich lernte René Fraday nie kennen. Siegfried rief mich nach dem Gespräch im Hotel an, und wir überlegten gemeinsam, was wir tun sollten. Unterdessen hatte Tony Azzie angerufen und vorgeschlagen, wir sollten sofort nach Beendigung unseres Engagements im

Passaboga nach Paris reisen und vor dem Besitzer der Folies-Bergère eine Vorstellung geben, bevor wir den Vertrag unterzeichneten.
Ich erklärte Siegfried, wenn wir ohnehin in den Folies auftreten müßten, könnten wir uns doch auch das Lido ansehen, um einen Vergleich zu haben. Und ich fügte hinzu, unabhängig von unserer Entscheidung sei es mein Wunsch, *erst* nach Las Vegas zu gehen.
Siegfried kehrte zu René Fraday zurück und teilte ihm mit, unabhängig von unserer Entscheidung wollten wir zunächst für ein Vierteljahr nach Las Vegas gehen.
»*Impossible,* das ist schrecklich! Wenn Sie das tun, ruinieren Sie Ihre Karriere.«
Kurz gesagt: wieder die alte Leier.
»Schön, wir sehen uns nächste Woche in Paris wieder«, fuhr Siegfried fort. »Wir kommen ins Lido, um uns die Show anzusehen.«
»Was soll das heißen? Sie wollen sich die Show im Lido ansehen? Das Lido gibt keine Probevorstellungen für Artisten!«
Wir beendeten unser Engagement in Madrid, beluden den Citroën und fuhren die ganze Nacht durch, um rechtzeitig zu unserer Abendvorstellung in den Folies zu sein. Am Stadtrand von Paris hielten wir an einer Tankstelle und zogen uns für den Auftritt um. Wir kamen eine Stunde vor der Vorstellung an, lernten den Besitzer kennen, tranken in einem Café auf der anderen Straßenseite einen Campari-Soda und traten auf.
Die Reaktion des Publikums – drei Vorhänge – und der Beifall der Tänzerinnen und Bühnenarbeiter aus den Kulissen bewiesen, daß wir gut angekommen waren. Auch der Besitzer zeigte sich sehr zufrieden und erklärte uns, er wolle uns definitiv für Las Vegas und danach für ein Jahr in Paris engagieren. Aber wir wollten natürlich keinen Vertrag unterschreiben, bevor wir das Lido gesehen hatten. Deshalb spielten wir ein weiteres Mal auf Zeit und antworteten, wir könnten ihm unsere Entscheidung erst morgen mitteilen, weil wir noch einen Termin beim Generaldirektor des Lido hätten.
»Sie wollen ins Lido? *Non, mais non, pas le Lido. C'est impossible!*«
Wie man sieht, setzten sich alle gegenseitig herab.
Weiter ins Lido.
Hat man sich etwas lange ausgemalt, ist eine gewisse Enttäuschung angesichts der Wirklichkeit oft unvermeidlich. Damit wir uns nicht mißverstehen: Das Lido war wunderbar, aber nachdem Siegfried, der es ebenfalls nie zuvor gesehen hatte, mir jahrelang davon vorschwärmte, waren meine Erwartungen zu hochgesteckt. (Damals war es noch das alte Lido, nicht das heute existierende.) Die Bühne war nur eine Tanzfläche, die angehoben werden konnte. Das Publikum saß an kleinen Tischen zusammengedrängt. Die Ober mußten einem auf die Füße treten, um sich überhaupt durchschlängeln zu können. Das Lido hatte jedoch immerhin viel Atmosphäre, was ebenso wichtig wie genügend Arbeitsfläche ist.
Trotz der Enttäuschung wußten wir, daß das Lido weit mehr Prestige besaß als die Folies-Bergère. Nach der Vorstellung trafen wir mit Pierre Louis-Guèrin zusammen, der genau dem Bild entsprach, das wir uns vom Generaldirektor des Lido machten. Er hatte

schneeweißes Haar, trug ein gestärktes weißes Hemd mit weißer Krawatte, die ebenfalls gestärkt zu sein schien, und überzeugte im Gegensatz zu René Fraday durch sein Charisma. Wir trafen in seinem Büro mit Fraday und ihm zusammen, versicherten ihm, das Lido sei großartig und erklärten ihm, wir wollten trotzdem zuerst nach Las Vegas.
Für Monsieur Louis-Guèrin und Fraday war das ein Skandal. Die beiden zeigten sich empört. Sie sagten, es sei in Ordnung, zuerst im Lido aufzutreten und dann mit ihnen einen Vertrag abzuschließen, der uns ein Engagement in ihrer Show im Stardust in Las Vegas sicherte, aber der umgekehrte Weg sei unakzeptabel. Natürlich dachten sie dabei an die zehn Prozent Vermittlungsgebühr, die ihnen zustanden, wenn sie uns nach Las Vegas schickten.
»Hören Sie, wenn Sie mit den Folies nach Vegas gehen, arbeiten Sie nie wieder in Paris. Niemals! Sparen Sie sich die Mühe, ins Lido zu kommen, wenn Sie wieder da sind.«
Und damit reisten wir nach Las Vegas.

VIERTER AKT

Rings um das Existierende herum liegt eine ganze mysteriöse Welt des Möglichen…

HENRY WADSWORTH LONGFELLOW

In unserer Garderobe im Hotel Tropicana unmittelbar vor unserem Debüt in Las Vegas

Roy

Das Flugzeug ging tiefer, und ich spähte aus dem Fenster, um einen ersten Blick auf die Show-Hauptstadt der Welt zu erhaschen. Aber was war das? Unter mir schien ein verschlafenes Provinznest zu liegen; ich sah lediglich ein paar Häuser und einige wenige Lichter. *Großer Gott!* dachte ich. *Auf was hast du dich da eingelassen?* Dann kam eine Durchsage des Flugkapitäns: »Wir überfliegen gerade Bakersfield und werden bald in Las Vegas landen.«

Als wir endlich in Las Vegas ankamen, verliebte ich mich sofort in diese Stadt. Dabei war sie im Jahr 1967 noch nicht das Las Vegas von heute. Der Flughafen beanspruchte erst ein winziges Stück Wüste. Am Las Vegas Strip standen weit weniger Hotels als jetzt. Aber mit den in Neonschrift aufleuchtenden Namen der größten damaligen Entertainer und den flammendbunten Leuchtreklamen der Hotels vor einem rosagetönten Wüstenhimmel und den dunklen Bergen bot Las Vegas für einen jungen Deutschen trotzdem einen imposanten Anblick.

Ich hatte mir Las Vegas als luxuriösen, exotischen, beinahe tropischen Ort mit einem Hauch von *1001 Nacht* vorgestellt. Um dieser Grandeur zu entsprechen, hatte ich nicht nur einen, sondern zwei Geparden mitgebracht: Chico und unsere Neuerwerbung Simba, die so liebenswert und zärtlich war, daß wir sie alle sofort liebgewannen. Und um der vermeintlich tropischen Atmosphäre von Las Vegas gerecht zu werden, hatte ich ein paar Flamingos mitgebracht. Ich muß wie ein Beduine ausgesehen haben, als ich mit meiner Menagerie und meiner gesamten irdischen Habe beladen ankam.

Die alte Redensart »Wenn etwas schiefgehen kann, dann geht es auch schief«, bewahrheitete sich leider auch hier. Unser für die Metamorphose benötigter Schrankkoffer hatte sich in Luft aufgelöst und Las Vegas nicht erreicht. Ohne ihn waren wir aufgeschmissen. Also mußten wir uns einen neuen anfertigen lassen, was unsere Premiere im Tropicana um einige Tage verzögerte.

Was das Hotel Tropicana betraf, war unsere Begrüßung durch Mr. Houssels, den Besitzer, nicht gerade perfekt. »Okay, was seid ihr, Jungs?« wollte er wissen. »Sänger? Tänzer? Jongleure?«

»Nein. Wir sind Illusionisten, Magier«, antworteten wir halb im Chor.

»Ausgerechnet!« Er ächzte. »Jungs, ich muß euch sagen, daß mit Magie in dieser Stadt kein Blumentopf zu gewinnen ist.«

Wir waren platt, als wir erfuhren, daß Mr. Houssels keinen Einfluß auf die Auswahl der Künstler hatte, die von den Folies-Bergère für die Show engagiert wurden. Und wir waren einigermaßen überrascht, als er nicht einmal wußte, wer wir waren, denn wir hatten uns in aller Bescheidenheit für einigermaßen bekannt gehalten. Und was war mit den reizenden amerikanischen Damen, die uns versichert hatten, Las Vegas werde uns begeistert in die Arme schließen? Sie waren nirgends zu sehen.

Siegfried war jetzt soweit, daß er am liebsten zum Flughafen zurückgefahren wäre.

Tatsächlich wollte er nur wieder heim. Keine Bäume, keine Vogelstimmen, kein üppig grünes Land – hier in Vegas gab es nichts, womit ein Rosenheimer sich hätte identifizieren können. Und dazu kam das Transportproblem. In Vegas mußte man überallhin mit dem Auto fahren, und Siegfried hatte keinen Führerschein. Darüber hinaus litt er mehr als ich unter unseren dürftigen Englischkenntnissen.

Und ich? Mir gefiel Vegas großartig. Ich kaufte mir sofort einen gebrauchten silbernen Thunderbird-Kombi mit roter Innenausstattung für meine Geparden. Wir mieteten das Haus meines liebsten Filmhelden – Errol Flynn. Zum Grundstück gehörten große, schöne Bäume, ein Orangenhain und ein ehemaliger Teich, den ich für meine Flamingos volllaufen ließ.

Ich bin immer der Überzeugung gewesen, daß man seine Umgebung dem anpassen muß, was einem seine Phantasie zeigt. Und so fühlte ich mich wie im Himmel, als ich im Liegestuhl ausgestreckt meinen unter heißer Wüstensonne planschenden Flamingos zusah. Ich hatte eine Fata Morgana erschaffen. Leider war sie keine Illusion gewesen, wie ich mir wünschte, als ich die Wasserrechnung für den ersten Monat erhielt. Wasser, das lernte ich bei dieser Gelegenheit, ist in Vegas ein Luxusartikel – vor allem wenn der Teich leckte. Daß meine Flamingos sich wohl fühlten, würde mich Monat für Monat fast eine Wochengage im Tropicana kosten. Tatsächlich gab ich bereits Geld aus, das ich noch gar nicht verdient hatte.

Und dabei konnten wir noch von Glück sagen, daß wir nach dem Fiasko bei unserer Premiere nicht hinausflogen. Wir hatten noch nie mit einem richtigen Orchester im Orchestergraben vor uns gearbeitet. Den Geparden störte es nicht, daß in der Sekunde, bevor er aus dem Koffer sprang, ein Trommelwirbel erklang. Erschreckt und abgelenkt

wurde Chico jedoch durch den Dirigenten, den der Punktscheinwerfer gerade noch erfaßte. Er sprang mit einem Satz aus dem Schrankkoffer in den Orchestergraben, um nachzusehen, was es damit auf sich hatte.
Unterwegs – mitten im Sprung – gelang es ihm, dem Dirigenten Ray Sinatra das Toupet vom Kopf zu reißen. Die Raubkatze landete auf dem Flügel. Nun sprang das gesamte Publikum auf und drängte nach vorn, um den Geparden im Orchestergraben zu sehen – unsere erste stehende Ovation in den USA.
Eines muß ich Ray Sinatra lassen: Er verlor sein Haar, aber nicht die Nerven. Sechs der 18 Musiker flüchteten entsetzt, aber Ray blieb auf seinem Posten und dirigierte das verbliebene Dutzend weiter. Das war ein kaum zu übertreffendes großes Finale.
Nach diesem Vorfall ließ der Inspizient mich nochmals auftreten und Chico an die Rampe führen. So wirkte sich dieses Debakel tatsächlich zu meinem Vorteil aus. Bisher war ich am Schluß stets verschwunden.
Sieben Jahre lang hatte ich den Applaus nur im Schrankkoffer steckend mitbekommen. Jetzt konnte ich selbst etwas davon einheimsen und neben Siegfried ins Rampenlicht treten. Und was geschah? Es gefiel mir.

Siegfried

Abgesehen von dem Kulturschock, den ich erlebte, freute ich mich darauf, etwas Neues für unseren Auftritt zu erfinden. Wie ich das anstellen sollte, war mir noch nicht klar, weil wir nur zwölf Minuten Zeit hatten. Kleinere Acts dienten damals nämlich zur Überbrückung und als Pausenfüller. Wir traten vor dem Vorhang auf, hinter dem die Bühne umgebaut wurde.
Nach zwei Jahren Europatournee, in denen ich keine Gelegenheit gehabt hatte, etwas zu entwickeln, war ich gelangweilt und rastlos darauf versessen, unsere Nummer um etwas Neues zu erweitern – Simba. Auf diese Idee waren wir auf großen Umwegen gekommen. In Deutschland hatten wir einmal neben einer alten Frau gewohnt, die eine Henne und sechs Hähne hatte. Das arme Wesen hatte fast keine Feder mehr am Leib.
»Sie können das arme Tier doch nicht mit sechs Hähnen beisammen lassen!« protestierte ich. »Ich hab' mir gedacht, die Henne sollte es besser haben als ich«, antwortete sie.
Daraufhin fragten Roy und ich uns, ob Chico einsam sei, und kauften ihm Simba als Gefährtin. Außerdem ahnten wir, daß Las Vegas ein weit schwierigeres Pflaster für Artisten sein würde, und wir waren uns darüber im klaren, daß Chicos Tod den Verlust unseres Markenzeichens und damit das Ende unserer Nummer bedeutet hätte. Deshalb hielten wir es für besser, rechtzeitig für Ersatz zu sorgen.
Nach ein paar Monaten mit Simba waren wir nicht mehr damit zufrieden, sie nur als Gefährtin Chicos oder als Ersatz für den Fall der Fälle zu haben. Sie war in Gesellschaft von

Menschen aufgewachsen und deshalb viel zahmer und von Natur aus sehr liebenswert – unwiderstehlich, wirklich. Roy und ich wollten sie mit uns auftreten lassen.
Mein Gedanke war, einen Käfig zu benützen, so daß Roy nach der Metamorphose mit einem Geparden im Käfig erscheinen konnte, während der andere aus dem Schrankkoffer sprang. Das war im Tropicana, wo uns nur die Bühne vor dem Vorhang zur Verfügung stand, nicht leicht zu verwirklichen. Wir mußten uns in unserer Garderobe vorbereiten, die in einem anderen Stockwerk lag, und konnten unmöglich mit einem Käfig auf Rädern die Treppe herunterkommen. Deshalb mußte der Käfig unter der Decke hängen und auf die Bühne herabgelassen werden. Das gefiel mir ausnehmend gut. Eine höchst elegante Illusion, genau richtig für einen Nachtclub.
Das waren jedoch nur technische Schwierigkeiten. Unter der Oberfläche geschah etwas Emotionaleres – zum Beispiel die Rivalität zweier Männer, die seit sieben Jahren zusammenarbeiteten. Wir hatten kleine Auseinandersetzungen gehabt, ohne wirklich zu wissen, weshalb wir uns stritten. Erst nachdem wir diese neue Illusion ausgearbeitet hatten, erkannten wir, was sich da zu lange zusammengebraut hatte.

Roy

Ich war seit einiger Zeit der Meinung, mehr zum Erfolg unserer Nummer beitragen zu können, wenn ich neben Siegfried arbeitete. Das war natürlich schwierig, weil ich für die Requisiten und das Verschwinden zuständig war. Sobald ich meinen Teil des Beifalls im Tropicana einheimsen durfte, wurde mir klar, daß mein zweitklassiger Status mich gestört hatte, ohne daß ich imstande gewesen wäre, dieses Gefühl auszudrücken. Ich hatte begonnen, mich ein bißchen wie ein Tierpfleger zu fühlen.
Mein Auftritt beim Schlußapplaus suggerierte mir, wir seien eher ein Team. Als Siegfried die neue Illusion ausarbeitete, war ich entschlossen, eine Möglichkeit zu finden, gemeinsam mit ihm als Magier aufzutreten. Das ließ sich nur machen, wenn wir uns zu einem Trio erweiterten.
Auftritt Virginia: Sie war sexy, sehr attraktiv, blond und blauäugig – und eine der begabtesten Tänzerinnen der Folies-Bergère. Ich fand, sie sei die Idealbesetzung für die Metamorphose. Und ich präsentierte sie Siegfried auf einem silbernen Tablett.

Siegfried

Als ich nach mehrwöchigen Proben wußte, daß unsere erweiterte Illusion klappen würde, schlug ich dem Inspizienten und den Bühnenarbeitern die Änderungen vor. Sie

Unsere vier- und zweibeinigen Katzen auf der Bühne im Tropicana …

waren völlig dagegen. Wir waren nach Vegas gekommen, um eine bestimmte Illusion vorzuführen, sie dauerte die zugeteilten zwölf Minuten, und Veränderungen waren ausgeschlossen.
Ich erkannte, daß ich mit diesen Burschen nicht weiterkommen würde. Aber ich konnte mich nicht abwimmeln lassen. Wir waren entschlossen, unseren Auftritt zu verbessern. Nach vielen vergeblichen Bitten wurde ich energisch und verlangte den Besitzer, Mr. Houssels, zu sprechen. Wieder hieß es, nein, das komme nicht in Frage. Deshalb setzte ich alles auf eine Karte und erklärte ihnen, wenn er nicht für mich zu sprechen sei, würde ich nicht auftreten.
Das alles damals gewagt zu haben... nun, es war ein Wunder, daß ich keine Prügel bezog. Der Bote, der jetzt zu uns kam, entsprach haargenau dem Prototyp eines Filmgangsters. Ich wurde mit geknurrten Grobheiten überschüttet, aus denen ich die Drohung heraushörte, daß ich mich darauf gefaßt machen konnte, mit Zementschuhen an den Füßen in der Wüste zu enden, wenn ich an diesem Abend nicht auftrat.
Ich weiß nicht, was sich danach ereignete, aber eine halbe Stunde vor der Abendvorstellung wurde mir mitgeteilt, der Boß erwarte mich. Ich ging in sein Büro und überredete ihn sehr höflich und aufrichtig, mir die gewünschten Änderungen meiner Illusion zu genehmigen.

Daß jemand noch mehr in diese zwölf Minuten hätte hineinpacken können als Siegfried und ich, ist kaum vorstellbar. Indem wir Virginia dazunahmen, verwandelte sich unser Auftritt in eine Minishow. Mit ihrer lebhaften blonden Persönlichkeit kam sie, von nur einem einzelnen Spotlight erfaßt, auf die Bühne. In einem tief ausgeschnittenen, seitlich hochgeschlitzten weißen Paillettenkleid mit Schleppe, das so eng war, als sei es ihr auf den Leib geschneidert, schlenderte sie à la Marilyn Monroe mit einer langen juwelenbesetzten Zigarettenspitze in der Hand verführerisch über die Bühne.
Als Virginia sich der Rampe näherte, glitt ein Träger ihres Abendkleids wie zufällig von ihrer Schulter. Dann verlor sie ihre Schleppe. Unterdessen schwebte der leere Käfig von der Decke herab, bis er über dem Schrankkoffer stand. Virginia flirtete kokett mit uns beiden und stieg dann in den Käfig, den Siegfried und ich absperrten und bedeckten. Als der Käfig hochgezogen wurde, rissen wir das Tuch weg – und Virginia hatte sich in einen Geparden verwandelt. Danach brachten wir den zweiten Geparden aus dem Koffer zum Vorschein. Das war eine originelle und verblüffende Illusion.
Unsere Nummer riß das Publikum zu Beifallsstürmen hin. Der Applaus begleitete uns bis in die Garderobe.
Wie es der Zufall wollte, war eines Abends, nachdem wir unsere Illusion um Virginia er-

weitert hatten, René Fraday, unser alter Freund aus dem Pariser Lido, in Las Vegas, um sich die Show anzusehen. Obwohl er geschworen hatte, daß wir niemals im Lido auftreten würden, war er von unserem Auftritt so begeistert, daß er uns einen Vertrag anbot. Wir sahen sofort die Gelegenheit, eine höhere Gage zu erzielen – doch Fraday wollte sich nicht darauf einlassen: Aus finanziellen Gründen war ihm unsere alte Illusion, ohne Virginia und den zweiten Geparden, gut genug.
Charakteristischerweise besiegelten wir unseren Vertrag mit einem Glas Champagner, das *uns* auf die Rechnung gesetzt wurde!
Allzu schnell war unser Vierteljahr in Las Vegas vorüber, und wir zogen sofort ins Pariser Lido um. Wir führten den Direktoren unsere alte Illusion vor und waren überzeugt, daß sie sagen würden: »Hören Sie, wo ist das, was wir in Las Vegas gesehen haben?« Aber niemand sprach davon. Wahrscheinlich wäre ihnen die neue Illusion zwar lieber gewesen, aber sie gaben es nicht zu. Für sie war der springende Punkt, daß sie keinen Franc extra zahlen wollten.
Nun steckten wir erst recht in der Klemme. Wir hatten uns an den Erfolg unserer erweiterten Vorführung gewöhnt. Dies hier bedeutete einen Rückschritt.
Zur Premiere ließen wir den zweiten Geparden weg und brachten die alte Illusion.
Und wir langweilten uns rasch.
Nach einigen Wochen Spielzeit wollte René Fraday uns dazu überreden, die Veränderungen hinzuzufügen, weil das gut für unsere Karriere wäre, da wichtige Agenten und Direktoren aus aller Welt ins Lido kamen, um sich die Show anzusehen.
Aber wir waren entschlossen, unseren Willen durchzusetzen.
Ein Vierteljahr verging. Wir waren nicht die Lieblinge von ganz Paris; wir hatten nicht den Erfolg, auf den wir hofften. Unsere Auftritte waren makellos, aber irgendwie ohne Feuer, weil wir uns eingeengt fühlten. Wir begannen uns Sorgen zu machen, daß das Lido unseren Vertrag vermutlich nicht verlängern würde.
In einer Regennacht fuhren Siegfried und ich nach der Show um vier Uhr morgens auf nassen Pariser Straßen zu unserem Haus am Stadtrand.
»Wir brauchen unbedingt eine drastische Veränderung«, begann ich. »Aber wir müssen eine Möglichkeit finden, hier wie in Las Vegas aufzutreten, ohne das Gesicht zu verlieren.«
Siegfried stimmte zu. Und dann befaßten wir uns mit einem schwierigeren Thema. Den Direktoren des Lido ging es nämlich nicht nur um unsere höhere Gage. Sie glaubten auch, wenn wir den Käfig an der Decke aufhängen wollten, müßten sie Geld für Zimmerleute ausgeben, die Spezialhaken an der Decke anbrachten.
Auch wenn sie bereitwilligst zugestimmt hätten, den Käfig aufhängen zu lassen, hätte uns das nichts genützt, denn wir hatten festgestellt, daß die Decke im Lido dafür zu niedrig war. Siegfried hatte versucht, eine andere Lösung zu finden, doch wie so oft, wenn man damit beschäftigt ist, allabendlich aufzutreten, übersieht man manchmal das Naheliegende. Aber auf dieser morgendlichen Fahrt nach Hause hatte Siegfried die bril-

Das Drama der Bühne!

lante und höchst simple Idee, den Käfig nicht aufzuhängen, sondern so auf Räder zu stellen, daß wir ihn selbst hereinschieben konnten.
Ich war restlos begeistert. Aber mich beschäftigte noch etwas anderes, das mich jeden Abend gestört hatte. Und wenn wir schon dabei waren, Änderungen vorzunehmen, war es vielleicht Zeit für eine weitere.
»Siegfried, ich habe dich auf der Bühne beobachtet«, sagte ich, »und dabei ist mir etwas aufgefallen. Du läßt den Geparden sich selbst präsentieren. Ich liebe mein Tier – das

steht außer Frage –, aber *du* mußt den Geparden präsentieren, nicht umgekehrt. *Du* bist der Zauberer; *du* bist der Star. Und noch etwas. Du mußt anders sein. Du bist Siegfried. Du bist etwas, das bisher noch nie im Lido gewesen ist. Zeig dem Publikum etwas anderes. Anstatt an die Rampe zu treten und die traditionelle Verbeugung zu machen, solltest du etwas anderes versuchen. In Zukunft gibst du dich mysteriös. Du trittst vor, starrst die Leute an und nickst kurz. Danach brichst du eine eiserne Regel des Showgeschäfts: Du drehst dich um und kehrst dem Publikum den Rücken zu, während das Spotlight sich verengt und nur noch deine Silhouette zeigt. Du gehst bis zum Vorhang, bleibst abrupt stehen und drehst dich wieder um, wobei der Spot nur auf deinen Oberkörper gerichtet bleibt. Und dann zupfst du rasch und energisch an deinen Manschetten, als langweile dich das Publikum, und nickst ihm sehr knapp zu, bevor… Blackout!«
Das war keß. Das war elegant. Etwas anmaßend, aber es wirkte.

Siegfried

In dieser Nacht trafen Roy und ich kluge Entscheidungen. Der Käfig auf Rädern, der neue Auftritt, mein wirkungsvoller Abgang … das Publikum war von allem begeistert – und die Direktion meiner Ansicht nach auch.
Trotzdem wollten sie sich nicht zu einer höheren Gage überreden lassen.
Ich wartete und wartete darauf, daß man im Lido nachgeben würde. Aber man blieb stur. Ich war dicht davor, aufzugeben und die neue Illusion kostenlos zu bringen, als die Direktion vorschlug, uns die Hälfte der geforderten Gagenerhöhung zuzubilligen: immerhin besser als gar nichts.

Roy

Nach diesem drei Monate lang dauernden Kampf fühlten wir uns wie befreit. Die Ironie der Geschichte war, daß wir trotzdem keine neue Assistentin für die erweiterte Illusion engagierten; statt dessen verschwand zuletzt wieder ich und bekam nichts vom Schlußapplaus ab. Aber das störte mich nicht mehr. Unsere Zusammenarbeit mit Virginia hatte mir gezeigt, wie schwierig eine Frau sein kann. Es ist viel einfacher, ein Tier zu bändigen als eine zweibeinige Katze. Privat war Virginia erst meine, dann Siegfrieds Freundin geworden und hatte zuletzt einen von uns beiden heiraten wollen – jeder wäre ihr recht gewesen. Eine komplizierte Situation, wie man sich denken kann.
Die im Tropicana gesammelten Erfahrungen hatten mir jedoch Mut gemacht, meine Rolle auszubauen. Ich dachte jetzt wie ein Entertainer. Da ich im Lido beim Finale nicht

auf der Bühne war, beschloß ich, durch radikale Kostümwechsel aufzufallen und eine Bühnenpersönlichkeit anzunehmen, die der Siegfrieds völlig entgegengesetzt war. Ich ließ mir die Haare schulterlang wachsen und kleidete mich ganz *au sauvage:* Ich vertauschte meinen konservativen Anzug gegen hautenge Hosen, Stiefel, ein bis zur Taille aufgeknöpftes Hemd und goldene Kreuze auf der Brust. So tauchte eine ungezähmte, animalisch wirkende Persönlichkeit auf.

Siegfried

Zu meiner Verärgerung wirkte Roys neuer Look verdammt anziehend auf das weibliche Geschlecht.
Andererseits fand René Fraday ihn völlig übertrieben. Er besuchte mich oft in der Garderobe, um zu sagen: »Ihr Partner ist verrückt. Er lenkt von Ihnen ab; ohne ihn wären Sie besser dran.«
Pierre Louis-Guèrin bewunderte uns, wollte es jedoch nicht zugeben. Er stand jeden Abend hinter einem roten Samtvorhang in den Kulissen, so daß nur sein Gesicht zu sehen war, während er unseren Auftritt verfolgte. Unser Abgang war für ihn das Signal, das Lido für diesen Abend zu verlassen.

Nachdem wir im Pariser Olympia mit dem »Oscar de Mondiale« ausgezeichnet worden sind, feiern wir mit den Lidostars Nelida und Nicole Gorska

Roy

Wir traten drei Jahre im Lido auf – der längste Vertrag, den es dort jemals gegeben hatte. Wir taten alles, um noch heller zu glänzen, aber der eigentliche Star blieb trotzdem das Lido selbst. Und was man haben wollte – selbst Kleinigkeiten –, mußte man sich erkämpfen. Als wir das Spotlight verlangten, das Siegfrieds Abgang begleiten sollte, bestand die Reaktion aus abwehrenden Gesten, Murren und Augenrollen.
Auch Livemusik, für die wir kämpften, wurde uns nie zugebilligt. Selbst noch so gute Acts wurden nicht von dem Orchester begleitet, das während der großen Show spielte. Statt dessen machten die Musiker eine Zigarettenpause.

Für uns bedeutete das, daß wir uns mit mieser Tonbandmusik aus kleinen Lautsprechern begnügen mußten. Sie klang so dünn, als spiele ein Trio irgendwo einige Stockwerke über uns. Als unsere erweiterte Illusion einschlug, erkannte die Direktion zwar, daß die Leute tatsächlich ins Lido kamen, um Siegfried und Roy auftreten zu sehen – aber nicht einmal *das* konnte sie dazu bewegen, uns Livemusik zu genehmigen. Ein Bruch mit der Tradition? *Jamais!* Gott bewahre!

In Las Vegas mit Madame Bluebell und Mireille Mathieu, mit denen wir während unseres dreieinhalbjährigen Engagements im Pariser Lido feste Freundschaft schlossen

Siegfried

Na ja, *fast* nie. *Eine* Änderung konnten wir durchsetzen. Auf dem Höhepunkt jeder Vorstellung starrte Chico immer mit gesträubtem Nackenfell ins Publikum, peitschte mit dem Schwanz und knurrte dabei bedrohlich. Dann schlich er wie bei der Jagd auf freier Wildbahn tief geduckt auf die Gäste zu. Das machte das Publikum nervös – und uns nicht weniger. Vor allem Roy, der besser als jeder andere weiß, daß die Gefahr immer dicht unter der Oberfläche lauert.

Umstände dieser Art zwangen Roy dazu, sich in Chico hineinzuversetzen, um zu erkennen, was ihn störte. Er mußte selbst ein Gepard *werden.* Nach einigen Vorstellungen wußte Roy, was Chico aufregte: die weißen Jacken der Ober im Lido. Der Gepard wurde nämlich zur Regelung seiner Verdauung zweimal pro Woche mit weißen Hühnern gefüttert; stand er dann von Scheinwerfern geblendet auf der Bühne, erinnerten die Bewegungen der Ober ihn an seine weißen Hühner.

Wir machten uns Sorgen, die Auftritte mit einer Raubkatze könnten uns eines Tages verboten werden. Andererseits wußten wir, daß ein Wechsel der Ober zu roten Jacken dieses Problem beseitigt hätte.

Wie man sich denken kann, waren wir überaus nervös, als wir die Direktion baten, diesmal mit einer Tradition des Lido zu brechen. Wir befürchteten, uns könnte allein wegen dieser Frage gekündigt werden. Aber aus irgendeinem Grund beschloß sie, die Ober in die roten Jacken zu stecken, die sie noch heute tragen.

Sekunden zuvor war Chico auf die Ober im Lido aufmerksam geworden und hielt sie für weiße Hühner

Roy

Denke ich an die damalige Zeit zurück, zeigt sich interessanterweise, wie alles wieder an seinen Anfang zurückkehrt. Im Lido hatten wir keine Szenerie, deshalb konnten wir die Atmosphäre nur durch Verwendung von Licht erzielen. Damals hätten wir alles für ein

bißchen Szenerie gegeben. Jetzt, ein Vierteljahrhundert später im Mirage, stehen uns beliebig viele Bühnenbilder und Kulissen zur Verfügung – aber womit arbeiten wir? Auf der kahlsten nur vorstellbaren Bühne mit einem 35,5 Meter überspannenden Proszeniumsbogen, 3800 Scheinwerfern, fünf Millionen Watt Gesamtleistung und sieben Steuerpulten für die Lichtregie. Und mit Musik vom Tonband, damit unser Publikum wenigstens auf diese Weise in den Genuß eines 160 Mann starken Orchesters kommt.
Abgesehen von allen Schwierigkeiten waren diese drei Jahre in Paris aber wunderbar und aufregend. Für Siegfried und mich war dies das erste Mal, daß unsere Arbeits- und Lebensverhältnisse wirklich auf Dauer angelegt waren. Ich hatte inzwischen das Jagdhaus des ehemaligen französischen Ministerpräsidenten Léon Blum von seiner Witwe gemietet. Es war ein ganz bezauberndes Häuschen, mitten auf einer fünf Hektar großen Wiese, die von 15 Hektar Wald umgeben war. Es lag nicht allzu weit von Versailles entfernt – ideal für meine Geparden und mich.
Und ich hatte eine reizende, sehr hübsche französische Freundin, bei der ich »Französisch« lernte. Siegfried hatte eine Junggesellenwohnung in der Stadt und fing eine Romanze mit einer schönen, aber äußerst temperamentvollen polnisch-französischen Solotänzerin aus dem Lido an.
Unser Engagement im Lido führte dazu, daß wir gebeten wurden, auf Galas und einige Male im Fernsehen aufzutreten. Und das berühmte Lido mit seinem Charme gab uns die Möglichkeit, wunderbare Menschen kennenzulernen. Madame Bluebell, Gründerin der Bluebell Dancers und eine außergewöhnliche Frau, wurde unsere gute Freundin. Wir lernten die *Crème de la crème* der Pariser Gesellschaft kennen: den Herzog und die Herzogin von Windsor sowie zahlreiche Rothschilds. Berühmtheiten besuchten uns in der Garderobe: Margot Fonteyn, Rudolf Nurejew, Maria Callas, Josephine Baker, Yves Montand, Brigitte Bardot…
Eines Abends traten wir auf der von den größten Stars besuchten Party zum 80. Geburtstag von Maurice Chevalier auf. Selbstverständlich war das eine Ehre und ein Privileg. Noch denkwürdiger wurde dieser Anlaß durch den Besuch, den Chevalier uns nach der Vorstellung abstattete. Beim Betreten unserer Garderobe zog der stets elegante Entertainer den zu seinem Markenzeichen gewordenen Strohhut vom Kopf, um uns zu unserem Auftritt zu gratulieren.
»*Mes enfants, c'est incroyable et formidable!*« rief Chevalier aus. »*Voilà,* da sind die Geparden. *Mon dieu!* Wer ist gefährlicher – Mensch oder Tier?« Dabei schmunzelte er.
Allein die Tatsache, in Maurice Chevaliers Gesellschaft zu sein, war elektrisierend und ließ einen zugleich bescheiden werden. Da wir nicht recht wußten, was wir sagen sollten, baten wir ihn höflich, Platz zu nehmen, und folgten seinem Beispiel. Als ich mich setzte, hörten wir ein lautes, gräßliches Knistern und Knacken. Ich hatte mich auf Chevaliers berühmten Strohhut gesetzt und ihn zerdrückt! In echter Chevalier-Manier überbrückte der vornehme alte Herr die peinliche Situation, indem er nur sagte: »*Ooooooo-la-la,* der *Mensch ist* gefährlicher als das Tier.«

Siegfried

Blicke ich auf die Stadien unserer Karriere zurück, sehe ich jeden Schritt als Teil einer organischen Entwicklung des für Siegfried und Roy charakteristischen Stils in der Magie. Wie ich bereits geschildert habe, begannen wir, als ich Roy kennenlernte und wir beschlossen, mit dem Geparden zu arbeiten, Dreifachillusionen zu entwickeln. Die Auftritte an Bord und in Nachtclubs lehrten uns dagegen, mitten im Publikum zu arbeiten. Auch die Erfahrung, im Hotel Tropicana und danach im Lido als Bestandteil einer großen Revue aufzutreten, brachte einige neue Erkenntnisse, die sich letztlich als wertvolle Bereicherung erwiesen.

Im Lido war man auf allen Seiten von Gästen umgeben, so daß wir wieder mitten im Publikum arbeiteten – hier nicht einmal auf einer Bühne, sondern auf einer Art Plattform. Das Publikum genoß den Nervenkitzel, den dieser enge Kontakt mit zwei exotischen Raubtieren mit sich brachte.

Als wir im Lido anfingen, erkannte ich, daß uns die Gefahr drohte, in der Hauptrevue unterzugehen, wenn wir unseren Auftritt nicht zu einer Art Minishow ausbauten. Wir kamen nach so dramatischen Bühneneffekten wie Hubschrauberjagden, Wasserfällen, dem Brand Moskaus und Vulkanausbrüchen dran; davon mußten wir uns irgendwie abheben, um nicht von dem großen Spektakel erschlagen zu werden. Da uns kein längerer Auftritt zugebilligt wurde, mußten wir unsere Nummer immer raffinierter ausbauen.

Das Lido war der nächste Schritt auf einem Weg, der dazu führte, daß wir unsere Illusionen im Rekordtempo vorführen. Unser Auftritt basiert auf der Prämisse, daß wir keine Sekunde zu verlieren haben, wenn wir uns profilieren und das Publikum beeindrucken wollen. Wir selbst sahen uns nämlich nie als Neben- oder Übergangsnummer; tatsächlich war unser Ehrgeiz so groß, daß wir überzeugt waren, eine Show innerhalb der Show zu zeigen.

Damals im Lido perfektionierten wir etwas und bauten es wirklich aus, das mit dem Dreifacheffekt zu einem Markenzeichen von Siegfried und Roy werden sollte: die temporeiche Illusion.

Nachdem wir die neue Gepardennummer gebracht hatten, konnten Roy und ich unseren Auftritt nur noch weiter vervollkommnen – wir bekamen keine Gelegenheit, weitere Ideen, mit denen Roy und ich uns in unserer Phantasie beschäftigten, zu verwirklichen. Wir versuchten es, aber das war schwierig. Vor allem war das Lido nicht bereit, uns Probenzeit auf der Bühne zu genehmigen, weil Proben Mehrausgaben bedeuteten. Die Zimmerleute weigerten sich, für uns zu arbeiten. Wie im Tropicana waren alle gegen Veränderungen.

Was konnte ich tun? In diesen drei Jahren war ich in Gedanken schöpferisch tätig. Ich wußte, daß ich bei unserem nächsten Engagement nach dem Lido die Ideen verwirklichen würde, die ich im Kopf ausgearbeitet hatte.

Roy

Sobald wir die Franzosen fast so gut gezähmt hatten wie meine Tiere, waren wir die Lieblinge von ganz Paris. Das gefiel uns. Bald gewöhnten wir uns sogar daran.
Eines Abends ließ uns Pierre Louis-Guérin nach der Show zu sich bitten. Er hatte uns einen Vorschlag zu machen. In einem halben Jahr sollten wir nach Las Vegas gehen und die neue Lido-Show im Hotel Stardust eröffnen. Sein Angebot begeisterte mich. Hätten wir sofort in Vegas auftreten können, hätte ich das nächste Flugzeug genommen.
Dann sah ich zu Siegfried hinüber, der Monsieur Louis-Guérin mit griesgrämiger Miene erklärte, wir müßten uns die Sache erst überlegen. Diese Einstellung überraschte mich. *Oh, er spielt den cleveren Geschäftsmann,* dachte ich jedoch. *Wie gerissen! Diesmal bringt er die Franzosen dazu, uns die fünfzig Francs zurückzuzahlen.*
Danach sagte Siegfried kein Wort mehr.
Nach dieser Besprechung gingen wir in ein kleines Café auf den Champs-Elysées. Nachdem wir zwei Espressi und einen Cognac bestellt hatten, erkundigte ich mich, wo das Problem liege.
»Ich will nicht hin.«
Nun, das war immerhin ehrlich und direkt. Ich war wie vor den Kopf geschlagen. »Wie kannst du nur so was sagen, Siegfried?
Das ist eine Riesenchance. Amerika! Ich liebe dieses großartige Land – und wir werden es erobern. Bitte, Siegfried, wir *müssen* hin!«
Mein Drängen konnte ihn nicht umstimmen.
»Ach, Roy, du bist ein Träumer«, sagte er. »Weißt du noch, wie schwierig es im Tropicana gewesen ist, wie viele Probleme wir gehabt haben? Dort wollen sie bloß die großen Stars sehen. Du weißt, wie viele Talente es in Amerika gibt. Dort warten sie nicht auf eine kleine deutsche Nummer wie unsere. Und überhaupt gibt's in Vegas bloß den Strip und die Wüste. Was für ein Leben ist das? Willst du alles, was wir hier aufgebaut haben, für eine ungewisse Zukunft opfern?«

Nächste Doppelseite: Auge um Auge, Zahn um Zahn: Roy und Sahra – obwohl ich viel über Tiere und ihre Instinkte weiß, muß ich mich manchmal dazu zwingen, meinen eigenen zu trauen. An einem Frühlingsmorgen, kurz vor Sonnenaufgang, als eine warme Brise die Blätter im Gehege des Dschungelpalastes rascheln ließ, spielte ich Verstecken mit meiner sibirischen Tigerin Sahra. Wir hatten dieses Spiel schon oft gespielt, aber diesmal war sie besonders aufgeregt. Nachdem wir auf der Wiese herumgetollt hatten, sprang sie mich plötzlich an und begrub mich völlig überraschend unter sich. Ihr Körper bedeckte mich ganz, und meine Arme waren unter ihren 300 Kilo begraben. Als unsere Blicke sich begegneten, sah ich etwas in ihren Augen aufblitzen und wußte, daß sie nicht mehr spielte, sondern in der nächsten Sekunde zubeißen würde. Bevor sie ihrem schwachen Impuls nachgeben konnte, hob ich den Kopf und biß sie so fest wie ich konnte in die Nase. Das verblüffte die Tigerin so sehr, daß sie völlig verwirrt aufsprang. Ich beschwichtigte sie sofort mit unserem Freundschaftslaut »ff-faff, ff-faff«. Und Sahra versuchte nie wieder, mich zu beißen.

So ging es endlos weiter. Nach zehn gemeinsamen Jahren wußte ich, wie so etwas ablief. Siegfried war gegen diese neue Idee; ich war Feuer und Flamme dafür. Ich würde bitten, betteln, schmeicheln, manipulieren und drohen müssen, bis er zuletzt nachgab – um sich dann sogar einzubilden, das sei von Anfang an *seine* Idee gewesen. Nur gut, daß ich nicht in der Politik bin...

Nachdem ich lange auf ihn eingeredet, ihm alles nur Mögliche versprochen und ihn überzeugt hatte, daß wir es versuchen mußten, daß wir es uns schuldig waren, selbst wenn es schiefgehen sollte, war Siegfried endlich einverstanden.

Ich hätte himmelhoch springen können. Amerika! Showbusineß! Wir kommen!

Um Siegfried glücklich zu machen und für Las Vegas zu stählen, schlug ich ihm vor, unser Engagement im Lido ein Vierteljahr früher zu beenden. Ich wollte, daß er einen längeren Urlaub in Bayern verbringen konnte.

An sich eine gute Idee.

Nicht allzulange nach unserem Entschluß, nach Las Vegas zu gehen, war der amerikanische Produzent Wolf Kochman im Publikum. Francis Brunn, ein guter Freund und einer der besten Jongleure der Welt, brachte ihn mit in unsere Garderobe. Wolf, ein sehr, sehr netter Mann deutscher Abstammung, war Partner des Regisseurs und Choreographen Barry Ashton und bot uns einen Einjahresvertrag für die Barry Ashton Show im Casino Royal in San Juan in Puerto Rico an.

Wir erklärten ihm, daß wir in nur drei Monaten Premiere in Las Vegas haben würden. Daraufhin versicherte er uns, er sei gern bereit, uns dann eben nur für dieses Vierteljahr zu engagieren. Und da wir abends nur einmal auftreten und einen Tag pro Woche freihaben würden, sei das Ganze eigentlich kein Engagement, sondern eher ein bezahlter Urlaub.

Wir wußten nicht mal genau, wo Puerto Rico lag oder welche Sprache dort gesprochen wurde, aber diesmal mußte ich Siegfried nicht lange überreden...

Unsere gemeinsame Begeisterung war ungebrochen, als wir in San Juan ankamen. Aus dem Flugzeug sahen wir einen ansichtskartenblauen Himmel, elfenbeinweiße Sandstrände und elegante Palmen. Beim Verlassen der Maschine empfing uns eine wahrhaft tropische Atmosphäre mit warmer, feuchter, nach Blüten duftender Luft.

»Das reinste Paradies, Mann«, sagte ich zu Siegfried.

– Wunschdenken.

Vor der Zollkontrolle ließen Siegfried und ich als gute Magier die Tauben verschwinden. Er trug nur einen Korb mit den vier Reservetauben, die wir für den Fall mitgebracht hatten, daß es irgendwelche Quarantäneprobleme geben würde.

Erstaunlicherweise gab es keine. Die Zollbeamten waren zuvorkommend und respektvoll – sogar so freundlich, daß Siegfried sich erkundigte, ob die vier Tauben in seinem Korb ein Problem darstellten. *»Ah, la paloma, no tiene problema«,* lautete die Auskunft. Siegfried war von ihrer lässigen karibischen Art so beeindruckt, daß er beschloß, sich für die Gastfreundlichkeit zu revanchieren: Also ließ er die übrigen elf Tauben auf magische

Weise wieder im Korb auftauchen. Für mich wurde es inzwischen Zeit, mich in der Frachtabteilung um die Geparden sowie um unsere Kostüme und Requisiten zu kümmern. Während ich dort war, kam Siegfried in absoluter Panikstimmung herangestürmt. Kurz nachdem er alle Tauben in ihren Korb zurückgeholt hatte und schließlich damit den Zoll passieren wollte, begannen die Tauben aus Freude über ihre endlich wiedergewonnene Freiheit zu gurren.

Gleichzeitig hatte es am Zoll einen Schichtwechsel gegeben.

Ein neuer Beamter hörte das Gurren und fragte, woher es komme. Da Siegfried glaubte, bereits vom Zoll abgefertigt worden zu sein, zeigte er ihm die Tauben. Der Beamte blickte zwar streng, aber er meinte, Siegfried dürfe die Tiere einführen. Doch im letzten Augenblick entschied er sich, sicherheitshalber einige Kollegen zu befragen, die in einem kleinen Büro hockten.

Die Uniformierten kamen herüber und brachten eine Broschüre mit. Sie sahen in den Korb und blätterten wieder in der Broschüre. Sie flüsterten auf spanisch miteinander. Und zuletzt erklärten sie Siegfried, es gebe nur zwei Möglichkeiten: Die Tauben müßten nach Frankreich zurückgeschickt oder hier behördlich beseitigt werden.

Daraufhin bemühte er sich verzweifelt, den Beamten klarzumachen, daß wir diese Tauben für unsere Show brauchten, die in zwei Tagen im Hotel Americana Premiere haben sollte.

Nichts zu machen.

Siegfried bat sie, noch einen Augenblick zu warten, bevor sie irgend etwas unternahmen. Er rechnete damit, daß es uns gemeinsam gelingen würde, die Zollbeamten umzustimmen.

Eine Viertelstunde danach rasten wir zur Passagierabfertigung zurück, aber wir kamen zu spät. Die Zollbeamten hatten unsere Tauben vergast und beseitigt.

Wir waren betroffen, hilflos und wütend. Was für ein Alptraum! Einige dieser Tauben hatten wir aus Jungvögeln aufgezogen. Wir hatten sie ausgebildet und konditioniert; sie gehörten zu unserer Familie. Der Gedanke an das Schicksal dieser reinen, unschuldigen weißen Vögel jagt mir noch heute, nach so vielen Jahren, einen Schauder über den Rücken.

Unser drängendstes Problem war jetzt das Fehlen einer wirkungsvollen Eröffnungsszene. Die Illusion mit den Tauben – ein Käfig mit einem Dutzend Tauben wird in die Luft geworfen und verschwindet – war unterdessen zu einem unserer Metamorphose fast ebenbürtigen Klassiker geworden. Barry Ashton und Wolf Kochman sagten, sie würden Max Roth, der sich um unsere übrige Zollabfertigung kümmerte, Ersatz-Tauben aus New Mexico einfliegen lassen. Eineinhalb Stunden vor der Premiere kam Max mit den Tauben, und Siegfried mußte superschnell zaubern, um sie auf ihr Debüt vorzubereiten.

Auf der Fahrt nach San Juan ereignete sich jedoch ein weiterer Vorfall. Ich hatte einen Straßenkreuzer gemietet und meine beiden Geparden aus ihren Transportboxen freigelassen. Sie waren erleichtert, wieder in Freiheit zu sein, aber müde und verwirrt, so daß sie sich im Wagen auf dem Rücksitz zusammenrollten. Draußen war alles ungewohnt farbig – sehr malerisch, fand ich, während auf Eseln reitende schwarzhaarige Kinder, rotblühende Bäume und üppig grüne Hügel an mir vorbeizogen.

Der Verkehr war hektisch, die Puertoricaner fuhren rasant, und die Hitze war unerträglich. Also zog ich meine Jacke aus, warf sie nach hinten zu den Geparden, rollte die Ärmel hoch, lockerte meine Krawatte und fuhr weiter. Plötzlich hörte ich eine Sirene. Ich war anscheinend zu schnell gefahren, denn ein Riese von einem Polizeibeamten auf einem Motorrad stoppte mich. Er sprach mich an. Ich gab vor, nichts zu verstehen – obwohl ich recht gut wußte, daß er meinen Führerschein sehen wollte. Er wiederholte, was er gesagt hatte, aber ich gab weiter vor, nichts zu verstehen. Als ich sah, daß er nicht auf diesen Trick reinfallen würde, griff ich nach hinten nach meiner Jacke. In diesem Augenblick schoß der Kopf eines Geparden hoch. Der Polizeibeamte flippte aus, als er sich einer Dschungelkatze gegenübersah. Er verdrehte die Augen, sein dunkler südamerikanischer Teint wurde aschfahl, und er stieß einige Worte Spanisch hervor, die wie eine Beschwörung klangen. Dann lief er zu seinem Motorrad, fuhr einen Doppelkreis und raste in einer Staubwolke davon.

Auf einer Party, die das Americana einige Tage später zur Feier unserer Premiere gab, kam der Hoteldirektor zu mir, um mich mit dem Polizeichef von San Juan bekanntzumachen.

»Wissen Sie eigentlich, daß Sie daran schuld sind, daß einer meiner Beamten durchgedreht hat?« fragte mich der Polizeichef. »Vorgestern ist Pepe leichenblaß, in Schweiß gebadet und mit hervorquellenden Augen aufs Revier gekommen und hat uns erzählt, er sei einem verrückten Ausländer begegnet, der mit einem Tiger im Wagen herumfahre. Wir haben ihm kein Wort geglaubt. Aber er hatte den ganzen Tag in der Sonne den Verkehr geregelt, deshalb haben wir ihn heimgeschickt, damit er sich ausruhen konnte. Seitdem ich heute abend Ihre Show gesehen habe, weiß ich, daß Pepe sich das nicht nur eingebildet hatte.«

Ich bat den Polizeichef, Pepe in meinem Auftrag zu unserer Show einzuladen. Danach war alles wieder in Ordnung.

Pepe war so begeistert, daß er mich jeden Abend, an dem er Dienst hatte, auf seinem Motorrad zu dem von mir gemieteten Haus eskortierte.

Wolfs und Barrys Versprechen, wir bräuchten nur einmal pro Abend aufzutreten, hielt nicht lange vor.

Wie neu und einzigartig unsere Show war, sprach sich wie ein Lauffeuer herum, so daß wir bald zusätzliche Vorstellungen einschieben mußten. Aber das hinderte uns nicht daran, einige sehr komische Erlebnisse zu haben.

Wir hatten ein kleines Haus an einer typisch puertoricanischen Straße gemietet. Mit ihren Veranden und schmiedeeisernen Zäunen sahen alle Häuser gleich aus. Die Veranda eignete sich ideal zur Unterbringung meiner Geparden. Ich ließ rundherum Blumen und

Sträucher pflanzen, damit sie Schatten hatten – und als Sichtschutz vor den Nachbarskindern, die ständig kamen und sie sehen wollten.
Eines Nachmittags raste ein großes blaues Cadillac-Kabriolett wild hupend, damit die puertoricanischen Kinder Platz machten, unsere schmale Straße entlang.
Gefahren wurde dieser Cadillac von einer Mae-West-Imitation in pinkfarbenen Hot pants und einem hautengen Top, das einen riesigen Busen umschloß.
Sie hatte platinblondes Haar und ein weißgepudertes Gesicht, das braune Augen mit endlos langen künstlichen Wimpern betonte. Diese Vision stöckelte auf 15 Zentimeter hohen Absätzen einher.
Natürlich kam sie Siegfried und mich besuchen.
Siegfried machte ihr auf.
»Ich bin Bettina Saade«, stellte sie sich vor.
»Ich habe Ihre Show gesehen und bin völlig hingerissen. Ich liebe Tiere und habe früher selbst viele gehabt. Ich bin Amerikanerin, aber jetzt bin ich mit einem Libanesen verheiratet und lebe hier. Ich würde so gern Ihren Geparden sehen. Wie wundervoll, daß zwei Leute das auf die Bühne gebracht haben!«
Siegfried erklärte ihr, sie müsse mich fragen. Ehrlich gesagt habe ich nie große Lust, Fremden meine Tiere zu zeigen. Deshalb bat ich Siegfried, ihr zu sagen, ich zöge es vor, den Tieren ihre Ruhe zu lassen. Sie bat und bettelte; sie erzählte Siegfried sogar, sie sei Mitglied des Tierschutzvereins in San Juan.
Nun kam ich ebenfalls heraus, um mir die Besucherin anzusehen, und wollte meinen Augen nicht trauen. Ich meine, sie sah nicht wie jemand aus, der irgend etwas retten will. Aber sie wirkte aufrichtig, deshalb forderte ich sie auf, am nächsten Tag wiederzukommen.
Tatsächlich kam am nächsten Tag der hellblaue Cadillac wieder hupend die Straßenmitte entlang. Wir unterhielten uns ein bißchen, und trotz des vielen Make-ups und der auffälligen Kostümierung sah ich in ihren Augen einen nicht gleich zu deutenden Ausdruck, der mir suggerierte, sie sei ein sehr liebes Wesen. Deshalb zeigte ich ihr die Geparden. Wir sprachen noch etwas länger über Tiere. Dann wurde es Zeit, daß wir uns auf unseren abendlichen Auftritt vorbereiteten.
»Oh, ich weiß ganz genau, wie ihr Entertainer seid«, sagte sie, »denn ich bin früher selbst in der Branche gewesen. Nach der Show können wir nicht gleich zu Bett gehen, weil unser Adrenalinspiegel noch zu hoch ist, und wir brauchen etwas zur Entspannung. Weil ihr so reizend gewesen seid, möchte ich euch für heute abend nach der Show zu mir zum Abendessen einladen. Ich habe nicht allzu weit von hier ein schönes Haus an einem See.«
Weil ich wußte, daß sie nicht gehen würde, bevor wir ihre Einladung angenommen hatten, stimmte ich zu.
Spät abends erreichten wir also ihr Haus am See. Er hatte verdammt wenig Ähnlichkeit mit anderen Seen, die ich kannte, sondern glich eher einem Sumpf. Als Siegfried und ich darauf zufuhren, hörten wir Hunde bellen, Katzen miauen und Frösche quaken,

während Riesenmoskitos sich aus allen Richtungen auf uns stürzten. Keiner von uns beiden hatte rechte Lust, auch nur hineinzugehen.
Ihr Grundstück war von einem zwei Meter hohen Maschendrahtzaun umgeben. Wir standen vor einem mit zwei Vorhängeschlössern gesicherten massiven Tor und warteten darauf, daß Bettina Saade uns aufmachte. Als sie aus dem Haus trat, folgten ihr allerlei Hunde und Katzen. Aber dies waren keine gewöhnlichen Tiere. Eines hatte nur drei Beine; einem anderen fehlte der Schwanz; wieder ein anderes war einäugig. Jedes hatte irgendein Gebrechen.
Wir gingen hinein, und Bettina empfing uns natürlich in voller Kriegsbemalung und sehenswerter Aufmachung: in einem Minirock aus imitiertem Leopardenfell mit Bandeau-Top, Jacke, Turban und Stiefeln aus demselben Material.
Der Hunde- und Katzengestank war geradezu atemberaubend. Um dagegen anzukämpfen, zündete ich mir schnell einen meiner deutschen Zigarillos an.
»Bitte entschuldigt die Unordnung, aber mit all den Tieren ist's nicht einfach, wißt ihr«, sagte Bettina. »Manche Leute setzen sie einfach auf der Straße aus. Da mein Mann nachts arbeitet und ich oft nicht schlafen kann, fahre ich herum und sammle streunende Hunde und Katzen auf oder bekomme sie von Leuten ins Haus gebracht.«
Als sie das erzählte, fiel mir eine Redensart meines Stiefvaters ein: »Sage mir, mit wem du umgehst, und ich sage dir, wer du bist.« Ich bin allerdings froh, daß ich mich nie an seinen Ratschlag gehalten habe, weil ich sonst auf die Bekanntschaft einiger wunderbarer Menschen hätte verzichten müssen. Nehmen wir zum Beispiel diese Frau mit ihrem auffälligen Make-up und der wilden Aufmachung – aber was für ein gutes Herz sie hatte! Sie gab allen Streunern, den gebrechlichen und häßlichen abgemagerten Tieren, die keiner wollte, und den Ausgesetzten, ein Heim. Nicht viele Menschen können oder würden das tun.
Als wir uns bei einem Drink unterhielten, sagte sie plötzlich: »Jetzt muß ich euch mein Lieblingstier zeigen. Ich hab' es noch in Amerika gekauft und schon seit über dreißig Jahren.« Sie verschwand in einem der Schlafzimmer und kam mit einer Äffin zurück – genau gesagt war es ein Pavianweibchen mit rotem Gesicht und nacktem Hintern. Ein von Natur aus sehr aggressives und gefährliches Tier. Da war sie nun: ungefähr einen Meter groß mit kleinen Knopfaugen, die uns anstarrten, verfilztem Fell und uralten Händen wie Krallen.
»Siegfried und Roy, ich möchte euch Cheetah vorstellen. Sie ist meine liebste Freundin, sie hat nicht viel für Menschen übrig, aber mich betet sie an.«
Diesmal waren Siegfried und ich sprachlos.
Bevor wir reagieren konnten, fuhr unsere Gastgeberin fort: »Übrigens kann sie das ›Ave Maria‹ singen.« Bettina begann zu singen, und der Pavian begleitete ihre Darbietung der Melodie folgend mit »Ah-ah-ah-ah …« bis zum Ende.
»Oh, ist das nicht herrlich?« fragte Bettina. »Aber jetzt muß ich wirklich unser Abendessen machen. Hier, Siegfried, du hältst inzwischen Cheetah.«

Mit diesen Worten setzte sie ihm Cheetah auf den Schoß. Nun begann die Szene außer Kontrolle zu geraten. Eine bestimmte Tierart ist noch nie bei uns aufgetreten: Affen. Dafür gibt es einen sehr guten Grund – Siegfried hat schrecklich Angst vor ihnen.
Wie man sich vorstellen kann, erstarrte er förmlich. »Nein, nein, Bettina«, flehte er. »Bitte, nimm sie wieder weg.«
»Oh, mach dir deswegen keine Sorgen, sing ihr einfach das ›Ave Maria‹ vor, dann ist sie ganz brav«, versicherte Bettina ihm auf dem Weg in die Küche.
Ich war erschrocken, aber zugleich bog ich mich vor Lachen. Dieser verrückte Abend… und jetzt saß Siegfried mit einer Äffin da, die Schubert singen konnte. Angstschweiß lief ihm übers Gesicht, als er mich aufforderte: »Nimm sie weg, nimm sie weg!«
Ich konnte der Versuchung einfach nicht widerstehen. »Warum denn, Siegfried? Sie fühlt sich bei dir wohl. Du brauchst nur das ›Ave Maria‹ zu singen.«
Also begann der arme Siegfried zu singen. Der Text war ihm nicht geläufig, deshalb improvisierte er einfach irgend etwas. Und auf seinem Schoß hockte die Äffin, hatte einen Finger in der Nase, machte »Ah-ah-ah« und betastete mit der anderen Hand Siegfrieds Haar, befühlte den Stoff seiner Jacke, spielte mit den Knöpfen und tastete ihn überall ab.
Nachdem er das »Ave Maria« mehrmals dargeboten hatte, kam Bettina zurück. »Oh, wie gut ihr euch versteht!«
Aber der Abend war noch nicht zu Ende. Als sie Cheetah nach nebenan zurückgetragen hatte, setzten wir uns zum Abendessen. Der Eßplatz befand sich an einer in den Garten hinausführenden Glasschiebetür. Die Außenbeleuchtung war für die Tiere eingeschaltet. Als ich mich plötzlich beobachtet fühlte, sah ich durch die Schiebetür nach draußen. Fast wie Ratten hockten dort riesige Kröten mit ihrer winzigen Brut auf dem Rücken und beobachteten uns mit großen glasigen Augen beim Essen. Wie sich zeigte, stellte Bettina den Kröten jede Nacht eine Schüssel Hundefutter hinaus. So waren sie gigantisch gewachsen. Ich mußte sofort an Orson Welles denken.
Bettina Saade lebt noch heute in Puerto Rico. Ich höre gelegentlich von ihr. In jahrzehntelangem Umgang mit tierlieben Menschen bin ich niemals einem begegnet, dessen Tierliebe aufrichtiger gewesen wäre.
In Puerto Rico hatten wir ein weiteres denkwürdiges Erlebnis. Während unseres dortigen Engagements mußte ich betrübt feststellen, daß Simbas Leber und Nieren nicht mehr richtig funktionierten. Simbas Beschwerden treten bei in Gefangenschaft geborenen Geparden häufig auf. Da ich den Besitzer einer Farm für exotische Tiere in Florida kannte, rief ich ihn an, schilderte ihm meine mißliche Lage und erklärte ihm, ich sei auf der Suche nach einem neuen Tier, um es einarbeiten zu können, bevor ich Simba in den Ruhestand versetzen müsse.
»Am besten wäre ein Jaguar«, schlug er vor. »Meine Kinder sind mit ihnen aufgewachsen, und sie sind wundervoll.«
Ich war mir nicht so sicher. Die Jaguare, denen ich begegnet war, waren zwar sehr intelligent, aber keineswegs zahm gewesen. Der Händler widersprach jedoch – und wußte zu-

fällig von einem zahmen Jaguar, der zu verkaufen war. Noch dazu sollte er der größte Jaguar sein, den er je gesehen hatte. Das klang um so attraktiver, weil ich für Las Vegas etwas Überlebensgroßes wollte. Der Jaguar sollte einem Mann gehört und mit Kindern gespielt haben; angeblich schwamm er gern; man konnte ihn an der Leine führen und überallhin mitnehmen. Kurz gesagt: ein richtiges Wundertier.
»Hör mal«, wandte ich ein, »wenn sich jemand von einem so perfekten Tier trennen will, muß es doch irgendeine Macke haben.«
Mit dem Jaguar sei alles in Ordnung, versicherte er mir – doch der Besitzer habe sich mit einer Frau verlobt, die auf das Tier ängstlich und eifersüchtig reagiert und darauf bestanden habe, daß er es weggebe. Aber der Mann, der diesen Jaguar selbst aufgezogen hatte, brachte es nicht übers Herz, sich von ihm zu trennen. Dann wurde die Frau schwanger und stellte ihrem Mann ein Ultimatum: Er konnte sich entscheiden, ob er mit seiner Familie oder mit seinem Jaguar leben wollte. Deshalb erklärte er sich sehr niedergeschlagen dazu bereit, das Tier meinem Freund in Florida zu verkaufen. Obwohl mein Freund den Jaguar noch gar nicht besaß – sein Besitzer wollte ihn so lange wie möglich behalten –, war er in der besten Tradition cleverer Geschäftemacher bereit, ihn mir schon vorab zu verkaufen.
Jahmal, der Jaguar, kam in einer riesigen Kiste an. Ich holte ihn vom Flughafen ab und brachte die Kiste auf unsere von drei Seiten mit einem schmiedeisernen Zaun umgebene Terrasse. Die vierte Seite bildeten ein großes Fenster, unter dem Lüftungsschlitze angeordnet waren, und eine massive Holztür. Ich ging langsam und behutsam vor, denn ich wußte, daß ich mit Jahmal, mochte er nun zahm oder wild sein, vorsichtig umgehen mußte.
Da er noch nie in einer Kiste oder im Flugzeug gewesen war, rechnete ich damit, daß er entweder wegen der langen, verwirrenden Reise auf uns wütend oder nach seiner Befreiung aus der Kiste so erleichtert sein würde, daß er sich sofort bei uns wohl fühlte.
»Los, beeil' dich, Roy, ich hab' ein gutes Gefühl, was dieses Tier betrifft«, sagte Siegfried, der mir von der Tür aus zusah. Ich machte mich mit Hammer und Kneifzange daran, langsam die Transportkiste zu demontieren.
Zuletzt öffnete ich die Tür und warf einen Blick hinein. In der riesigen Kiste war nicht viel von Jahmal zu sehen - nur seine smaragdgrünen Augen. Aber das reichte mir. Es ließ mir das Blut in den Adern gefrieren, und ich wußte im selben Augenblick, daß dieser Jaguar ein Raubtier war, das kein Mitleid kennen würde. Leise kam er aus der Kiste geschlichen. Ich legte rasch mein Werkzeug weg.
»Siegfried«, rief ich auf *englisch,* »der sieht nicht gerade zufrieden aus. Ich glaub' eher, daß er wütend ist.«
In einem Punkt hatte der Händler recht gehabt: Jahmal war der größte Jaguar, den ich je gesehen hatte. Ich begann um die Kiste herumzugehen. Jahmal folgte mir; schon sein Blick war beinahe tödlich. Als ich eben die Terrassentür erreichte, brachte sich Siegfried gerade noch schnell in Sicherheit und schloß die Tür – von innen natürlich.

»Siegfried!« rief ich. »Mach die Tür auf!«
Zwecklos. Siegfried ging nicht einmal mehr in ihre Nähe.
Im nächsten Augenblick kam der Jaguar auf mich zu und riß mir mit einem Prankenhieb die Hose vom Leib; es war ein Wunder, daß er dabei nicht auch meine Kronjuwelen erwischte. Ich wußte, daß er sich als nächstes auf mich stürzen würde, ohne daß ich ihn daran hindern konnte. Und Siegfried, mein bester Freund auf dieser Welt, beobachtete uns noch immer aus sicherer Position im Inneren des Hauses. Ich forderte ihn erneut auf, die Tür zu öffnen. Als Jahmal sich eben zum Sprung duckte, machte Siegfried endlich auf. Ich war mit einem Satz im Haus und hörte scharfe Krallen das Holz hinunterratschen.
Ein wahrer Alptraum! Auf unserer Terrasse lief ein Jaguar frei herum, der das Leben und die Menschen nicht verstand. Ich wußte nicht, was ihm alles zugestoßen war, aber für mich stand fest, daß er nicht an der Leine spazierengeführt worden war und erst recht niemals mit Kindern gespielt hatte.
Zum Glück war die Terrasse eingezäunt; er konnte also nicht entkommen. Ihn beobachtend stellte ich fest, daß er offenbar tatsächlich in einem Haus gelebt hatte, denn er schien sich davor zu fürchten, einen Sprung durchs Fenster zu wagen. Aber er begann, an den Lüftungsschlitzen zu nagen. Gelang es ihm, sie zu demolieren, konnte er ins Haus gelangen. Und das hätte wieder ganz neue Probleme mit sich gebracht.
Ich wußte nicht, was ich tun sollte. Die Polizei konnte ich nicht rufen; sie hätte uns für verrückt gehalten und uns alle ins Irrenhaus gebracht. Wenigstens zwei von uns. Jahmal hätte wie unsere Tauben geendet. Außerdem wurde es allmählich spät, Siegfried und ich mußten zur Vorstellung ins Hotel.
In meiner Verzweiflung rief ich Bettina Saade an. »Keine Angst, mit Jaguaren kenn' ich mich aus. Ich habe Freunde beim Zirkus gehabt und weiß, was zu tun ist.« Und das wußte sie tatsächlich. Gleich nach ihrer Ankunft füllte sie einen Eimer mit Wasser und setzte sich damit ans Fenster. Sobald der Jaguar in die Nähe der Lüftungsschlitze kam, spritzte sie ihm durch die Öffnung Wasser ins Gesicht; das lenkte ihn ab und trieb ihn zu seiner Kiste zurück, deren Holz er anknabberte. Trotzdem war Jahmal weiter auf der Suche danach, was oder wen er demolieren konnte. Bettina mußte dableiben, bis wir zurückkamen.
In den Tagen danach gelang es mir, Wasser auf die Terrasse zu bringen. Das schien Jahmal zufriedenzustellen. Jedenfalls hörte er auf, an den Lüftungsschlitzen herumzubeißen. Jetzt brauchte ich ihn nur mehr nach Las Vegas zu befördern. Aber es erwies sich als unglaublich schwierig, ihn wieder in seine Transportkiste zu locken. Nachdem mir das mit allen möglichen Tricks gelungen war, nahm ich allen Mut zusammen, stürzte hinaus und knallte die Tür der Kiste zu.
Wenig später hörte ich endlich Jahmals wahre Story. Nachdem sein Besitzer ihn weggegeben hatte, wurde ihm klar, daß er sich damit von dem einzigen Lebewesen trennte, das er je geliebt hatte. Er ging in eine Bar, betrank sich sinnlos und fuhr dann mit seinem

Sportwagen von einer Brücke. Das klingt verrückt, aber ich verstand sein Gefühl, einen unwiderbringlichen Verlust erlitten zu haben. Hat man erst einmal eine enge Beziehung zu einem Tier entwickelt, hinterläßt sein Verlust eine so große Lücke, daß man leicht glauben kann, es gebe nichts, wofür es sich weiterzuleben lohne. Und der Schmerz des Jaguars war ähnlich groß. Jahmal war an diesen einen Menschen gewöhnt gewesen. Auch er litt unter der Trennung.

In Las Vegas bekam Jahmal einen riesigen Käfig. Ich brachte ihn soweit, daß er mir aus der Hand fraß, aber das war der einzige Kontakt, den er zuließ. Ich gab die Hoffnung nur ungern auf, aber ich spürte instinktiv, daß er sich nie an mich gewöhnen oder jemals

»Umzingelt«: 1970 während der Stardust/Lido Revue

wieder einem Menschen trauen würde. Dann hörte ich von einem Jaguarzüchter in Kalifornien und besuchte ihn, um mir seine Einrichtungen anzusehen. Sie waren gut, und da dieser Züchter zwei Weibchen hatte, die er mit Jahmal paaren wollte, war die Ausgangslage ideal. Jahmals Nachkommen würden an Tiergärten in aller Welt abgegeben werden. Ich fand, das sei ein gutes Los für Jahmal: mit Weibchen zusammen zu sein, die er bisher nicht gekannt hatte.
Mehrmals besuchte ich ihn, um mich davon zu überzeugen, daß es ihm gutging. Er hatte bereits zahlreiche Nachkommen. Jahmal erkannte mich wieder und war tatsächlich freundlicher zu mir als je zuvor. Ich war zufrieden, daß er ein gutes Leben gefunden hatte, und froh, ihm eine Gelegenheit verschafft zu haben, endlich ein Tier, endlich er selbst zu sein. Auf diese Weise erlebte Jahmal das beste Happy-End, das ein ungebärdiger Jaguar erwarten konnte.

Siegfried

»Geh nach Westen, junger Mann. Geh nach Westen!« Wie die Pioniere im 19. Jahrhundert folgten wir dem Ruf ins Land der unbegrenzten Möglichkeiten. Nach drei Jahren in Paris war ich trotz meiner Proteste bereit, diesen Ruf zu hören. Las Vegas war der richtige Ort, um damit zu beginnen, meine neuen Ideen in die Tat umzusetzen.
Bei unserem ersten Aufenthalt in Las Vegas konnte ich nicht begreifen, was Roy an dieser Stadt fand. Aber die amerikanische Lebensart hatte etwas Verlockendes; hatte man sich erst einmal an sie gewöhnt, konnte sie sehr behaglich sein.
Unser Arbeitspensum in Vegas würde ebenso hoch wie in Paris sein: sieben Tage in der Woche, zwei Vorstellungen pro Abend, drei an den Wochenenden, niemals ein freier Tag. Tatsächlich würden wir mehr leisten müssen als bisher, denn das Streben nach dem hier weit anspruchsvoller definierten Erfolg war in Vegas viel größer als in Europa. Und unser Vertrag im Stardust mußte alle drei Monate erneuert werden, was mir anfangs ständig Sorgen machte.
Wohin hätten wir gehen sollen, wenn er nicht verlängert wurde? Eine Rückkehr nach Paris wäre aus meiner Sicht eine Niederlage gewesen – und Paris war, wie ich recht gut wußte, unsere einzige reale Chance in Europa.
Obwohl ich den Wunsch hatte, mich an das Leben in Amerika zu gewöhnen, hatte ich emotional schwer zu kämpfen. Wir kamen im Juni an: 45 °C tagsüber und 25 °C nachts. Ganz im Gegensatz zu Roy, der die Wüste wie in einem Westernfilm als farbenprächtiges Schauspiel sah, erlebte ich sie nur als kahle, sonnendurchglühte Landschaft in fremdartigen beigen, braunen und rostroten Schattierungen. Dies war das Las Vegas des Jahres 1970, lange bevor es zu einer der am schnellsten wachsenden und kosmopolitischsten Großstädte Amerikas wurde. Wenn ich nicht arbeitete, wußte ich damals nichts mit mir

anzufangen. Es gab nur den Las Vegas Strip mit seinen Casinos und Spielautomaten. Alles war Geschäft.
Damals merkte ich, was Heimweh bedeutet. Las Vegas, ein Tal in der Wüste – für mich war es das Tal des Todes. Wo blieben meine Bistros, meine Straßencafés? Wo blieb der Zauber? In der ersten Zeit gab es für mich nur Erfolgsdruck, schlaflose Nächte und Magengeschwüre.
Als wir mit den Proben für das Stardust begannen, war Simba zu krank, um auftreten zu können. Nach unseren Erlebnissen mit dem Jaguar beschloß Roy, sie durch einen Tiger zu ersetzen. Er reiste nach Südkalifornien zu Gene Holder, der mehrere Film- und Show-Tiger besaß, und fand Gefallen an Sahra, einer 16 Monate alten sibirischen Tigerin, die seiner Überzeugung nach gut auf seine Ausbildung ansprechen würde. Für uns war das zugleich eine große Investition. Wir kauften damals Sahra für 10000 Dollar – nach unseren Begriffen ein Vermögen. Aber Sahra war jeden Cent und noch mehr wert. Sie hatte ein wundervoll ausgeglichenes Temperament und faßte sofort Vertrauen zu Roy, so daß er sie verhältnismäßig rasch ausbilden konnte.
Übrigens zögere ich, das Wort »ausbilden« zu verwenden. Roy ist bekanntlich nicht schüchtern, wenn es darum geht, unsere Erfolge, seinen Enthusiasmus oder seine völlige Hingabe an unsere Karriere zu schildern. Aber er ist bescheiden, wenn er über seine besondere Beziehung zu Tieren sprechen soll.
Sie ist nicht leicht zu erklären. Um sie wirklich zu verstehen, muß man sie Tag für Tag miterleben, wie ich es in all diesen Jahren getan habe. Lynette – seit fast zwei Jahrzehnten unsere attraktive Startänzerin und die liebevolle Ersatzmutter unserer weißen Tigerbabys – sagt ganz richtig: »Das ist nichts, worüber er bereitwillig spricht, aber wenn man's sieht, weiß man, daß man etwas Besonderes und Heiliges miterlebt, und empfindet diese Gelegenheit als Privileg.«
Roy bezeichnet seine Methode nicht als »Ausbildung«, sondern spricht lieber davon, daß er Tiere für sein Leben konditioniert, während sie ihn für ihres konditionieren. Er ist kein Dompteur; er ist eher ein Kommunikator und ihr Freund – fast ein Guru in dem Sinn, daß er sie behutsam anleitet und zu harmonischer Anpassung hinführt.
Er beobachtet die natürlichen Instinkte eines jeden Tieres exakt, analysiert seine individuelle Persönlichkeit und gewinnt es dann durch physische und verbale Zuneigung für sich. Er versteht die Vorlieben und Abneigungen seiner Tiere; er weiß genau, wie weit er bei ihnen gehen kann. Er respektiert sie, und die Tiere respektieren ihn. Wie eine Vaterfigur gibt er ihnen Sicherheit.
Mit dieser Methode gewinnt er ihr Vertrauen und konditioniert sie dafür, mit uns zu leben und zuletzt in unserer Show aufzutreten. Sie sind keine dressierten Tiere mit gebrochenem Willen, sondern – das möchte ich wiederholen – dafür konditioniert, Siegfrieds und Roys Leben zu teilen.
Roy wird manchmal von Leuten gefragt: »Was würde einer Ihrer Tiger tun, wenn ich in sein Gehege käme? Würde überhaupt etwas passieren?«

Seine Antwort gefällt mir jedes Mal wieder: »Nun, das wäre höchst unvorsichtig und würde zeigen, daß Sie keine Achtung vor dem Tier haben. Es würde beweisen, daß Sie vor nichts Respekt haben.«

Das verstehen sie.

Ich habe meine Magie, und Roy hat seine. Ich habe nicht die Absicht, meine zu enträtseln, und da Roys Magie einem sechsten Sinn gleicht, eine große spirituelle Gabe ist, könnte er sie vermutlich gar nicht erklären. Wie ich hat er sich alles selbst beigebracht. Es gab keine Vorbilder, an denen er sich hätte orientieren können. Früher sind Tiere nur in Zirkuskäfigen aufgetreten. Auf die Idee, Illusionen mit Tieren vorzuführen, die in ihren Käfigen blieben, wäre Roy nie gekommen.

Tatsächlich hatte Roy Horn keine Erfahrung mit Tigern, bevor wir Sahra bekamen. Seine einzigen Erfahrungen mit Raubkatzen sammelte er erst mit Chico und dann mit Simba. Zum Glück hatten wir mit Sahra, deren Persönlichkeit außerordentlich war, das große Los gezogen.

Erst die Erfahrungen mit ihr versetzten Roy in die Lage, unsere Familie aus exotischen Tieren aufzubauen.

Auch in anderer Beziehung brachte die Erwerbung Sahras eine Wende. Der Erfolg, den wir mit ihrem Auftritt im Stardust erzielten, spornte mich wirklich an, eine Illusion zu realisieren, über die ich seit Paris nachgedacht hatte.

Während unserer Zeit im Lido hörte ich von einem Gast, der unsere Vorstellung zum zweiten Mal gesehen hatte und wissen wollte, weshalb wir aufgehört hätten, den Geparden verschwinden zu lassen. Das verblüffte mich, weil ich Chico nie hatte verschwinden lassen. Aber es löste etwas in mir aus. Ich erkannte, daß es nicht genügte, ein großes Tier *erscheinen* zu lassen; ich mußte eine Methode finden, es auch *verschwinden* lassen zu können.

Ich begann darüber nachzudenken, aber da kein anderer Illusionist wie wir mit großen Tieren arbeitete, hatte ich wie Roy kein Vorbild. Ich starrte die Geparden an. Ich starrte die Requisiten an. In diesen drei Pariser Jahren entwickelte und verwarf ich tausend Theorien.

Trotzdem verlor ich nie den Mut. Ich wußte, daß Ideen Zeit brauchen, um zu reifen. Man pflanzt ein Samenkorn, man gießt es, läßt es keimen und kehrt dann zu ihm zurück. Deshalb beschloß ich, diese Idee eine Zeitlang auf sich beruhen zu lassen.

Als wir nach Las Vegas kamen und mit Sahra auftraten, beschäftigte ich mich erneut mit der Herausforderung, ein so großes Tier verschwinden zu lassen. Roy und ich diskutierten stundenlang darüber; wir bauten Prototypen und gerieten damit unweigerlich in Sackgassen. Mein erster Gedanke nach dem Aufwachen und mein letzter vor dem Einschlafen galten dieser neuen Illusion.

Nach einem halben Jahr im Stardust hatten wir erstmals Urlaub. Damals verdienten wir noch nicht genug, um beide verreisen zu können, daher wechselten wir uns ab. Weil mir die Eingewöhnung in Las Vegas schwerer gefallen war, schlug Roy vor, ich sollte zuerst

Urlaub machen. Vermutlich konnte er es kaum erwarten, mich loszuwerden. Auch Roy brauchte Zeit für sich allein, um nachdenken und kreativ sein zu können.
Ich flog nach Hawaii und erholte mich. Ich faulenzte am Strand, tat überhaupt nichts, und während ich äußerlich vor mich hin döste, erwachte meine Phantasie. Ich merkte, daß meine Schwierigkeiten, eine Methode zu finden, wie man einen Tiger verschwinden lassen konnte, zur Hälfte darauf zurückzuführen waren, daß ich meine ganze Energie, meine volle Konzentration für die Show gebraucht hatte. Und ich erkannte, daß ich zu kompliziert gedacht hatte.
Während ich auf Hawaii am Strand lag, fiel mir die Lösung ein – sie funktionierte so einfach, als sei sie die ganze Zeit über in meinem Unterbewußtsein gespeichert gewesen und habe nur darauf gewartet, im rechten Augenblick hervorzutreten. Die Lösung hatte einen weiteren Vorteil: Sie war die beste Kur für mein Unglücklichsein. Jetzt hatte ich ein neues Ziel.
Als ich nach Las Vegas zurückkam, holte Roy mich vom Flughafen ab.
»Ich weiß, wie's geht«, sagte ich zur Begrüßung.
»Du weißt, wie *was* geht?«
»Wie man einen Tiger verschwinden läßt.«
»Also los!« rief Roy aus und gab Gas.
Nachdem ich die Illusion geschaffen, entwickelt und geprobt hatte, stand ich jetzt vor der Aufgabe, sie in unsere Performance zu integrieren. Ich fürchtete, erneut vor dem im Tropicana und im Lido aufgetretenen Problem zu stehen.
Ein Tier verschwinden zu lassen, hätte unseren Auftritt um etwa zwei Minuten verlängert. Bei Shows in Las Vegas, in denen alles auf die Sekunde genau festgelegt ist, besteht die Direktion darauf, daß vorgegebene Zeiten strikt eingehalten werden. Jede zusätzlich im Theater verbrachte Minute der Gäste geht auf Kosten ihrer Verweildauer im Casino. Als wir im Stardust anfingen, war die Lido-Revue um ein paar Minuten zu lang; die Lösung der Direktion bestand daraus, einen der Zwischenacts zu streichen. Das stimmte mich nicht gerade zuversichtlich.
Im Gegensatz zu unseren bisherigen Inspizienten war Walter Shanner zum Glück aufgeschlossen und hilfsbereit. Ich nahm all meinen Mut zusammen und ging zu Al Sachs, dem das Hotel gemeinsam mit Herb Tobman gehörte, um ihn um Erlaubnis zu bitten, unsere Illusion erweitern zu dürfen. Er war auf dem Tennisplatz und machte kaum eine Pause, als ich ihm mein Anliegen vortrug; nur Amerikaner können gleichzeitig Tennis spielen und geschäftliche Entscheidungen treffen. »Siegfried, was gut für Sie ist, ist gut für das Stardust«, sagte er lässig, aber trotzdem geschäftlich nüchtern.
So einfach war das.
Unser Engagement im Stardust dauerte drei Jahre. Obwohl wir jeweils nur eine Viertelstunde auftraten, war der Unterschied zwischen dem Lido und dem Stardust gewaltig. Hier fühlten wir uns nicht eingeengt. Die Direktion wußte recht gut, daß wir ein Kassenmagnet waren; wir wußten unsererseits, daß wir vermutlich nie mehr als eine Viertel-

stunde bekommen würden, und bemühten uns daher, das Problem auf andere Weise zu lösen. Die zeitliche Begrenzung wirkte sich positiv aus, weil sie uns zwang, unsere Illusionen immer schneller vorzuführen. Das Engagement im Stardust war eine unserer fruchtbarsten Wachstumsphasen.

Von all den Hindernissen und Herausforderungen, die Roy und ich überwunden haben, war das Verschwindenlassen eines Raubtiers am schwierigsten zu lösen. Unsere neuartige Methode erregte in Fachkreisen Aufsehen. Während unseres Engagements im Stardust erhielten wir zweimal die in Las Vegas alljährlich verliehene Auszeichnung »Best Show Act of the Year«. Etwas ganz Neues geschaffen zu haben und für unser Talent ausgezeichnet zu werden war einfach ein unglaubliches Gefühl!

Dieser Verschwindetrick war die Grundlage für viele der Illusionen, die wir im folgenden Jahrzehnt erfanden: Illusionen, die »Siegfried und Roy«-Klassiker geworden sind und von uns noch immer gezeigt werden – wie die schwebende Spiegelkugel mit Roy und einem Tiger darauf, die Verwandlung eines in einem Glaskasten über dem Publikum hängenden Mädchens in einen Tiger, und die lebende Kanonenkugel. Der erfolgreiche Verschwindetrick gab uns Selbstvertrauen und machte uns Mut, neue Wege zu beschreiten. Wir begannen, die Idee auszuarbeiten, altbekannte Nummern wie Levitation und das Zersägen einer Frau, die sich in der Luft auflöst, zu kombinieren. Mit diesen kombinierten Illusionen erzielten wir neuartige Wirkungen.

Durch diese Elemente erreichte der von uns so bezeichnete »Dreifacheffekt« – eine Illusion, die mehrere Illusionen zu einer großen vereinigt – eine neue Dimension. Im Stardust machten wir uns ernsthaft an die weitere Ausarbeitung dieser Idee. Außerdem ließen wir neben Sahra zusätzlich exotische Tiere auftreten und setzten sie bei der Metamorphose und für das Verschwinden ein.

Es war fast eine Ironie des Schicksals, daß die uns auferlegten Beschränkungen sich als unser größter Vorteil erwiesen haben. Unsere Entwicklung basierte nicht nur auf unserer Phantasie oder unserem Bewußtsein, *anders* sein zu müssen, um überleben zu können; sie war auch eine Folge des Zwangs zum Praktischen aus unserer Situation heraus: Auftritte auf beengtem Raum und ohne Bühnenarbeiter. Da wir in Europa nicht mit zehn Kisten Requisiten in einem kleinen Club aufkreuzen konnten, mußten wir Illusionen ausarbeiten, die sich kombinieren ließen.

Um praktisch zu sein und mit wenig Requisiten auszukommen, mußte alles kompakt sein und wie ein Puzzle zusammenpassen. Auf diese Weise regten unsere Probleme unsere Kreativität an.

Vorteilhaft war auch, daß wir als einzige so arbeiteten. Manche Illusionisten behaupteten, es sei unmöglich, mehrere Illusionen miteinander zu kombinieren. Das mochte für sie zutreffen; für uns war es nur logisch, uns so zu präsentieren. Und als wir erst einmal damit angefangen hatten, konnten wir uns keine andere Arbeitsweise mehr vorstellen! Uns erschien es völlig natürlich, in eineinhalb Minuten eine Illusion zu zeigen, für deren Vorbereitung allein ein anderer eine halbe Stunde gebraucht hätte.

5th Annual Las Vegas
Entertainment Awards
1975
PRODUCTION ACT OF THE YEAR
Hallelujah Hollywood
Siegfried & Roy

Unsere Geschwindigkeit ist auch ein Spiegel unserer Persönlichkeit. Roy und ich langweilen uns sehr rasch. Wir setzen voraus, daß es dem Publikum ähnlich geht. Im Lauf der Jahre sind wir zu der Überzeugung gelangt, eine Illusion solle mit allen Vorbereitungen – und dem Beifall – nie länger als drei Minuten dauern. Muß sie länger sein, verkürzen wir die Vorbereitungszeit durch eingestreute temporeiche Illusionen.
Wichtiger als alles andere war es jedoch, in Amerika zu sein. Dieses Land ist auf Geschwindigkeit ausgerichtet. Da wir nicht mehr Zeit für unseren Auftritt bekamen, mußten wir alles Überflüssige weglassen und rascher zu den Höhepunkten unserer Illusionen gelangen. Uns blieb nichts anderes übrig, als rasch auf die Bühne zu kommen und uns aufregend elegant und schnell zu bewegen. Und das amerikanische Publikum war begeistert.
Die kleinen alten Damen hatten recht gehabt. Wir waren für Amerika bestimmt.

◁ *Mit dem Entertainerpreis »Best Show of the Year«, der uns 1972 erstmals verliehen wurde. Wir bekamen ihn fünfmal in Folge.*

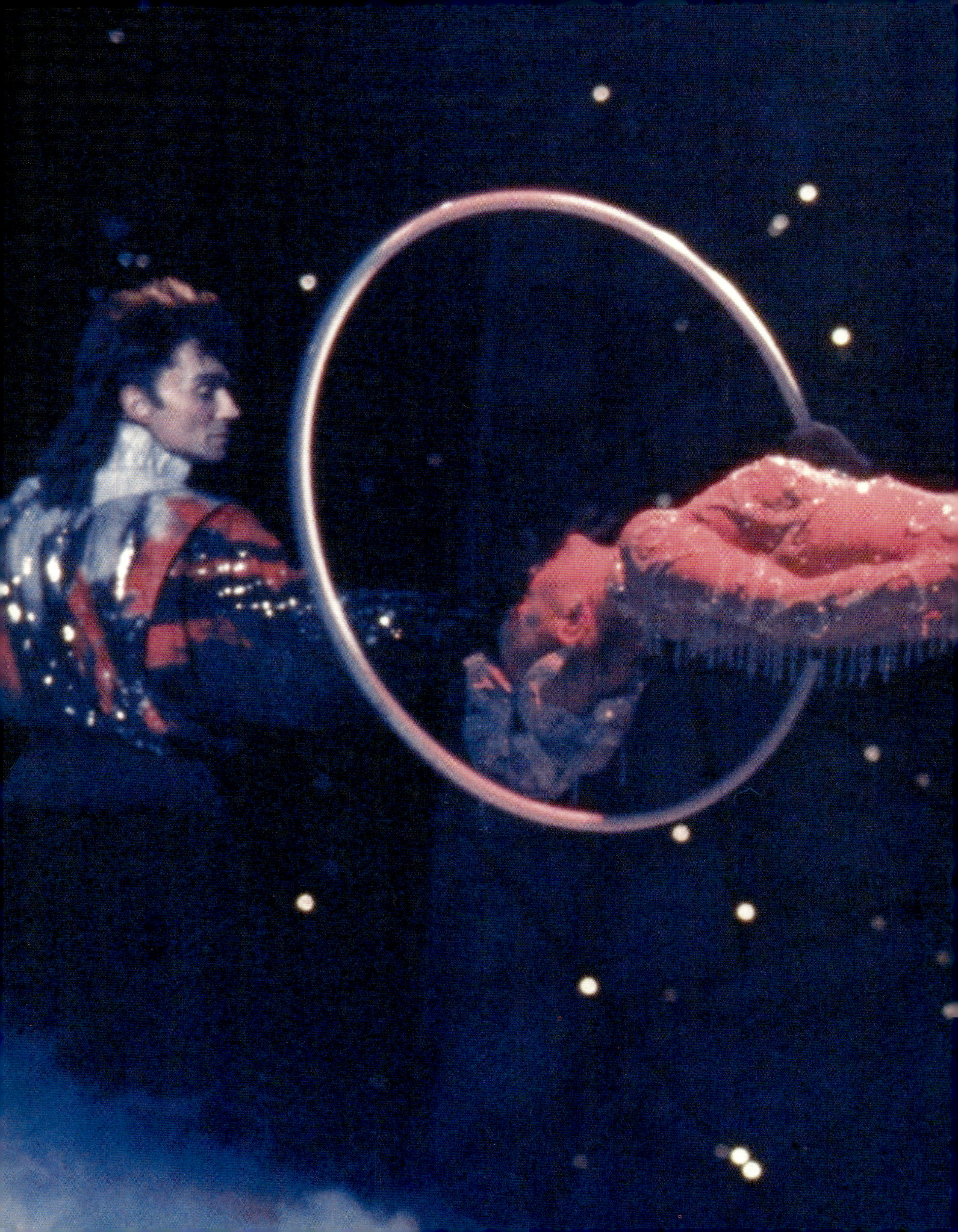

FÜNFTER AKT

Imagination ist wichtiger als Information.

ALBERT EINSTEIN

Roy

Als unser Dreijahresvertrag im Jahr 1973 verlängert werden sollte, bewies das Stardust uns, wie wertvoll wir ihm waren, indem es uns ein weit lukrativeres Angebot machte. Aber wir lehnten es dankend ab. Wir brauchten neue Herausforderungen; unsere Phantasie eilte dem, was wir dort verwirklichen konnten, wieder einmal weit voraus, und Angebote hatten wir genug.

Der Broadway-Produzent Edgar Lansbury wollte uns für sein neues Musical *The Magic Show* gewinnen. Das schmeichelte uns natürlich, aber wir blieben Realisten. Siegfried und ich glaubten, noch nicht leisten zu können, was der Broadway nach unserer Auffassung verlangte: nicht nur Magie, sondern auch Gesang und Tanz. Wir hatten in Revuen Erfolg gehabt und konnten uns einfach nicht vorstellen, in einem Musical als Illusionisten aufzutreten. Unser Verzicht kam dann einem jungen kanadischen Magier zugute, der mit einem staatlichen Stipendium nach Amerika kam, um dort Magie zu studieren, und unser Freund geworden war: Doug Henning.

Doug war klein und drahtig – koboldhaft. Wir waren gleich beim ersten Kennenlernen von ihm bezaubert. Er redete gern und war mit seinem breiten Lächeln, bei dem er blitzende Zähne zeigte, und seiner kindlichen Unbekümmertheit die Idealbesetzung für den jungen Zauberer in *The Magic Show.* Tatsächlich machte er durch diese Show Karriere.

Und wir? Nach unserem großen Erfolg in Las Vegas nahmen wir ein Angebot an, das manche für die falsche Wahl gehalten haben mögen. Wolf Kochman und Barry Ashton, unsere Freunde in Puerto Rico, luden uns ein, wieder im Hotel Americana aufzutreten. Das Engagement sollte ein Jahr dauern; wir würden als Stars herausgestellt werden und den Spitzenplatz als Starattraktion der Revue bekommen. Dazu kam ein zusätzlicher Bonus: nur ein Auftritt pro Abend und jede Woche ein freier Tag. Unser Aufenthalt in Puerto Rico würde also wie ein wohlverdienter Urlaub sein und uns Gelegenheit bieten, einige neue Illusionen auszuarbeiten.

Wir wußten, daß wir nichts riskierten, wenn wir Las Vegas für ein Jahr verließen. Hielten wir uns alle Möglichkeiten offen, würden wir bestimmt wieder ein aufregendes Angebot bekommen. Vor unserer Abreise nach Puerto Rico hörten wir von Donn Arden, dem Regisseur und Choreographen des Stardust-Lido, er gebe seinen Job auf und verhandle mit MGM wegen einer Superrevue für das seit langem geplante, aber noch nicht gebaute MGM Grand Hotel. Klappte alles wie vorgesehen, wollte er uns dafür engagieren.

In Puerto Rico zeigten wir unsere seit drei Jahren bewährte Illusion, allerdings mit inzwischen vergrößerter Menagerie. Wir brachten Sabu, einen schwarzen Panther, und unseren Leoparden Sascha mit; außer Sahra hatten wir jetzt auch Radscha, einen 150 Kilo schweren Sumatra-Tiger. Betrüblicherweise waren Chico und Simba an ihren Leber- und Nierenleiden eingegangen; ihre Nachfolger bei der Metamorphose waren der Leopard und der Panther. Alle unsere Tiere erschienen und verschwanden allabendlich.
Nach einigen Monaten in Puerto Rico rief Donn Arden an und teilte uns mit, er sei als Produzent und Regisseur der Show *Hallelujah Hollywood* für das MGM Grand Hotel verpflichtet worden. Arden würde auf das riesige Filmarchiv der MGM Studios zurückgreifen, um ihre Blütezeit mit vielen der großen Songs und Szenen aus den Musical-Klassikern der MGM wiederaufleben zu lassen. Die luxuriöse Glitzershow sollte mit Tanzgruppen, bildhübschen Revuegirls, Sängern und Tänzern an die legendären *Ziegfeld Follies* erinnern. Arden wollte, daß wir als Starattraktion vor dem großen Finale auftraten.
Wir brauchten nicht lange, um uns für sein Angebot zu entscheiden. Dieses neue Projekt war genau das, was wir gesucht hatten.
Ich wußte sofort, was wir tun sollten. Gelang es uns, konnte es die Krönung der neuen Show werden.
Ich habe mich stets gut mit meinen Geparden, Tigern, Panthern und Leoparden verstanden. Das liegt vermutlich daran, daß sie Einzelgänger sind, was ich in gewissem Maße auch bin – übrigens ein sehr zufriedener. Aber mein großer Traum war schon immer ein Löwe. Da der Löwe das MGM-Markenzeichen ist, dachte ich, dies sei die beste Gelegenheit, einen in unsere Show zu integrieren, um MGM unseren Tribut zu zollen. Mit großer Überredungskunst gelang es mir, Siegfried davon zu überzeugen.
Dr. Marty Dinnes, seit 25 Jahren unser Freund und Tierarzt, machte einen ausgewachsenen afrikanischen Löwen mit angeblich phantastischen Eigenschaften ausfindig. Wie man sich denken kann, war er nach dem Flug und eintägigem Warten auf dem New Yorker Flughafen, wo er versucht hatte, aus seiner Transportkiste auszubrechen, ziemlich wild und keineswegs bereit, meine Führungsrolle zu akzeptieren. Leo war ein Prachtkerl, aber im Umgang vielleicht noch schwieriger als ein eben erst gefangener Löwe aus der Wildnis.
Ich baute ihm ein Gehege vor meinem Wohn- und Schlafzimmer, damit er mich ständig sehen und ich jede freie Minute mit ihm verbringen konnte. Bevor wir auch nur anfingen, mit ihm zu arbeiten, mußte ich dafür sorgen, daß er wieder Vertrauen zu Menschen gewann. Das erforderte drei Monate ständiger täglicher Kontakte. Unterdessen rückte unsere Abreise nach Las Vegas näher. Wir wollten Leo schon in Puerto Rico in unsere Show integrieren, um ihn auf sein großes Debüt in Las Vegas vorzubereiten.
Bei dieser Illusion betrat ich einen leeren Käfig, der mit einem Tuch bedeckt wurde. Dann zog Siegfried blitzschnell das Tuch weg – und ich hatte mich in einen Löwen verwandelt!
Leo begann, mir zu vertrauen, aber es war schwierig, ihn dazu zu bringen, sein Gehege

Roy posiert in Puerto Rico mit dem Sumatra-Tiger Radscha für eine spanische Illustrierte. – Ich konnte nicht ahnen, daß Radscha und ich Minuten später nur knapp mit dem Leben davonkommen würden. Siegfried hatte vergessen, die Eingangstür des Foto-Ateliers zu schließen. Als Radscha und ich die Treppe herunterkamen, knallte der starke Wind einen Fensterladen zu, was meinen Tiger erschreckte. Während ich seine Leine umklammert hielt, spurtete er durch die offene Haustür auf eine vierspurige Hauptstraße mit regem Verkehr hinaus. Daß wir nicht überfahren wurden, verdanken wir nur meinem Schutzengel.

Radscha und ich in San Juan auf dem Weg zum Strand

zu verlassen und ins Auto zu steigen, damit wir zu den Proben ins Theater fahren konnten. Wir kamen jeden Abend gegen Mitternacht aus dem Theater, brachten die anderen Tiere nach Hause und bemühten uns, Leo ins Auto zu locken. Wochenlang versuchten wir es täglich bis in die frühen Morgenstunden hinein – vergebens. Doch eines Tages klappte es. Es war schon zwei Uhr, als Siegfried und ich ziemlich erschöpft ins Hotel zurückfuhren, um zu sehen, ob Leo sich im Theater wohl fühlte.
Unterdessen fand Siegfried, der Kauf des Löwen sei ein so großer Fehler gewesen, daß er bereit gewesen wäre, Leo nach Afrika zurückzuschicken.
Um hinter die Bühne zu kommen, mußten wir das Hotel durch die Küche betreten. Als wir die Hecktür öffneten, damit Leo aus dem Kleinbus aussteigen konnte, kam er hervorgeschossen, zerriß seine Halskette und stürmte in die Küche. Das Personal sah, daß ein wilder Löwe los war, und brachte sich blitzschnell auf allen erreichbaren höheren Flächen in Sicherheit. Ein puertoricanischer Koch sprang in panischer Angst in die Geschirrspülmaschine. Aber ich schaffte es, Leo mit einem langen Seil einzufangen, und führte ihn aus der Küche auf die Bühne.
Da wir wollten, daß er sich nach der ganzen Aufregung wieder beruhigte, ließen wir ihm Zeit, sich an den Bühnenkäfig zu gewöhnen. Er akzeptierte ihn, und dann beschloß Siegfried, den Käfig, wie für die Illusion geplant, mehrmals zu drehen.
Keine Minute später waren wir wieder in der Küche. Der Löwe war erneut los. Was war passiert? Als Siegfried versuchte, den Käfig zu drehen, versetzte Leo den Gitterstäben einen kräftigen Prankenhieb, so daß beide Türen herausfielen. Jetzt begann selbst ich zu bedauern, jemals die Idee gehabt zu haben, mit einem Löwen zu arbeiten.
Weitere Wochen schmerzhaft langsamer Probenarbeit folgten. Schließlich begriff Leo, daß wir mit ihm arbeiten, ihm aber nichts tun wollten. Bis wir Puerto Rico verließen, akzeptierte und liebte er uns vorbehaltlos, und wir konnten die Illusion mit ihm zeigen.
Inzwischen gab es ein weiteres kleines Problem zu bewältigen. Kurz vor unserer Rückkehr nach Las Vegas schien die Leopardin Sascha von unserem schwarzen Panther trächtig zu sein. Ein Tierarzt in San Juan hatte drei sich bewegende Junge ertastet und behauptete, deren Geburt stehe unmittelbar bevor. Wir verschoben unsere Rückreise nach Las Vegas um neun Tage, ohne daß etwas passierte.
Da wir über New York zurückfliegen mußten, bestiegen wir schließlich widerstrebend unser Flugzeug. Normalerweise ist *Siegfried* im Flugzeug aufgeregt, aber wenn es um meine Tiere geht, die in Gefahr sein könnten, bin *ich* ein nervöses Wrack. Sofort nach der Landung lief ich mit zwei Milchflaschen zu den Transportkäfigen und rechnete damit, Junge vorzufinden oder feststellen zu müssen, daß Sascha sie wegen der mißlichen Verhältnisse umgebracht hatte. Nichts: Sascha, die erleichtert war, daß wir gelandet waren, drängte sich nur liebevoll an mich.
Von New York mußten wir nach Los Angeles fliegen und dort ins Flugzeug nach Vegas umsteigen. Da Siegfried beschloß, einige Tage in New York zu bleiben, um sich ein paar Broadway-Shows anzusehen, flog ich allein mit unseren Tieren und Requisiten nach

L.A. weiter. Auch dort wieder das gleiche. Ich war mit Milchflaschen bewaffnet – nur die Jungen blieben aus. Ich wollte endlich nach Hause, aber die nächste Maschine flog erst morgens.
Da die Tiere aus meiner Sicht schon viel zu lange in Transportkisten steckten, mietete ich einen riesigen Sattelschlepper mit Fahrer, lud alles ein und wäre abfahrbereit gewesen, wenn es nicht noch ein Problem gegeben hätte. Der Fahrer erklärte mir, firmeninterne Vorschriften verböten ihm, mich bei den Tieren mitfahren zu lassen. Ich müsse mir einen Mietwagen nehmen und hinterherfahren. Inzwischen war es nach Mitternacht, die Leihwagenfirmen hatten für die Nacht geschlossen, und ich war ausgefroren, hungrig und übermüdet.
Zuletzt brachte ich dann doch den Fahrer dazu, mir die Telefonnummer des Firmeninhabers zu geben.
»Diese Vorschriften, die Sie erlassen haben, sind unrealistisch!« stieß ich am Telefon her-

Naß und wild! Leo nimmt ein Bad! Ein seltenes Foto eines Löwen in einem neuen Element – Wasser.

Roy 1973 mit Sabu in Puerto Rico. – Mein schwarzer Panther Sabu braucht besonders viel Liebe. Begrüße ich ihn nicht gleich morgens, ignoriert er mich den ganzen Tag lang. Bin ich im Urlaub, verweigert er sein Fressen, wenn ich ihn nicht täglich anrufe.
Sabus Eifersucht kennt keine Grenzen. In einem früher in Puerto Rico gemieteten Haus hatte ich ein Schlafzimmer mit schwarz-weißen Marmorfliesen und einem riesigen Wasserbett – ein Reich, das ein großer schwarzer Panther herrlich fand.
Nach unserer Premiere im Hotel Americana in San Juan lud ich alle Tänzerinnen auf ein Glas Champagner zu mir ein. Nach etwas Lachen und Gläserklingen hörten wir plötzlich Lärm aus dem Schlafzimmer. Sabu hatte in einem Anfall von Eifersucht durchgedreht, den ganzen Raum verwüstet und mein Wasserbett aufgeschlitzt, das jetzt die Party überschwemmte. Auch das Alter hat ihn nicht milder gemacht.

vor. »Bekommt meine Leopardin unterwegs Babys und tut sich dabei etwas, weil Sie mich nicht im Lastwagen mitfahren lassen, ist alles Ihre Schuld!«
Ich merkte nicht einmal, daß ich die Frau des Firmenbesitzers am Apparat hatte. Im Halbschlaf glaubte sie, gehört zu haben: »Es ist Ihre Schuld, daß sie schwanger ist und Babys kriegt.«
Am anderen Ende herrschte sekundenlang Schweigen. Dann begann ein Riesenkrach zwischen den Eheleuten. Als ich das Mißverständnis aufklärte, war die Frau so erleichtert, daß ihr Mann kein uneheliches Kind gezeugt hatte, daß sie ihn überredete, in meinem Fall eine Ausnahme zu machen.
Bei Tagesanbruch erreichten wir Vegas. Über der Sierra Nevada ging eben die Sonne auf – für mich noch immer der herrlichste Anblick. Ich war froh, wieder daheim zu sein. Auf der Fahrt den Strip hinunter sah ich das inzwischen fertiggestellte MGM Grand Hotel in den Morgenhimmel aufragen.
Und Sascha? Wie sich herausstellte, war sie nur scheinträchtig gewesen. Damit begannen Fett-Tumoren, sich in ihrem Körper auszubreiten. Der Tierarzt wollte sie schon einschläfern, aber diese Vorstellung erschreckte mich so sehr, daß ich versuchte, Sascha zu retten. Ein Team aus sechs Spezialisten nahm fünf große Operationen an ihr vor und entfernte über zehn Kilo tödlicher Fett-Tumoren. Da ich weiß, wie sehr Sascha auf ihr Äußeres bedacht ist, bestand danach das größte Problem nur noch darin, daß die Flecken gut zusammenpassen mußten, wenn sie wieder zugenäht wurde. Sascha erholte sich jedoch unglaublich gut. Nach 23 Jahren gehört unser liebes Mädchen noch immer zu den Stars der Show und genießt das Leben in Gesellschaft ihrer Gefährten – zwei schwarzen Panthern.

Siegfried

Bei unserer Abreise aus Las Vegas vor einem Jahr war das MGM Grand nur ein Parkplatz gewesen; als wir zurückkamen, stand dort ein gigantisches Hotel. Das Theater, der Ziegfeld Room, war damals die größte Bühne der Welt. Die Produktion der Show kostete zehn Millionen Dollar, auch das ein neuer Rekord. Das MGM Grand bedeutete einen erregenden Akzent für Las Vegas; es war der Inbegriff des Luxus – das Mirage seiner Zeit.
Bei einer Show dieser Größe gab es massive technische Probleme, die eine Verschiebung der Premiere erzwangen. Für Donn Arden, einen Veteran von Pariser Revuen, wurde die Produktion dieser Show zu einem Alptraum. Ständiger Druck von allen Seiten, die Unmenge Geld, die auf dem Spiel stand … Er begann an sich zu zweifeln. Und das weckte bei ihm Zweifel an uns.
Wie gesagt, in Las Vegas gilt der letzte Auftritt vor dem Showfinale als größte Attraktion. Als die Premiere näher rückte, bekam Donn allmählich kalte Füße: Magier waren

noch nie als letzte aufgetreten, und er begann sich Sorgen zu machen, ob unser Auftritt vielleicht zu ernst dafür sei. Damals glaubten alle, man brauche einen Komiker, um das Publikum vor dem Finale locker einzustimmen. Als Donn sich dafür entschied, diesen Weg zu gehen und uns an anderer Stelle zu placieren, erklärten wir ihm, dann würden wir aussteigen. Daraufhin beließ er uns an unserem Platz.

Roy

Diese Proben werde ich nie vergessen. Donn Arden war nicht nur ein Kettenraucher, sondern er trank seinen Wodka auch schneller als ein russischer Soldat. Und wenn er trank, wurde er ein Tyrann. Er war temperamentvoll und cholerisch, begutachtete jedes kleinste Detail und bekam wegen jeder Bagatelle einen Wutanfall, was natürlich alle – von den Bühnenarbeitern bis zu dem nach Hunderten zählenden gesamten Ensemble – nervös machte. Laut Vertrag sollten wir 20 Minuten lang auftreten. Im Stardust hatte unser Beifall immer fünf Minuten gedauert, und wir verließen uns darauf, auch das MGM werde dafür einige Minuten einplanen. Eines Tages kontrollierte Arden bei Probearbeiten die Dauer der Show mit der Stoppuhr in der Hand. Als wir fertig waren, brüllte er los: »Das waren nur fünfzehn Minuten! Ihr bringt meinen ganzen Zeitplan durcheinander!« Er fluchte und tobte immer lauter, so daß fast alle Zuschauer flüchteten, weil er diesmal wirklich überzuschnappen drohte. Mich ließ das ehrlich gesagt völlig kalt.
»Hören Sie, Donn, Sie vergessen die fünf Minuten Applaus, die wir bekommen werden«, sagte ich.
Meine Antwort brachte ihn rasch auf den Boden der Tatsachen zurück. Er wollte kaum glauben, daß ich gewagt hatte, das zu sagen. Dann lachte er, und von diesem Augenblick an verstanden wir uns bestens.

Siegfried

Was die MGM-Show betraf, waren wir völlig zuversichtlich. Der Einsatz eines Löwen für die Metamorphose war aufregend, ungewöhnlich und eine großartige Geste. Leo sorgte für viel Aufregung, weil er so wild war. Der Käfig war sein Reich, das er verteidigen wollte, so daß er aufbrüllte und nach mir schlug, wenn ich auf der Bühne in seine Nähe kam. Bei jedem Mal holten die Zuschauer erschrocken tief Luft.
Außerdem hatten wir ein weiteres Element hinzugefügt. Nachdem es uns gelungen war, unseren Tiger verschwinden zu lassen, brauchten wir einen Nachfolgetrick, eine Ergänzung, die unser Publikum befriedigte, damit es sich nicht endlos lange fragte, wohin er verschwunden sein mochte. Deshalb ließen wir den Tiger wieder auftauchen.

Donn Arden, der legendäre Regisseur und Choreograph von Las-Vegas-Revuen – ein Meister der Inszenierung und Bewegung

Hallelujah Hollywood hatte im Winter 1974 Premiere und wurde sehr schnell *die* Show in Las Vegas.
Während wir dort auftraten, kam es in Las Vegas zu einigen sehr interessanten Entwicklungen. Unsere Erfolge im Stardust und im MGM Grand Hotel bewirkten, daß auch andere Hotelbesitzer plötzlich Magier engagieren wollten. Gleichzeitig hatten andere Illusionisten von unseren Erfolgen gelesen und hofften, eine Nische für sich finden zu können. Alle wollten ein Stück von diesem Kuchen; aus allen Ecken strömten Magier nach Las Vegas, um sich dort einen Namen zu machen.
Da die Hotelbesitzer wußten, daß sie uns nicht engagieren konnten, versuchten sie es mit der zweitbesten Lösung. Historisch gesehen – und bis zu einem gewissen Grad noch heute – war die Programmgestaltung in den Hotels von Las Vegas statisch, phantasielos und unbeweglich. Damals waren die Besitzer nicht bereit, etwas zu riskieren, indem sie irgendeine neuartige magische Attraktion engagierten. Nein, sie wollten eine Siegfried-und-Roy-Imitation.
Und die bekamen sie. Um engagiert zu werden, mußten Magier mit Raubtieren arbeiten. Viele Magier, die den Trend erkannt hatten, warteten diese Forderung nicht erst ab: Sie

reisten *mit* dem Tiger an und bildeten sich ein, der Weg zum Erfolg sei ganz einfach: Tritt mit ein paar dressierten Raubtieren auf, dann hast du's geschafft!
Übertroffen wurden sie in ihrer Phantasielosigkeit nur noch von den Hotelbesitzern. Als Doug Henning nach seinem Riesenerfolg am Broadway im Hilton auftrat, überredeten sie sogar ihn dazu, einen Tiger mitzubringen.

Roy

Angeblich soll Nachahmung die aufrichtigste Form der Schmeichelei sein. Siegfried und ich fanden sie nicht schmeichelhaft, sondern nur mitleiderregend. Und sie machte uns keine Sorgen, denn wir wußten, daß die Konkurrenz niemals imstande sein würde, unsere *Denkweise* zu imitieren.
Unserer Überzeugung nach muß ein Magier unverwechselbar einzigartig sein, um Erfolg zu haben; wir konnten nicht begreifen, weshalb andere Illusionisten scheinbar bereitwillig auf ihre Identität verzichteten und sich damit zufriedengaben, die zweite Geige zu spielen.
Ich habe immer behauptet, jedes Hotel habe Platz für einen Magier – er müsse nur anders als die anderen sein.

»Kein Wort mehr, sonst ...«

Einen Tiger verschwinden zu lassen, ist bedeutungslos ohne die dazugehörigen Details: Beleuchtung, Musik, den Grund für ein bestimmtes Kunststück zu einem bestimmten Zeitpunkt, die Erhöhung der Spannung, die Vorbereitung des Höhepunkts. Dieses harmonische Gleichgewicht kommt von innen, weil man als einziger die Nuancen kennt. Andere konnten uns nur imitieren, ohne jemals unsere Überzeugungskraft zu erreichen. Etwas peinlich wurde die Sache jedoch, als blond und dunkelbraun eingefärbte Duos in Las Vegas eintrafen. Manche kopierten meine Aufmachung: bis zur Taille offenes Hemd, viel Schmuck und drei massive Kreuze an Goldketten auf der Brust. Unangenehm wurde die Sache, als Leute versuchten, in unseren Lagerraum einzubrechen und unsere Requisiten auszumessen.
Der Höhepunkt war ein tschechisches Brüderpaar – Jongleure, die seit Jahren in Las Vegas auftraten: Um absahnen zu können, verwandelten die beiden sich auf magische Weise in Magier. Sie färbten sich die Haare, besorgten sich ein paar Tiger und kopierten unsere Kostüme. Und sie schafften es sogar, unsere Requisitentischler zu bestechen. Wirklich amüsant fand ich jedoch den Schlußakkord: Einer von ihnen heiratete Virginia, unsere ehemalige Assistentin. Er bildete sich ein, dadurch endlich im Besitz aller Geheimnisse zu sein, die ihre Nummer mit unserer identisch machen würden. Aber natürlich funktionierte das nicht.

Siegfried

Wir traten fünf Jahre lang im MGM auf und erhielten in dieser Zeit wieder dreimal die Auszeichnung »Best Show Act of the Year«. Die größte Ehrung wurde uns 1976 zuteil, als wir zum ersten Mal als »Magicians of the Year« ausgezeichnet wurden. Verliehen wurde diese Auszeichnung von der American Academy of Magical Arts in Los Angeles, deren Sponsoren Bill und Milt Larsen waren – Gründer der Akademie und Besitzer des berühmten *Magic Castle* in Hollywood.
Eine besondere Note erhielt diese Auszeichnung durch die Tatsache, daß Bills Frau Irene aus der Umgebung von Rosenheim stammt und unsere Karriere seit langem verfolgt hatte.
Cary Grant überreichte uns die Auszeichnung im Beverly Wilshire Hotel. Dabei stellten wir verblüfft fest, daß der berühmte Filmschauspieler nicht nur ein großer Liebhaber der Magie, sondern auch ein Fachmann auf diesem Gebiet war. Bei der Preisverleihung sprach er davon, daß er den großen Harry Houdini gekannt habe. Obwohl Houdini fast allgemein als der größte Magier aller Zeiten anerkannt wird, fand Cary Grant, Siegfried und Roy zeigten Illusionen, die unvergeßlich bleiben würden. Hoffentlich behält er recht!
Dieser Abend bewirkte, daß wir etwas von Cary Grant bekamen, das ebenfalls unvergeßlich bleiben wird. Eine deutsche Fernsehanstalt drehte für Margaret Dünsers »VIP-

Ein nostalgischer Auftritt in der Show »Hallelujah Hollywood« im MGM Grand Hotel

Schaukel« ein Porträt von uns und wollte auch die Preisverleihung aufnehmen. Damals hatte Cary Grant sich schon aus dem Filmgeschäft zurückgezogen und Bild- und Tonaufnahmen von sich untersagt. Deshalb mußten wir schnell einen Verschwindetrick zeigen und die Kameras verstecken.
Als Cary einige Jahre später davon erfuhr, war er ein solcher Fan und guter Freund geworden, daß er die Ausstrahlung des Materials gestattete. Dies ist nach wie vor der einzige Film, der ihn bei einer öffentlichen Rede nach seinem Rückzug aus dem Filmgeschäft zeigt.

Im Jahr 1976 in Los Angeles mit Zeremonienmeister Cary Grant bei der Überreichung der Auszeichnung »Magicians of the Year« der American Academy of Magical Arts

Roy

Ein weiterer angenehmer Aspekt unseres Engagements im MGM war das zweite Theater des Hotels. Es wurde sehr schnell das begehrteste Forum für die Großen des Showgeschäfts. Unter anderem traten dort Shirley MacLaine, Frank Sinatra, Sammy Davis, Jr., Dean Martin und Jerry Lewis auf – kurz gesagt all die großen Entertainer, deren Namen seit langem untrennbar mit Las Vegas verbunden sind. Und dazu kamen Komiker wie Shecky Greene, der uns immer zur Zielscheibe seiner deutschen Witze machte. Hatten wir frei, hörten wir uns diese Entertainer an, oder sie kamen, um uns zu sehen, oder wir trafen uns nach der Show zu einem Drink in der Oyster Bar.

Tatsächlich bedeutete diese Zeit das Ende einer Ära in Las Vegas, in der die Stars sich nach ihrer Show zusammensetzten und den Abend mit dem Salonauftritt eines anderen Künstlers ausklingen ließen.

Zu unseren besten Erinnerungen gehören Auftritte der damaligen Superstars Jackson Five. Vor allem ihr junger Lead-Sänger ragte wirklich heraus und machte sie erst sehenswert. Dieser wundervolle kleine Junge barst geradezu vor Talent und hatte soviel Charme, daß er jeden Raum förmlich erhellte, in dem er sich befand. Damals waren wir oft mit Michael Jackson zusammen; zwischen seinen Shows lief er in den Ziegfeld Room hinüber, stand hinter dem Vorhang und sah sich unseren Auftritt an.

Michael war jedoch keineswegs so schüchtern, daß er nicht gesehen werden wollte, sondern nur noch nicht volljährig. Obwohl er im MGM auftreten durfte, hätte er sich als Minderjähriger keine der anderen Shows ansehen dürfen. Ich glaube bestimmt, daß er uns lieber aus dem Publikum heraus zugesehen hätte; Michael hatte nämlich eine solche Angst vor Siegfried, daß dieser ihn manchmal halb zu Tode erschreckte, wenn er von der Bühne stürmte. Nach einigen solchen Vorfällen zog Michael es vor, unseren Auftritt aus sicherer Warte von hoch oben am Lichtpult aus zu beobachten.

Siegfried

Es dauerte einige Zeit, bis Michael, der zu den höflichsten Menschen gehört, die ich kenne, seine guten Manieren überwand und wirklich mit uns Freundschaft schloß. Er war ein Star – aber eben auch ein kleiner Junge. In gewisser Beziehung hat er sich überhaupt nicht verändert. Viele Jahre später arbeiteten wir die Illusionen für seine Welttournee aus und kamen nach Florida, um sie mit ihm einzuüben. Und ich dachte wieder einmal: Müßte ich einen Engel beschreiben, würde ich Michael schildern. Seine Reinheit, seine Aufrichtigkeit, sein kindliches Staunen ... ich kenne keinen Erwachsenen, der ihm gleicht. Er besitzt noch immer all die Eigenschaften, die wir anderen allzufrüh im Leben einzubüßen scheinen. Für uns ist Michael einfach eine magische Gestalt.

Vor ungefähr zwanzig Jahren saß bei einer unserer Shows im Stardust in der ersten Reihe eine junge Frau, die alles tat, um meine Aufmerksamkeit zu erregen. Ich fühlte mich geschmeichelt, aber Siegfried ärgerte sich.

Nach der Vorstellung brachte sie der Inspizient in unsere Garderobe: Sie war Shirley MacLaine.

»Sie haben bloß Augen für Roy gehabt. Warum?« wollte Siegfried sofort nach der Begrüßung wissen.

»Sein Reißverschluß ist während der ganzen Show offen gewesen. Ich hab' versucht, ihm ein Zeichen zu geben – aber je mehr ich mich bemühte, desto geflissentlicher hat er mich ignoriert«, antwortete Shirley. »Übrigens«, fuhr sie lachend fort, »solltet ihr das in eure Nummer aufnehmen.«

So begann eine ganz spezielle Freundschaft.

Einer der vielen Besuche Shirleys ist uns besonders im Gedächtnis geblieben. Nachdem wir an Silvester miteinander bis Sonnenaufgang gefeiert hatten, kam sie am Neujahrstag zu uns zum Brunch. Als Folge der durchfeierten Nacht waren wir alle nicht gerade taufrisch. Als Shirley aufkreuzte, platzte ich impulsiv heraus: »Shirley, du siehst absolut sensationell aus – keinen Tag älter als tausendundein Jahre!« Wir lachten gemeinsam darüber und beschlossen angesichts unseres Zustands nach einer Nacht mit zuviel Champagner, dies sei etwas, das wir uns im nächsten Leben sparen würden.

Roy

Das Bewußtsein, in der heißesten Show von Las Vegas aufzutreten und entscheidend zu ihrem Erfolg beizutragen, macht einen high, aber jede Situation hat auch ihre Nachteile. So erwies sich unser fünfjähriges Engagement im MGM letztlich als die frustrierendste Periode unserer Karriere. Zu den größten Vorteilen unseres einjährigen Engagements in Puerto Rico gehörte die Tatsache, daß wir die Stars der Show waren, weshalb unsere Namen in Leuchtschrift über dem Eingang standen. Wir genossen diesen Status; wir wußten, daß unsere Nummer gut war und viele Leute anlockte. Als wir jetzt mit dem MGM neu verhandelten, wollten wir zweierlei durchsetzen: die Nennung unserer Namen als Stars in Leuchtschrift und einen Vertrag für die gesamte Laufzeit der Show.

Siegfried

Bisher hatten wir nur Dreimonatsverträge mit Verlängerungsoption gehabt. Im Showgeschäft von Las Vegas galten wir noch immer als eine »Magiernummer«, die man nicht allzu ernst zu nehmen brauchte. Gewiß, unsere Verträge wurden immer verlängert, aber ich fand die ständige Ungewißheit bedrückend.
Diesmal waren wir auf Sicherheit aus, was klug und dumm zugleich war, weil der Erfolg der Show sich als Fluch erweisen sollte. Das MGM Grand stimmte unseren Forderungen zwar scheinbar zu, aber wir führten die Vertragsverhandlungen damals noch selbst und waren nicht so clever, wie wir hätten sein sollen. Der Vertrag war so abgefaßt, daß...

Roy

... er uns ab-so-lut *nichts* brachte. Wirklich *nichts*! Eine Klausel darin besagte nämlich, daß wir nur dann an erster Stelle genannt würden, wenn auch andere Künstler namentlich genannt werden sollten. Da dies jedoch nie der Fall war ... Außer dieser Vertragspleite erwartete uns letzten Endes noch eine weitere Enttäuschung. Das Stardust hatten wir unter anderem wegen der beengten Platzverhältnisse bei unserem Auftritt verlassen. Das MGM-Angebot reizte uns, sobald wir hörten, was für eine gigantische Bühne dort entstand. Wir nahmen selbstverständlich an, daß wir dort mehr Platz haben würden. Deshalb bildeten wir uns bei unserer Ankunft im MGM ein, viele Hindernisse überwunden zu haben.
Irrtum.
Wir landeten wieder vor dem Vorhang – und hatten wegen der umfangreichen, Filmkulissen nachempfundenen Bühnenbilder sogar *weniger* Platz als im Stardust. Um mehr

Michael rief, und wir kamen: Michael Jackson hatte uns gebeten, einige Illusionen für seine World Tour auszuarbeiten. Nach unserer Ankunft in Pensacola, Florida, fuhren wir sofort ins Stadion, um ihm zu zeigen, wie sie präsentiert und gehandhabt werden müssen. Als Michael die Illusionen beherrschte, war er so erleichtert, daß er uns ein selbstgekochtes vegetarisches Essen vorsetzte. Wir waren 5000 Kilometer weit geflogen, und Roy, der unterwegs nur einen Glenlivet mit Eis und ein paar Erdnüsse bekommen hatte, konnte seine Enttäuschung nicht verbergen. »Sorry, Michael, in dieser Beziehung bin ich genau wie meine Tiger!«

Raum zu schaffen, schaffte Arden auch den Orchestergraben ab und verbannte die Musiker in den Keller. Dort verfolgten sie die Show auf einem Bildschirm; ihre Musik kam aus Lautsprechern. Für uns war das nicht viel anders als die Tonbandmusik im Pariser Lido.
So arbeiteten wir mit unserem 300 Kilo schweren Löwen, unserem 200 Kilo schweren Tiger, einem Leoparden und einem Panther, verwandelten sie und ließen sie erscheinen, verschwinden und wiedererscheinen, wobei Siegfried und ich uns sechsmal umzogen – und das alles auf 25 Quadratmeter Fläche.
Trotzdem waren wir weiter der Überzeugung, einen für unsere Karriere nützlichen Schritt getan zu haben. Nachdem wir es geschafft hatten, im Stardust Änderungen durchzusetzen, würden wir unsere Schlußnummer im MGM erst recht ergänzen dürfen. Und wir bildeten uns ein, die Show werde wahrscheinlich nicht länger als drei Jahre laufen. Bedenkt man, daß sie die heißeste Show am Las Vegas Strip war, weiß ich nicht, worauf sich unser Optimismus gründete.
Tatsächlich lief *Hallelujah Hollywood* sieben Jahre lang.

Siegfried

Wir traten wie üblich zweimal pro Abend und an Wochenenden dreimal auf, hatten keinen freien Tag und bekamen nur 14 Tage Urlaub im Jahr. Als wir nach dem zweiten Jahr verreisten, wurde uns bewußt, wie wichtig wir für die Show waren. Natürlich geht die Show weiter, auch wenn Künstler zwischendurch Urlaub machen; sie werden nur zeitweilig ersetzt. Während unserer Abwesenheit wurde die Direktion aber offenbar mit Beschwerden von Gästen überhäuft, die eigens gekommen waren, um uns zu sehen. Diese Beschwerdeflut erreichte solche Ausmaße, daß vor dem Theater ein großes Schild aufgestellt wurde, das verkündete: SIEGFRIED UND ROY TRETEN HEUTE ABEND NICHT AUF. Daraufhin gingen sehr viele Absagen ein.
Als wir davon hörten, waren wir überzeugt, in Verhandlungen mehr Zeit, mehr Platz und eine neue Illusion durchsetzen zu können.

Roy

Ganz im Gegenteil. *Hallelujah Hollywood* war eine lange, eigentlich zu lange Show; es gab keine Möglichkeit, irgend etwas hinzuzufügen, und jeder Quadratzentimeter Platz wurde für den Bühnenumbau gebraucht. Ohne es zu merken, hatten wir uns unser eigenes Grab gegraben. Aber nach Meinung Außenstehender und des MGM-Managements waren wir ein großer Hit.
Wenigstens etwas wollte man uns geben: eine höhere Gage. Das ist immer schön, aber es

Ali, einer unserer gefleckten Leoparden-Jaguare. – Diese äußerst seltene Tierart vereint die Schönheit und Geschmeidigkeit eines Leoparden mit der Kraft und Schnelligkeit eines Jaguars. Wir charakterisieren dieses Tier als »Kugelblitz«. Aber was ist schon anderes zu erwarten, wenn man Muhammad Ali als Taufpaten hat?

Ein vorstellungsfreier Tag – es ist schön, am Pool Freunde zu haben, denen es nichts ausmacht, naßgespritzt zu werden

verschafft uns letzten Endes nicht die Befriedigung, die wir uns wünschen. Unsere Kreativität war auf einem Tiefpunkt angelangt.
Und von da an begannen die Probleme.
Siegfried, der Ärmste, fühlte sich innerlich und äußerlich elend. Er kam sich wie eingesperrt vor. Seine Magengeschwüre machten sich bemerkbar.
Er litt unter Depressionen und wieder unter Schlaflosigkeit, die sein Doktor mit Valium bekämpfen wollte. Das führte dazu, daß er nicht mehr er selbst war. Er agierte wie ferngesteuert.

Siegfried

Dies war unsere bisher streßreichste Situation als Team. Im Lauf der Jahre meisterten Roy und ich viele Krisen, und wir waren miteinander stärker geworden. Aber jetzt hatten wir das Gefühl, uns gegenseitig einzuengen. Wir hatten uns meistens ein Haus geteilt; jetzt zog ich aus, und wir sahen uns nur noch zu den Vorstellungen. Einmal dachten wir tatsächlich ernsthaft über eine Trennung nach.

Roy

Ich überlegte, ob ich woanders hin gehen sollte, um dort mit einer großartigen Solonummer inklusive komplizierter Spezialeffekte, einem Heer von Revuegirls und einem afrikanischen Elefanten aufzutreten – mehr eine *De-luxe*-Show als eine magische Show. Dies blieb jedoch eine sehr kurzlebige Idee, ein flüchtiger Einfall, weil ich nie aufhörte, unbeirrbar an die Grundfesten unserer Partnerschaft zu glauben. Andererseits ist es nur menschlich, darüber nachzudenken, was man täte, wenn man allein wäre.

Siegfried

Ein Problem erzeugte das andere. Ich hatte keine Ahnung, daß Valium süchtig machen kann, und obwohl ich danach herrlich schlief, war ich mir über die Nebenwirkungen nicht im klaren. Ich war ein wandelnder Zombie. Bevor es mit mir wirklich in den Graben ging, sah ich zufällig eine Talkshow, in der ein Arzt über die Symptome der Valiumsucht sprach – und die Beschreibung paßte genau auf mich. Zum Glück hatten wir gerade zwei freie Wochen vor uns. Ich flog nach Puerto Rico und entwöhnte mich dort.

Hochadel des Showgeschäfts – ein Spezialfoto aus dem Innenhof des Dschungelpalasts mit fünf seltenen Varianten goldgelber Raubkatzen

Roy

Manche werden sich jetzt fragen, weshalb wir nicht versuchten, nach ein paar Jahren aus unserem Vertrag auszusteigen. Ganz einfach: Wir hatten keinen Berater und glaubten, es gebe keinen legalen Weg, uns von unseren Vertragsverpflichtungen zu befreien. Aber das größte Hindernis war unsere Loyalität; wir wollten stets das einhalten, was wir versprochen hatten.

Trotz unserer Erfahrungen waren wir auf diesem Gebiet ein bißchen schwer von Begriff. Das MGM-Management ermutigte uns natürlich keineswegs, sondern bestärkte uns in seiner etwas grobschlächtigen Art in dem Glauben, wir müßten bleiben. Wir fühlten uns an unseren Vertrag gebunden und wollten halten, was wir versprochen hatten – so wurden aus zwei Jahren unmerklich drei, vier und fünf.

Hinzu kamen weitere Dinge, die uns frustrierten. Wir ernteten überall viel Aufmerksamkeit – deutsche wie amerikanische – Fernsehproduzenten boten uns an, Sendungen mit uns zu machen.

Das fanden wir natürlich großartig; es war eine wundervolle Chance, noch bekannter zu werden, und es würde unsere gegenwärtige Lage wesentlich erträglicher machen. Nachdem wir einige Projekte verwirklicht hatten, war das MGM plötzlich dagegen, daß bei ihm unter Vertrag stehende Künstler allzu populär wurden, und untersagte uns weitere externe Auftritte.

Siegfried

Die einzige Änderung, die wir im MGM durchsetzen konnten, betraf eine Verbesserung unserer neuesten Illusion, bei der ein Tiger wiedererschien. Nachdem ich unsere sibirische Tigerin Sahra hatte verschwinden lassen und Roy an ihrer Stelle aufgetaucht war, gingen Roy und ich sofort über die Bühne zu unserem Schrankkoffer. Sobald wir ihn öffneten, erschien Sahra wieder, sprang heraus und blieb neben Roy auf dem Koffer stehen. Während ich vorausging, glitt der Schrankkoffer mit den beiden im Licht eines eines uns folgenden Spotlights zu den Klängen von »Born Free« über die Bühne.

Nach einiger Zeit fanden wir, ein gewöhnlicher Schrankkoffer sei für diesen Augenblick zu schlicht.

Vor vielen Jahren, als wir noch an Bord des Passagierschiffes waren, hatte Roy von einer funkelnden Spiegelkugel geträumt, die über den Köpfen des Publikums schweben sollte. Damit hatten wir uns gelegentlich beschäftigt, aber nie recht gewußt, wo wir sie einsetzen sollten. Erst als wir eine Alternative zu dem Schrankkoffer suchten, kam Roy auf die Idee, ihn durch eine sich drehende Kugel zu ersetzen.

Roy

In unserer Phantasie schwebte die Kugel frei in der Luft, und wir wußten, daß wir sie beim nächsten Engagement zum Schweben bringen würden.
So hatten wir die Köpfe voller neuer Ideen, die wir nicht verwirklichen konnten, und hofften auf den Tag, der uns endlich die Freiheit wiedergeben würde.

Siegfried

Im Jahr 1977, als wir uns gerade auf dem Tiefpunkt befanden, geschah es endlich.

Roy

Eines Abends fiel uns während der Vorstellung ein sehr animierter, recht aktiver Zuschauer auf. Er rief bei jedem Höhepunkt »Bravo! Bravo!«, sprang von seinem Platz auf und applaudierte wie verrückt – manchmal übrigens sogar im falschen Augenblick. Er saß so weit vorn, daß wir sehen konnten, daß er jung war und wilde schulterlange Locken hatte.
Als Siegfried und ich die Bühne verließen, fragten wir uns als erstes: »Wer war dieser Verrückte heute abend dort draußen?«
Ich könnte die Story weitererzählen, aber um ihm Gerechtigkeit widerfahren zu lassen, soll Bernie Yuman selbst zu Wort kommen.

Unsere guten Freunde Irene und Bill Larsen, die Besitzer des berühmten Magic Castle in Los Angeles und Stifter des »Magicians of the Year Award«

Mit Zsa Zsa Gabor im Jahr 1992
nach der Verleihung des
»Magicians of the Decade Award«
durch die »Academy of Magical Arts«

In den letzten fünfzehn Jahren förderten wir mit dem »Joe Stevens, Siegfried and Roy Desert Magic Seminar« neue Talente, die hoffentlich zu den Großen von morgen gehören werden. Am schwierigsten ist es für uns jedesmal, zu entscheiden, wer den Preis erhalten soll. Die Zauberkunst hat sich weiterentwickelt, seit wir starteten, und wir sind stets beeindruckt von der Vielzahl hochbegabter, phantasievoller junger Magier und Magierinnen.

Die »Wohltätigkeitsgala der Magier für U.S.A. for Africa«, 1985

Einige der von uns geschätzten Kollegen. Jeder von ihnen hat einen ganz eigenen Stil der Magie entwickelt.

John Calvert und Harry Blackstone, Jr.

Channing Pollack

Doug Henning

David Copperfield. – Vor mehr als zehn Jahren trafen wir Davids Eltern. Sie fragten uns, ob man als Magier seinen Lebensunterhalt verdienen könnte. »Wenn er wirklich dafür bestimmt ist, wird seine Magie ihren Weg machen«, meinten wir zu ihnen. Es scheint ein guter Ratschlag gewesen zu sein, denn er ist einer der großen Magier der Gegenwart.

Reverend John Booth –
Autor, Magier, Historiker und Freund

Mit Mark Wilson und zwei der führenden japanischen Zauberkünstler

Japans »Princess Tenko«

Besuch beim Verwaltungsrat des Desert Magic Seminar – das »Who's who« in der Welt der Magie

Mit »Penn und Teller«. – Penn: »Ich bin Roy von Penn und Teller.« Teller: »Natürlich! Denn ich bin Siegfried.«

I AM THE
ROY OF
PENN + TELLER

OF COURSE! BECAUSE
I AM the Siegfried

Bernie Yuman

Mit siebenundzwanzig war ich schon seit 15 Jahren als Manager im Showgeschäft tätig und hatte ein BWL-Studium an der University of Miami abgeschlossen. Ich war fest im Musikgeschäft etabliert. Im Lauf der Jahre führte ich oft in Las Vegas Verhandlungen für dort auftretende Entertainer. Auf der Reise nach Los Angeles, wo ich meinen großen Traum verwirklichen wollte – den größten Konzern in der Geschichte der Unterhaltungsindustrie aufzubauen –, legte ich einen Zwischenstop in Vegas ein, um zu sehen, ob es möglich sei, sich in der Showhauptstadt der Welt mehr zu engagieren. Ich hatte von Siegfried und Roy gehört, und als meine Mutter auf Besuch kam, gingen wir ins MGM, um uns die angeblich beste Show der Stadt anzusehen.

Sobald die beiden auf die Bühne kamen, wußte ich, daß ich meinen Diamanten vor mir hatte. Ich wußte nicht, warum; ich war schließlich in der Musikbranche tätig. Aber ihre Bühnenpräsenz nahm mich gefangen: mein Herz, meine Gefühle, alles. Nach dieser Show sagte ich zu meiner Mutter: »Mom, das ist mein Diamant, und ich werde ihn schleifen und polieren, bis er so glitzert, daß er dich blendet.«

Obwohl ich meine Chance sah, wußte ich, daß ich etwas Konkretes brauchte, das ich Siegfried und Roy anbieten konnte.

In den letzten Jahren hatte ich die neuen Besitzer des Hotels Stardust gut kennengelernt, und da ich in Las Vegas einen gewissen Ruf genoß, baten sie mich wegen eines Problems um Rat.

Nach der Premiere von *Hallelujah Hollywood* im MGM gingen die Zuschauerzahlen der Lido-Revue im Stardust dramatisch zurück: Das Theater war bald halb leer. Die Besitzer waren phantasievoll und ehrgeizig genug, um eine größere siebenstellige Summe zu investieren und eine völlig neue Luxusrevue unter dem Titel *Lido de Paris* herauszubringen. Leider zog selbst diese auf Hochglanz gebrachte Show keine Massen an. Von insgesamt 1140 verfügbaren Plätzen wurden nicht mehr als 600 pro Show und 300 für die dritte Show am Samstagabend verkauft. Als die Besitzer sich an mich wandten, hatten sie die dritte Vorstellung schon gestrichen.

Sie fragten mich, wie dieses Multimillionendollarprojekt zu retten sei, und ich mußte nicht lange überlegen. Ich wußte genau, was sie brauchten: Siegfried und Roy.

Sie versicherten mir jedoch, das sei unmöglich. Siegfried und Roy hätten Angebote von den größten Managern und Produzenten und von Agenten aus aller Welt abgelehnt; sie seien einfach nicht zu haben. Mit anderen Worten: Sie erklärten mir, ich sei jung und naiv; ich solle mich in die Ecke stellen, darüber nachdenken und mit einem realistischeren Vorschlag wiederkommen. Ich stand aber nicht einmal vom Tisch auf. Die Besitzer waren auf dem Marketingsektor sehr kreativ, und ich erläuterte ihnen, was meiner Ansicht nach nötig sein würde, um Siegfried und Roy abzuwerben. Durfte ich diese Vorschläge in ihrem Auftrag unterbreiten, konnten wir die beiden vielleicht soweit ködern, daß sie sich hinsetzten und mit uns verhandelten. Sie bewilligten mir alles, und mir wurde plötzlich klar, daß ich bereits jetzt für Siegfried und Roy verhandelte, obwohl ich sie noch nicht einmal persönlich kannte.

Ich raste ins Hotel, wählte meine konservativste Aufmachung – eine marineblaue englische Samtjacke mit weißem Kaninchenfell als Kragenbesatz – und zog wieder los, um meine zukünftigen Stars auftreten zu sehen.

Siegfried und Roy haben recht: Ich benahm mich ein bißchen verrückt. Ich wollte, daß sie im Theater auf mich aufmerksam wurden. Schließlich hatte ich einen Auftrag zu erfüllen.

Wie ich nach der Show hinter die Bühne kommen würde, darüber machte ich mir keine Sorgen: Ich hatte mich mein Leben lang noch nie irgendwo angestellt oder auf irgendwas gewartet. Deshalb benützte ich nach der Vorstellung einfach den Bühneneingang und schlenderte an den Männern vom Sicherheitsdienst vorbei, als hätte ich etwas mit der Produktion zu tun. Ich hatte keine Ahnung, wie ich die beiden aufspüren sollte, aber dann sah ich eine Treppe und hatte bald alle Garderoben gefunden. Zuletzt kam ich zu einer geschlossenen Tür. Als ich sie öffnete, hingen die Wände voller Fotos von Siegfried und Roy. Das mußte ihre Garderobe sein. Da niemand da war, wartete ich.

Sekunden später flog die Tür auf. Siegfried kam als erster herein, und Roy folgte ihm. Beide waren noch angetörnt von ihrem Auftritt und sichtlich schockiert, als sie diesen Fremden sahen, den sie sofort als den aktiven jungen Mann aus dem Publikum erkannten.

»Wer sind Sie? Was soll das? Was tun Sie in meiner Garderobe?« fragte Roy.

Bevor ich auch nur »Bernie Yuman« sagen konnte, rief er den Sicherheitsdienst, um mich hinauswerfen zu lassen. Die Uniformierten waren sekundenschnell da und schleppten mich die Treppe hinauf. Fast auf der letzten Stufe bekam ich Blickkontakt mit Roy und rief: »Bitte, Sie müssen mir zuhören, weil Ihr und mein Leben davon abhängt! Sie müssen mit mir reden!«

Roy zögerte kurz, aber dann antwortete er: »Gut, warten Sie oben in der Oyster Bar.«

Die Männer vom Sicherheitsdienst begleiteten mich zur Bar. Einer blieb am Eingang stehen; der andere setzte sich mir gegenüber an die Tanzfläche. Beide behielten mich scharf im Auge, als warteten sie auf einen Fluchtversuch.

Weder Siegfried noch Roy ließ sich blicken. Nachdem aus einer halben Stunde eine Dreiviertelstunde geworden war, begann ich Fluchtpläne zu schmieden; ich wollte unbedingt in diese Garderobe zurück. Nach fast einer Stunde kreuzte dann endlich Siegfried auf. Bevor ich ihm kurz erklärt hatte, wer ich war und was ich vorhatte, unterbrach er mich. »Kommen Sie morgen zu mir, dann sprechen wir darüber.«

Siegfried

Dieser junge Mann war ganz entschieden außergewöhnlich. Ein bißchen verrückt, ein bißchen zu aufgeregt, aber seine flammende Energie und sein Enthusiasmus beeindruckten mich.

Roy

Am nächsten Tag rauschte ein feuerroter Sportwagen unsere Einfahrt hinauf. Er war eine Viertelstunde zu früh da – für ihn völlig uncharakteristisch, wie sich später zeigen sollte –, stellte sich als Bernie Yuman vor und verkündete, er wolle unser persönlicher Manager werden.

Bernie Yuman

Roy bot mir einen Cognac und eine seiner guten Zigarren an. Ich trinke nicht viel und hatte das Rauchen schon vor zehn Jahren aufgegeben, aber um höflich zu sein, nahm ich beides an. Die Kombination bewirkte, daß der Raum sich um mich zu drehen schien. Trotzdem gelang es mir, meine Predigt zu halten, die Situation im Stardust zu erläutern und den lukrativen Deal zu schildern, den ich abgeschlossen hatte.
Als ich fertig war, standen Siegfried und Roy vor mir und sprachen in der dritten Person über mich, als sei ich nicht selbst anwesend.
»Was hältst du von ihm, Roy?«
»Hmmm, ich weiß nicht recht. Er sieht ein bißchen merkwürdig aus, aber er scheint clever zu sein, stimmt's?«
»Ja, sein Vorschlag ist gut. Mir gefällt's, wie er spricht. Was er sagt, klingt vernünftig.«
So ging es eine Zeitlang weiter. Zwischendurch streuten die beiden in ihr »Privatgespräch« deutsche Sätze ein. Zum Glück ist das Jiddische dem Deutschen so ähnlich, daß ich auch das verstand, was nicht für meine Ohren bestimmt war. Ich hockte wie ein seniler Greis da, in dessen Gegenwart sich die Leute über ihn unterhalten, weil sie glauben, er begreife ohnehin nicht, was um ihn herum vorgeht. Und trotzdem hielten die beiden *mich* für merkwürdig!
Das Ergebnis war, daß wir innerhalb von 24 Stunden einen Vertrag mit dem Stardust unterzeichneten, der in jeder Beziehung historisch war. Er sicherte den beiden mehrere Millionen Dollar, wodurch sie die bestbezahlte Spezialnummer in der Geschichte von Las Vegas wurden. Erstmals hatten sie für ihre Nummer die Bühne 33 Minuten lang für sich, was bedeutete, daß es eigentlich eine »Show innerhalb der Show« war. Die beiden

wurden als einzige Stars und ebenso groß wie der Titel der Show in Leuchtschrift angekündigt – seit die Revue *Lido de Paris* vor 23 Jahren Premiere gehabt hatte, war dies das erste Mal, daß auf dem Leuchtfeld über dem Eingang irgendein Künstlername genannt wurde.
Und das alles führte schließlich dazu, daß ich von diesem Tag an der Manager Siegfrieds und Roys wurde.
Von der Premiere am 1. Juli 1978 bis zum letzten Abend drei Jahre später traten sie fünfzehnmal in der Woche vor jeweils 1140 Zuschauern auf. Als Siegfried und Roy das Stardust verließen, fand die Show wie zuvor nur 600 Zuschauer pro Abend, und die dritte Vorstellung am Samstagabend wurde bald wieder gestrichen. Während ihres Engagements im Stardust gab es drei Preiserhöhungen – aber als Siegfried und Roy gingen, war die Show wieder zum ursprünglichen Preis zu sehen.

Dieser wild enthusiastische junge Mann mit dem riesengroßen Ehrgeiz war also schuld daran, daß Siegfried und ich unserem Vorsatz, nie mehr einen Agenten haben zu wollen, untreu wurden – doch ein Manager ist schließlich etwas anderes. Allerdings nur dieses eine Mal, nahmen wir uns vor. Nun, unser »Mr. Ihr-und-mein-Leben-hängt-davon-ab« ist weiterhin bei uns. Ich glaube nicht, daß er gehen könnte, selbst wenn er das wollte, denn er und wir wissen, daß er der einzige Mensch ist, der es mit uns aushalten kann. Ich stelle ihn mir gern als meinen Fünfsternegeneral vor, der sich seine Sterne verdient hat, indem er seit 15 Jahren als unser persönlicher Manager und bester Freund jede Minute jedes Tages, sieben Tage in der Woche und 52 Wochen im Jahr weit mehr als nur seine Pflicht getan hat.
Im nachhinein glaube ich nicht, daß Siegfried oder ich in unseren wildesten Phantasien hätten voraussagen können, daß dieser Mann, der anfangs wie ein Elefant im Porzellanladen wirkte, zu einem der mächtigsten und einflußreichsten Manager unserer Zeit werden würde.
Unabhängig davon, wie irrelevant oder wichtig die jeweilige geschäftliche Situation ist,

Mit Bernie Yuman, unserem »Fünf-Sterne-General« und persönlichen Manager, der auf seine Weise selbst ein Star ist

steht er bei jedem Schritt an unserer Seite und setzt seinen ganzen Stolz darein, uns und jeden Aspekt unserer Karriere zu beschützen. Gemeinsam haben wir Erfolge erreicht, die wir uns nie hätten träumen lassen.

Der Tag, an dem wir uns begegneten, war ein Wendepunkt in unser aller Leben.

Bernies geschickte Verhandlungen in unserem Auftrag – vom Stardust/Lido bis zu unserer Show *Beyond Belief* im Frontier, in Japan, der New Yorker Radio City Music Hall und schließlich dem Mirage – haben ihn zu mehr als der treibenden Kraft hinter Siegfried und Roy gemacht und ihm den Respekt der gesamten Konkurrenz im Showgeschäft gesichert.

Als wir 1991 in Deutschland waren, um den Bambi für unsere Fernsehshow entgegenzunehmen, wurden Siegfried und ich von einem Interviewer gefragt, welcher andere Star unserer Überzeugung diesen Preis verdient habe. »Unser Manager Bernie Yuman«, antwortete Siegfried ganz spontan.
Und dazu kann ich nur sagen: Bernie, für uns bleibst du der Größte!

Siegfried

Bei der Erinnerung daran, wie Bernie unseren Vertrag mit dem Stardust ausgehandelt hat, staune ich noch heute. Die neuen Besitzer waren so glücklich, uns zu bekommen, daß Bernie alle unsere Forderungen durchsetzen konnte. Sie erklärten sich bereit, Gehege für unsere Tiere zu bauen, und sorgten auch für Roy und mich, indem sie eigens für uns eine Kombination aus Apartment und Künstlergarderobe errichten ließen.
In dieser Show wollten wir erreichen, daß unsere Magie die große Produktion verschönerte. Wir hatten die gesamte Bühne zur Verfügung und benützten Bühnenbilder der Lido-Revue als Kulissen für unseren halbstündigen Auftritt. Und wir planten, sämtliche Elemente zu nutzen, die sie zu bieten hatte – zum Beispiel Bashful, eine 27 Jahre alte, viereinhalb Tonnen schwere Elefantendame, die wir verschwinden lassen wollten. Endlich ein Elefant für Roy!

Roy

Und nun konnten wir uns endlich bei Lynette Chappell und Toney Mitchell für ihre jahrelange Freundschaft und Unterstützung revanchieren. Wir hatten uns seit langem gewünscht, sie auf die Bühne zu bringen – für uns besaßen beide Starqualitäten –, aber dafür waren unsere Auftritte bisher nie lang genug gewesen.
Es gibt Frauen, und es gibt *Frauen*. Lynette ist ganz entschieden die weiblichste Frau, die ich kenne. Sie sieht hinreißend aus und besitzt eine chamäleonartige Gabe, ihr Äußeres zu verwandeln. Damit hat sie mich im Lauf der Jahre immer wieder von neuem verblüfft, und ich habe stets alle Hände voll zu tun.
Damit ich eine Frau lieben kann, muß sie sehr feminin sein. Lynette hat zweifellos etwas Katzenhaftes an sich, und das könnte sich nicht glücklicher treffen, denn sie ist die Ersatzmutter vieler meiner vierbeinigen Kinder.
Begegnet sind wir uns, als Lynette – damals noch feuerrot - die Solotänzerin der vorhergehenden Stardust/Lido-Show war. Für uns war es Liebe auf den ersten Blick, und unsere Beziehung hat sich seither weiterentwickelt und allen Stürmen widerstanden.

Als Königin des Bösen beherrscht Lynette in unserer Show im Mirage zeitweilig die Bühne

Lynette, die im kenianischen Mombasa geboren ist, erhielt ihre Ausbildung an der Royal School of Ballet in London. Deshalb verstand und respektierte sie die Notwendigkeit, diszipliniert zu arbeiten.
Außerdem verstand Lynette es, unsere Persönlichkeiten sehr schnell richtig zu beurteilen. Wie sie uns später erzählte, war dafür eine Probe entscheidend. Der Bandleader vermurkste ein Musikstück, das uns nicht schrecklich kompliziert vorkam. Siegfried, der

Charme und Eleganz unseres schönen Stars Lynette Chappell sind keine Illusion

Eines unserer
Tigerbabies schmust
mit seiner Ersatzmutter Lynette

keine Geduld bei künstlerischen Fehlleistungen hat, schlug mit beiden Fäusten auf unseren Schrankkoffer und brüllte: »Dieser Song ist in siebenundzwanzig Sprachen geschrieben! Ist es möglich, daß Sie *keine* davon kennen?« Und Lynette, die noch nicht erlebt hatte, daß neu Engagierte so fordernd auftraten, sagte sich: »Hmmm ... mit diesen beiden *Germans* ist nicht gut Kirschen essen.«
Wir wußten, daß sie in unserer neuen Stardust-Show mit ihrer Schönheit und ihrer Gabe, Aussehen und Persönlichkeit zu verändern, in Illusionen, die ein »Opfer« erforderten, eine hinreißend attraktive Assistentin sein würde. Wir ließen sie schweben, zersägten sie und ließen sie verschwinden. Trotz dieser »Grausamkeit« auf der Bühne ist Lynette eine verständnisvolle Freundin geblieben. Und sie besitzt Loyalität – eine Eigenschaft, an die man auf dem Weg nach oben nicht unbedingt denkt, die aber sehr wichtig ist, wenn einem als Star die meisten Leute nach dem Mund reden.
Heute ist sie ein unverzichtbarer Bestandteil unseres Berufs- und Privatlebens. Wir haben sie in Magie und Tierhaltung unterwiesen und ihr in unserer Show im Mirage die wichtige Rolle der bösen Königin, der *evil queen*, gegeben; Lynette knallt mit der Peitsche und martert uns. Als unser weiblicher Star verleiht sie der Show etwas von ihrem eigenen Glanz.
Und damit komme ich zu Toney.
Vor zwei Jahrzehnten fühlte sich ein junger Schwarzer »zu den hoch aufragenden, reinweißen Wällen und geheimnisvollen Toren des ›Dschungelpalastes‹ hingezogen«, wie er es selbst ausdrückte. Er hatte kein Kissen für seinen Kopf, keinen Vater, keine Mutter, keinen Schutz vor den stürmischen Winden des Lebens. Er kam aus dem Nichts in den »Garden Eden«, den ich für meine Familie erschaffen hatte. Ich nahm ihn auf und gab ihm Verantwortung – und Hoffnung.
Dieser exotische Mensch, der ohne weiteres aus Sansibar oder irgendeinem Ort an der Elfenbeinküste hätte stammen können, brauchte nicht lange, um ein unverzichtbarer Bestandteil seiner Umgebung zu werden. Sein Wissendurst und sein Wunsch, einer Familie anzugehören, wiesen ihn als Menschen mit der Fähigkeit aus, im Einklang mit der Natur zu leben. Ich bin mir bewußt, daß er nicht zögern würde, für uns und die Tiere sogar durchs Feuer zu gehen.
Aber wie jeder Mensch hatte er einen Traum: die Bühne.
Als wir ins Stardust zurückkehrten, war Toney soweit, und ich erfüllte ihm seinen Traum. Er ist ein Naturtalent in Tanz und Bewegung, bei Illusionen und mit Tieren. Seither hat Toney sich zu einer großartigen Bühnenfigur weiterentwickelt; im Mirage spielt er heute die Rolle des spirituellen Jüngers. Sie scheint ihm auf den Leib geschrieben zu sein, denn er ist der gute Geist und Majordomo unseres Hauses. Darüber hinaus kümmert Toney sich um alles, was wir in der Garderobe brauchen. Um uns als selbsternannter Leibwächter besser schützen zu können – seine Talente nehmen kein Ende –, hat er perfekt Karate gelernt. Trotzdem ist er ein sanfter Mensch mit einem ansteckenden Lächeln geblieben, und wir sind stolz darauf, ihn zu unserer Familie zählen zu dürfen.

Toneys Auftritt als Hoherpriester in der Show im Mirage

Toney in seinem Reich im Dschungelpalast

Siegfried

Für das Stardust war keine unserer Forderungen ein Problem. Einige Tage später trafen wir uns alle im Hotel zur Vertragsunterzeichnung. Die Besitzer brachten die Schlüssel zu einem glänzenden neuen Rolls-Royce Silver Shadow mit. Dieser Wahnsinn hatte jedoch Methode. Sie glaubten, für den Rolls-Royce würden wir uns die Werbung in Leuchtschrift abschwatzen lassen. Aber wir waren fest entschlossen, keinen Fußbreit zurückzuweichen und teilten ihnen mit, der Deal sei geplatzt; dann verließen wir den Raum. Daraufhin überlegten die Besitzer sich die Sache sehr schnell anders, begleiteten uns in den Konferenzraum zurück und erfüllten alle unsere Forderungen. Der Vertrag wurde unterzeichnet.

Roy

Und wir durften den Rolls-Royce behalten!

Siegfried

Alle an der Show im Stardust Beteiligten waren nervös. Der Inspizient und die Bühnenarbeiter kannten bisher keine Produktion, in der die Stars tatsächlich ein vollständiges Programm brachten. Diesmal mußten sie nicht nur die großartigen Effekte des Lido vorführen, sondern auch unsere komplizierten Requisiten bereitstellen. Sie konnten einfach nicht glauben, daß wir einen Elefanten verschwinden lassen und mit all diesen Tieren auftreten würden – unterdessen war unsere Menagerie nämlich auf etwa zehn Köpfe angewachsen. Alle glaubten fest, wir würden eine Bauchlandung erleben.
Bis zur Premiere gab es keine einzige reibungslos gelungene Probe. Manche waren die reinsten Katastrophen – auch die Generalprobe am Nachmittag vor der Premiere. Was Roy und ich durchmachten, kann man sich kaum vorstellen. Meine Magengeschwüre machten sich wieder bemerkbar. Auch nach all diesen Jahren zweifle ich noch immer an mir selbst. In meinem Kopf scheint bei jeder neuen Herausforderung ein Tonband mit dem immer gleichen Text abzulaufen. »O Mann, wie willst du das bloß schaffen? Und was wird aus uns, wenn es nicht klappt?« Letzten Endes ist das wohl eine heilsame Angst.
Diesmal gingen meine Empfindungen aber weit über eine heilsame Angst hinaus, denn die Show im Stardust brachte unerwartete Sorgen. Unsere neuen Illusionen waren viel komplizierter und riskanter. Ein Unfall dabei hätte vermutlich das Ende unserer Karrie-

Unsere Namen erstmals in Leuchtschrift

re bedeutet. Die Produzenten setzten eine Menge Geld auf uns. Sollten wir fallen, würden wir tief fallen.
Doch zum Glück kam es anders.
Den Tag unserer Premiere im Stardust werde ich nie vergessen. Vor dem Hotel fand eine riesige Pressekonferenz statt. Roy und ich kamen mit unseren Tigern im nagelneuen Rolls Royce an, und da standen sie – unsere Namen in Leuchtschrift. Ich hatte einen Kloß im Hals und Tränen in den Augen. Das war die Anerkennung, nach der ich mich gesehnt hatte. Wovon ich damals vor vielen Jahren in dem kleinen Rosenheimer Theatersaal geträumt hatte, war hier Wirklichkeit geworden: unsere Namen in Leuchtschrift über dem Eingang. Roy und ich blieben eine Weile im Auto sitzen und genossen diesen Augenblick.

Roy

Ah, er ist immer so sentimental! Ich nicht. Zumindest nicht in der Öffentlichkeit. Aber die Bedeutung dieses Augenblicks spürte ich natürlich auch. Ich konnte nur sagen: »Auf geht's, Siegfried!«

Siegfried

Die Göttin der Premieren stand uns auch diesmal bei, denn ich glaube an eine höhere Macht, die uns bei Premieren beschützt und alles Negative ins Positive verwandelt. So wurde es eine wahrhaft magische Nacht. Unser Kontakt mit dem Publikum hätte nicht enger sein können.

Roy

Entschuldigung, Siegfried, du hast eine Kleinigkeit vergessen. Nachdem Leo, unser 300 Kilo schwerer Löwe, auf magische Weise wieder in seinem Käfig erschienen war, machte Siegfried die Käfigtür auf und provozierte ihn ein bißchen. Zur Show gehörte, daß Leo dann nach ihm schlug und sein mächtiges Brüllen ausstieß, denn im MGM hatten wir festgestellt, daß das Publikum oft glaubte, der Löwe sei nicht echt. Um den Leuten ein bißchen Aufregung zu verschaffen, reizte Siegfried ihn also spielerisch, was unweigerlich Beifall brachte. Leo kannte den Ablauf inzwischen so gut, daß er zu brüllen begann, sobald Siegfried die Käfigtür öffnete.
Bei der Premiere im Stardust jedoch wollte Siegfried diesen Programmteil noch verbessern. Er öffnete wie üblich den Käfig – keine Reaktion. Inzwischen war Siegfrieds Ad-

renalinspiegel so hoch, daß er den Löwen aggressiv zu reizen begann. Noch immer nichts. Also machte er weiter, bis er merkte, daß Leo wegen seiner neuen Umgebung verwirrt war. Bevor Siegfried sich einen eleganten Abgang verschaffen konnte, war er zu weit gegangen ... und Leo biß ihm ein großes Stück Fleisch aus Hand und Unterarm.
Dem Publikum stockte der Atem. Jeder andere hätte wohl daraufhin die Show platzen lassen – nicht so Siegfried. Er beruhigte den Löwen, und als das Publikum sah, daß die Show weiterging, raste es vor Begeisterung, und wir bekamen stehende Ovationen. Nach der Vorstellung warteten hinter der Bühne ein Arzt und eine Krankenschwester. Der Arzt nähte Siegfrieds Wunde mit 38 Stichen und gab ihm eine Novocainspritze, damit er unsere zweite Vorstellung durchstehen konnte.
Kurz vor der nächsten Show begann jedoch die Wirkung des Novocains nachzulassen. Als Siegfried auf die Bühne kam, um wie gewöhnlich mit unserer Taubennummer anzufangen, pochten die Nerven in seinem Arm, der jetzt merklich anschwoll, so daß die Stiche natürlich zu eng wurden.

Cary Grant, viele Jahre lang ein guter Freund und Fan von uns, verstand auch viel von Magie und hatte den großen Houdini gekannt. Als wir 1987 im Frontier auftraten und zugleich unsere World Tour vorbereiteten, kam er, um sich unsere Show anzusehen; danach erschien er in unserer Garderobe und war begeistert, als er entdeckte, daß wir gerade dabei waren, eine neue Illusion auszuarbeiten. Wir wußten seine Begeisterung zu würdigen und staunten wieder einmal über sein Wissen – sogar so sehr, daß wir gegen die eiserne Regel strikter Geheimhaltung verstießen und ihm gestatteten, die Entstehung einer neuen Illusion mitzuverfolgen.

Siegfried biß die Zähne zusammen und machte weiter. Als er wieder zur Löwennummer kam, sorgten sich alle, ob er sie schaffen würde. Leo reagierte wie sonst und brüllte markerschütternd. Als Siegfried den Käfig zu drehen begann – mit Leo mußte er über 400 Kilo Gewicht bewegen –, sickerte Blut durch den Verband. Die Stiche waren geplatzt – und die Show war erst halb vorbei.
An diesem Abend war Cary Grant zu Gast, und Siegfried stellte ihn dem Publikum vor. Seine Schmerzen waren jetzt so stark, daß ihm allein vom Sprechen Tränen in die Augen traten. Nach der Show kam Cary in unsere Garderobe, um uns zu gratulieren.
»Mein Gott, ihr seid einfach wunderbar gewesen. Ich bin so stolz auf euch! Ich weiß nicht, woran das liegt, aber jeder eurer Auftritte ist so ein emotionales Erlebnis für mich, daß ich Tränen in den Augen habe«, erklärte Cary uns. Dann wandte er sich an Siegfried und fügte mit seinem strahlenden Lächeln hinzu: »Ich dachte, ich hätte auch in deinen Augen ein paar Tränen entdeckt, Siegfried.«
Siegfried nickte wortlos und hob seinen Arm, der jetzt wie ein blutiger Klumpen Fleisch aussah. Cary wäre beinahe ohnmächtig geworden.
Well, the Show must go on.

Siegfried

Unsere halbstündige Show im Stardust gab uns unglaublich viel Freiheit, viele der Illusionen, von denen wir seit Jahren geträumt hatten, in Angriff zu nehmen, auszuarbeiten und auf die Bühne zu bringen. Dort entstanden viele unserer heutigen Markenzeichen.
Wir sind oft gefragt worden, wie wir eine Illusion erfinden. Das ist leichter gesagt als getan. Jede Illusion beginnt mit einem Traum. Und wird sie dann tatsächlich dargeboten, ist sie die scheinbar mühelose Realisierung einer Phantasie.
Die Arbeit, das Drama, die Anstrengungen und die Emotionen, die in der Realisierung solcher Phantasien stecken – das ist der schwierige Teil. Man geht mit einer Illusion schwanger, trägt sie monatelang aus, gebiert sie und nährt sie weiter. Sie ergreift Besitz von einem, bis man an nichts anderes mehr denken kann. Zwischendurch befallen einen Zweifel, ob das wirklich eine gute Idee war, ob sie funktionieren und zuletzt so ausfallen wird, wie man sie sich vorgestellt hat. Dann kommt der Augenblick, in dem alles zusammenpaßt: Man bringt sie erstmals auf die Bühne und stellt fest, daß man recht gehabt hat. Das ist das befriedigendste Gefühl der Welt.

Roy

Ist die Idee soweit entwickelt, daß man an die Umsetzung gehen kann, muß man noch den Effekt erreichen. Die Verwirklichung einer Illusion, bei der man mit einem ungezähmten Raubtier auf beengtem Raum arbeitet, erzeugt eine ganz neue Intensität. Die Entwicklung unserer Illusion mit der schwebenden Spiegelkugel ist das beste Beispiel dafür, wie anspruchsvoll und beängstigend diese Arbeit sein kann.
Siegfried und ich haben unsere Illusionen stets den Tieren angepaßt – nicht etwa umgekehrt. Damit die Show klappt, muß das Tier zufrieden sein. Und ich bin davon überzeugt, daß Gewalt Widerstand erzeugt. Zwingt man ein Tier dazu, etwas Unnatürliches zu tun, wehrt es sich – vielleicht nicht gleich, aber bei zunehmender Verärgerung doch irgendwann, wenn man es am wenigsten brauchen kann. Deshalb versuche ich stets, die Anforderungen dem jeweiligen Tiercharakter anzupassen.
Da unsere Tigerin Sahra mir bedingungslos vertraute, hielt ich sie für die Idealbesetzung für die Illusion mit der Spiegelkugel. Nachdem Sahra verschwunden war, sollte ich über die Bühne zu einer leuchtenden Spiegelkugel gehen, aus der beim Öffnen über einen Meter hohe Flammen schossen. Sahra würde wieder auftauchen und die Kugel mit einem Riesensatz in Besitz nehmen. Während das gesamte Orchester spielte, würde die Kugel sich drehend in die Höhe steigen und über die Köpfe der Zuschauer hinausschweben.
Nun, wir mühten uns ab, bis alles wunderbar klappte – aber sobald die Spiegelkugel sich

drehend hochstieg, sprang Sahra ab. Dabei sollte dies das Finale unserer Show sein. Was tun? Durch genaue Beobachtung stellte ich fest, daß sie sich vor der Höhe fürchtete, weshalb Siegfried den Vorschlag machte, ich sollte sie auf der Spiegelkugel begleiten. Allerdings wußten Sahra und Siegfried nicht, daß ich ebenfalls an Höhenangst litt – und noch heute daran leide. Trotzdem war es nur logisch, ihr Gesellschaft zu leisten. Ich bildete mir ein, sie werde irgendwann allein zurechtkommen, wenn ich sie ein paarmal begleitete, doch dazu kam es nie.
Also ritt ich jeden Abend auf Sahra, und wir schwebten in die Höhe davon, wie dies noch heute mit unserem weißen Tiger Neva geschieht. Und dazu kommen weitere luftige Kunststücke, wenn ich etwa in zehn Metern Höhe auf einem Drachen reite, am Seil über den ganzen Zuschauerraum schwinge oder bei der Levitation bis fast an die Decke entschwebe. Sahra und ich sahen nie direkt nach unten, sondern hielten einen Blickwinkel von etwa 45 Grad ein. Während wir uns haltsuchend aneinanderklammerten, entstand beim Publikum der Eindruck lässiger Nonchalance.
Trotz unzähliger Proben, um die Illusion zu vervollkommnen und das Tier an seine Rolle zu gewöhnen, ist seine Reaktion trotzdem nicht vorhersehbar, bis es wirklich mit vollem Orchester, Scheinwerferlicht und Publikum auftritt. So war es kein Wunder, daß Siegfried, der unter Sahra, mir und der Spiegelkugel stand, wie ich bei unserer Premiere vor Angst zitterte.
Auch für das Publikum war dies ein spannender Augenblick, denn es wurde Augenzeuge der ersten Illusion mit einem Raubtier, das völlig frei über die Bühne schwebte.

Siegfried

Unsere Illusionen und die Entwicklung unserer Shows basieren nicht nur auf der Verwirklichung lange zurückliegender Phantasien. Wie ich merke, stimuliert die Energie, die ich aus anderen kreativen Quellen schöpfe, unweigerlich meine eigene Kreativität. Die Inspiration kann viele Ursachen haben. Bin ich in Europa und gehe in die Oper, kann eine herrliche Aufführung einen Funken überspringen lassen. Oder ich besuche eine Galerie, in der ein bestimmtes Gemälde mich motiviert.
Manchmal verdanke ich die Anregung auch meiner Lektüre, vor allem Dichtern wie Blake, Wordsworth und Rilke.
Die besten Einfälle habe ich, wenn ich mich geistig völlig entspanne. Mein tägliches Schwimmpensum entspannt meinen Verstand aus irgendeinem Grund so vollkommen, daß ich in ein anderes Bewußtseinsstadium gelange. Meine Gedanken wandern; ich sehe verrückte Bilder vor mir. Mit diesen Ideen gehe ich dann zu Roy, und da seine Phantasie ständig Überstunden macht, entwickelt er sie womöglich in ganz andere Richtungen weiter.

Roy

Wenn ich manchmal in einiger Entfernung sitze und beobachte, wie meine Tiere sich auf dem Rasen wohl fühlen, bringt ihre heitere Ruhe mich ins Phantasieren. Oder wenn ich auf Reisen bin. Im Lauf der Jahre habe ich über 50 Länder besucht. Wohin ich auch reise, spüre ich unweigerlich den Einfluß der dortigen Kultur – je exotischer, desto besser. Türkische Bauchtänzerinnen, die Geishahäuser Kyotos, die Bordelle Hongkongs, die Schamanen und Schlangenbeschwörer Indiens, die heiligen Tempel Thailands und das Zusammentreiben der weißen Elefantenherden, Fahrten auf dem Amazonas und miterlebte Voodoo-Stammeszeremonien … alles das hat mich beeinflußt. Im Lauf der Jahre haben wir unsere Shows mit Eindrücken dieser Art angereichert, wobei es sich um die Musik, unsere Kostüme, die Beleuchtung, die Story oder eine Illusion handeln kann.

Siegfried

Mit den Löwen, Tigern, Panthern und Elefanten wurde unsere Show zu etwas, das jeder Besucher von Las Vegas gesehen haben mußte. So war es unvermeidlich, daß auch Hollywood etwas damit anfangen wollte.
Wir hatten jahrelang überlegt, wie sich eine Illusion *zwischen* den Zuschauern verwirklichen ließe – wie in der guten alten Zeit in Europa. Wir brachten das Stardust dazu, uns eine *Passerella* zu bauen: einen Laufsteg, der über den Orchestergraben in den Zuschauerraum hineinführt. Die Passerella teilt ihn in zwei Hälften, aber auf beiden Seiten sitzt Publikum, das die Vorstellung sieht. Wir hatten den Eindruck, dadurch fühlten sich die sonst eher passiven Beobachter mehr als aktive Beteiligte. Auf dem Laufsteg liefen Raubtiere vorbei, die sie fast mit den Händen greifen konnten. Und sie bekamen eine Ahnung von dem Vertrauensverhältnis, das uns mit unseren Tieren verbindet.
So entstand auch die folgende Illusion: Ein Glaskasten wird über dem Publikum aufgehängt. Lynette, unser weiblicher Star, betritt ihn und wird blitzschnell in einen 300 Kilo schweren Tiger verwandelt … von der Schönen zur Bestie. Roy öffnet die Käfigtür und stürmt gemeinsam mit dem Tiger die Passerella entlang.
Der Filmregisseur Hal Ashby sah die Show und wollte diese Illusion für eine Szene in seinem Film *Looking to Get Out* mit Ann-Margret und Jon Voight filmen. Wir erklärten uns unter der Bedingung einverstanden, daß Ashby die Szene nicht zusätzlich ausleuchten lasse. Weil unser Tiger an bestimmte Lichtverhältnisse gewöhnt war, mußte die Illusion so gefilmt werden, wie sie auch sonst jeden Abend stattfand.

Sieg über die Schwerkraft – hoch über den Köpfen des Publikums auf einer schwebenden Spiegelkugel ▷

Mit Ann-Margaret traten wir in dem Film »Looking to get out« auf. Bei einem Besuch in der Garderobe waren wir beide von der Schönheit, Sensibilität und Anziehungskraft dieses Stars hingerissen.

Roy

Nachdem wir nachts bis 1.30 Uhr aufgetreten waren, kamen wir morgens um 7 Uhr wieder ins Stardust, um diese Szene zu drehen. Wir führten die Illusion vor, und Magic – der Tiger, mit dem wir damals arbeiteten – und ich stürmten die Passarella entlang auf Ann-Margret und Jon Voight zu, die gemeinsam mit Hunderten von Komparsen im Zuschauerraum saßen und klatschten.
Als wir an den beiden Stars vorbeiliefen, tat Ashby genau das, was er nicht zu tun versprochen hatte: Gleißend helles Licht überflutete die Bühne, und vor uns tauchte ein Kerl mit einer Handkamera auf. Magic war völlig verwirrt. In seiner Angst sprang er zurück und segelte ins Publikum, ohne daß ich sein Halsband losgelassen hätte – ich flog parallel zu ihm durch die Luft. Wir landeten mitten zwischen den Komparsen, deren Stühle reihenweise umkippten, und krachten auf einen Tisch, der unser Gewicht natür-

Sekunden vor einem unerwarteten und dramatischen Augenblick bei den Dreharbeiten zu dem Film »Looking to get out« stürmen Roy und Magic die Passerella entlang.

Nun, das ist jedenfalls besser, als Kaninchen aus einem Zylinder zu ziehen

Vier linke Beine – unsere Fernsehshows gaben uns Gelegenheit, neue Wege zu beschreiten und neue Illusionen zu bringen, wie Gesang und Tanz. Broadway, wir kommen! Aber Vorsicht: Nicht der Anfang ist wichtig, sondern das Finale!

Sogar Siegfried staunte darüber, daß er mich auf einen Meter zusammenschrumpfen lassen konnte. Diesmal brauchte er wenigstens nicht zu befürchten, daß ich ihm die Schau stehle …

Eine frivole Schöne – und das perfekte Schmusetier. Jeder sollte ein lebendes Fossil dieser Art besitzen.

lich nicht aushielt. Zuletzt lagen wir auf dem Fußboden – ich auf Magic, der vor Angst zitterte. Ich blieb einfach liegen, bewegte mich nicht, drückte ihn an mich und flüsterte ihm ins Ohr, alles sei in Ordnung, das Ganze sei nur ein Irrtum und weder seine noch meine Schuld.

Siegfried

All das spielte sich in Sekundenschnelle ab. Ich hastete in den Zuschauerraum hinunter und sah dort eine alte Dame unbeweglich auf dem Boden liegen. Ein jüngerer Mann bemühte sich um sie.
Mein erster Gedanke war: Wenn sie an einem Herzschlag gestorben ist, können Siegfried und Roy ihre Magierlaufbahn abschreiben.
»Alles in Ordnung mit ihr?« erkundigte ich mich.
»Alles in Ordnung mit dem Tiger?« fragte der Mann zurück. Die alte Dame war ohnmächtig geworden, erholte sich aber sehr rasch wieder.
Um mich herum totales Chaos. Die Komparsen drängten kreischend und weinend zu den Notausgängen. Die Szene erinnerte an den Untergang der *Titanic.* Dieser Vorfall hatte mich so mitgenommen, daß ich am ganzen Leib zitterte, aber ich wußte, daß ich die Menge beruhigen mußte, bevor Panik ausbrach. Ich nahm meine ganze Kraft zusammen und versuchte, gelassen und beherrscht zu wirken.
Um eine Massenflucht zu verhindern, erklärte ich den Leuten: »Sie müssen bitte verstehen, daß der Tiger nicht weniger Angst hat als Sie. Verlassen Sie das Theater also ruhig und langsam.«

Roy

Nachdem ich Magic beruhigt hatte, führte ich ihn vorsichtig auf die Bühne zurück, damit wir die Illusion wiederholen konnten. Als die Schauspieler und das Filmteam zurückkamen, um die Szene erneut zu drehen, gab es donnernden Applaus von allen.

Siegfried

Noël Coward hat einmal festgestellt: »Arbeit ist vergnüglicher als Vergnügen.« Und obwohl die Anforderungen, die unsere Show an uns stellte, gewachsen waren, war sie

genau das – ein Vergnügen. Wir genossen die Freiheit, kreativ zu sein und unser Repertoire zu erweitern.
Endlich hatten wir auch Gelegenheit, uns auf anderen Gebieten zu betätigen. In unserem letzten Jahr im MGM lud Irvin Feld, der Impresario und Besitzer des *Ringling Brothers and Barnum and Bailey Circus*, uns ein, an einer Fernsehshow mit Gunther Gebel-Williams, dem Star seines Zirkus, teilzunehmen. Als große Fans unseres deutschen Landsmanns, die ihn wegen seiner großartigen Karriere als Dompteur und Zirkusstar stets bewundert hatten, fühlten wir uns sehr geschmeichelt, gemeinsam mit ihm auftreten zu dürfen.
Im Jahr 1979 sahen dann Mr. Feld und sein Sohn Kenneth unsere neue Show im Stardust und traten erneut an uns heran. Irvin war von unserer erweiterten Show beeindruckt und wollte uns für zwei einstündige Sendungen der NBC verpflichten. Das würde nicht nur unsere Namen noch bekannter machen, sondern uns auch die Möglichkeit geben, für das Fernsehen ganz neue Effekte und Illusionen zu schaffen.

Anfangs versetzte uns dieser Vorschlag in helle Aufregung. Statt Phantasien hatten wir nur Alpträume. Aber wir traten auf.
Wir ergänzten unsere Lido-Show durch alle möglichen neuen Illusionen, bei denen wir Lola Falana, eine berühmte amerikanische Sängerin, mitten in der Luft in einen goldenen Tiger verwandelten oder eine Herde Flamingos erscheinen ließen, was nach über zehn Jahren in Las Vegas der erste praktische Verwendungszweck für diese eleganten Tiere war. In einem Zauberladen begegnete Siegfried dann eines Tages einem Liliputaner, der mir ähnlich sah und ihn auf die Idee zu einer Transformation brachte, bei der ich scheinbar schrumpfen würde – vermutlich seine Art, sich nach all den Jahren an mir zu rächen. Ich wurde auf einem Stuhl sitzend in eine nur einen Meter große Version meiner selbst verwandelt; danach verwandelte Siegfried den Liliputaner in eine Ente, die dann wieder in mich verwandelt wurde. Als meine Mutter im Fernsehen sah, wie ihr geliebter Sohn zu schrumpfen schien, hätte sie beinahe der Schlag getroffen.
In der zweiten Sendung gingen wir noch weiter und erfanden für diese Stunde praktisch lauter neue Illusionen. Wir arbeiteten nicht nur mit Krokodilen, Pinguinen, Känguruhs und Wasserbüffeln, sondern ließen fliegende Jeeps und Motorräder in der Luft verschwinden und wiedererscheinen, zeigten unsere Illusion mit der lebenden Kanonenkugel und führten Levitation durch einen Ring aus Feuer vor. Und wir brachten Illusionen mit Laserstrahlen, mit denen noch kein anderer Magier gearbeitet hatte. Siegfried und ich gingen sogar soweit, zu singen und zu tanzen, was die allergrößte Illusion war, weil das nun absolut nicht unsere Stärke ist.

SECHSTER AKT

Nicht durch Gewalt beherrscht der Mensch die Natur, sondern durch Verständnis.

JACOB BRONOWSKI

Premierenabend von »Beyond Belief«

Irvin Feld, der größte Showman der Welt und unser Mentor

Roy

Auf den ersten Blick war er beinahe unscheinbar. Gerade 1,70 Meter groß, keine 60 Kilo schwer, Hornbrille mit dicken Gläsern – einerseits wirkte Irvin Feld zugeknöpft und geschäftsmäßig. Aber sobald man ihn unterhalb des Halses betrachtete, änderte sich alles. Die Krawatten blendeten einen, das Futter seiner grellbunten Sportsakkos paßte zu den Krawatten, und die allgegenwärtige Zigarre beschrieb Achter in der Luft. Dies war Irvin Felds andere Seite; dies war der größte Showman der Welt.

Da Feld zu den Menschen gehörte, die ihre ganze Energie auf ihr Gegenüber konzentrieren, brauchten wir einige Zeit, um seine Lebensgeschichte zu erfahren – die auf ihre Weise ebenso bemerkenswert wie unsere war. Als Sohn eines kleinen Ladenbesitzers in Maryland half er seit seinem 13. Lebensjahr jeden Sommer mit, das Familieneinkommen aufzubessern. Schlangenöl, Zahnpasta, Aspirin, Alkohol zum Einreiben ... was er verkaufte, war ihm gleichgültig, solange er damit auf Jahrmarkttour gehen konnte. Bevor

er es merkte, hatte er Gefallen am Zirkusleben gefunden, das ihn nicht mehr loslassen sollte.
Im Jahr 1935 erhielt Feld, der gerade die High School absolviert hatte, von der National Association for the Advancement of Colored People das Angebot, in einem Schwarzenviertel von Washington, D.C., eine Apotheke zu eröffnen, die von der NAACP finanziert werden würde, weil es dort keine gab. Feld nahm diese finanzielle Unterstützung dankend an, machte die Apotheke auf und gliederte ihr eine Schallplattenabteilung mit schwarzer Musik an. Er stellte Lautsprecher ins Fenster, die Musik auf die Straße übertrugen und Kunden anlocken sollten. Binnen zwei Jahren gehörten ihm und seinem Bruder Israel eine Kette von Plattengeschäften.
Aber der Einzelhandel war nichts für Irvin Feld. Er hatte ein Gespür für junge Talente, die er durch die Gründung einer eigenen Plattenfirma förderte. Und Feld hatte Erfolg: Im Jahr 1945 erschien »Guitar Boogie«, ein von ihm auf den Markt gebrachter Song mit Arthur Smith und The Crackerjacks: die erste unabhängig produzierte Platte, von der mehr als eine Million Stück verkauft wurden.
Manche Leute glauben, der Rock 'n' Roll sei von Elvis erfunden worden. Oder vielleicht von Chuck Berry oder Bill Hailey. Ich behaupte, daß man Irvin Feld als den eigentlichen Erfinder bezeichnen könnte, weil er als erster Promoter spürte, daß die Ära der Big Bands zu Ende und durch Rhythm and Blues abgelöst worden war. Frank Sinatra war nie in Stadien aufgetreten; Irving drängte ihn dazu – mit größtem Erfolg. Paul Anka war ein 15jähriger Kanadier, als Feld ihn entdeckte; er wurde über Nacht zu einem Teenageridol. Fabian, Chubby Checker, Fats Domino, Frankie Avalon, Buddy Holly und die Everly Brothers – Feld entdeckte sie, war ihr Agent und machte sie in ganz Amerika bekannt. Und Irvin war der Mann, der die Beatles erstmals nach Amerika brachte.

Siegfried

Ein anderer Promoter hätte sich vielleicht damit begnügt, den Rest seines Lebens im Musikgeschäft zu verbringen. Aber Feld hatte eine alte Liebe, die er 1956 wiederentdeckte. Es handelte sich natürlich um den Ringling Brothers and Barnum and Bailey Circus, der Feld jetzt interessierte, weil er kurz vor der Pleite stand. Also schrieb er John Ringling North in typischer Feld-Manier einen kurzen Brief, analysierte die Probleme, mit denen der Zirkus zu kämpfen hatte, und erbot sich, sie zu lösen.
North ignorierte ihn. Als der Zirkus dann ein halbes Jahr später zahlungsunfähig war, mußte North seinen Stolz überwinden und Feld anrufen. Irvin ließ ihn köstliche zwei Minuten am Telefon warten.
»Wissen Sie, wer ich bin?« blaffte North, als Feld endlich geruhte, mit ihm zu reden.
»Klar«, antwortete Feld gelassen, »Sie sind der Mann, dessen Zirkus heute zugemacht hat.«

»Das möchte ich ändern«, sagte North.
»Ihr Zirkus ... wie viele Helfer beschäftigen Sie?«
»Zweitausend.«
»Essen sie?«
»Allerdings«, sagte North, »und besser als Sie!«
Feld ließ sich nicht aus der Ruhe bringen. »Aha, dann sind Sie also Restaurantbesitzer – und haben ein ziemlich großes Restaurant. Sagen Sie, wo schlafen diese Helfer?«
»Wir stellen Unterkünfte.«
»Oh, Sie sind also auch Hotelier. Hören Sie, wozu brauchen Sie eigentlich diese Helfer?«
»Weil sie das Zelt aufbauen«, antwortete North, als rede er mit einem Kind.
»Hmmm, Sie sind also auch Bauunternehmer«, sagte Feld nachdenklich. Und dann wurde sein Tonfall energischer. »Sie sind in zu vielen Branchen tätig, glaube ich. Wenn Sie aufhören, Restaurantbesitzer, Hotelier und Bauunternehmer zu sein, können Sie vielleicht Zirkusunternehmer bleiben.«
Genau das tat North. Er entließ die Helfer, verzichtete auf das Zelt und verringerte die Lohnkosten in der ersten Woche um 50000 Dollar. Einen Monat später war der Zirkus wieder im Geschäft – mit Feld als Buchungsagent. Aber das war nicht alles: Da Feld wußte, daß North versuchen würde, ihn loszuwerden, sobald der Zirkus wieder Gewinn machte, hatte er seinen Vertrag durch eine unanfechtbare Klausel ergänzt, durch die er sich endlos erneuerte.
Ein Jahrzehnt später gehörte der Zirkus Feld. Eigentlich waren es sogar zwei Zirkusse, denn er teilte ihn in zwei Einheiten – Rot und Blau – auf, um höhere Einnahmen zu erzielen. In einem Stil, der den großen P.T. Barnum neidisch gemacht hätte, wurde der Kauf für acht Millionen Dollar feierlich mitten im Kolosseum in Rom besiegelt. Aber trotz dieser eindrucksvollen Kulisse war noch ein kleines Hindernis zu überwinden: Da North Papiergeld mißtraute, mußte Feld den Kaufpreis in Gold entrichten.
Wenige Jahre später, 1971, verkaufte Irvin den Zirkus für 50 Millionen Dollar an Mattel. Für Irvin war das ein gutes Geschäft, das noch besser wurde, als Mattel nichts Rechtes mit dem Zirkus anfangen konnte und ihn Feld elf Jahre später für 23 Millionen Dollar zurückverkaufte. Ja, Irvin Feld war schon ein sehr cleverer Geschäftsmann.

Unsere Begegnung mit Irvin und seinem Sohn Kenneth hat größten Einfluß auf uns gehabt. Sie haben ganz einfach unser Leben verändert.
Die von ihnen mit uns produzierten Fernsehshows waren sehr erfolgreich. Sie erzielten höchste Einschaltquoten und wurden in alle Welt verkauft. Erstaunlicherweise bekommen wir noch heute Post von Leuten, die uns schreiben, daß sie gerade eine dieser Shows in Brasilien, Italien oder Frankreich gesehen haben.

Nach der zweiten Show machten uns die Felds ein weiteres, auf dauerhafte Zusammenarbeit angelegtes, Angebot. Irvin Feld hatte unsere Karriere seit unserer Ankunft in Las Vegas verfolgt. Da er unseren Aufstieg analysierte, hatte er eine klare Vorstellung davon, wofür wir bestimmt waren. Als er sah, was wir für das Fernsehen leisten konnten, überzeugte er uns davon, daß wir für das Stardust zu gut waren und selbst eine abendfüllende Show bringen könnten.
So, wie Irvin Feld uns eine neue Dimension erschloß, konnten wir ihm dazu verhelfen, einen lange gehegten Ehrgeiz zu verwirklichen.

Siegfried

Las Vegas war der einzige Ort, an dem es Irvin Feld in über 40 Jahren nicht gelungen war, als Promoter, Produzent und Impresario Fuß zu fassen. In uns sah er das Potential, endlich seinen Traum verwirklichen zu können, eine eigene Show in Las Vegas zu produzieren. Aus heutiger Sicht war eine solche eigene Show nur die natürliche Folge unseres Engagements im Stardust/Lido. Wir bekamen von allen Seiten Angebote, aber nur Irvin spürte etwas, das in Las Vegas keiner – in gewisser Beziehung auch wir nicht – erkannte: daß zwei Deutsche mit einer abendfüllenden magischen Show (die wir passenderweise *Beyond Belief* nannten) Erfolg haben könnten.
Das war eine verrückte Idee, und niemand in Las Vegas traute uns einen Erfolg zu, aber wir wußten, daß wir es mit Felds Unterstützung schaffen konnten.

Roy

Das neugegründete Team aus Irvin Feld, Kenneth Feld und Bernie Yuman nahm Verhandlungen mit der Summa Corporation auf – einer vor vielen Jahren von Howard Hughes gegründeten Firma -, der das Hotel Frontier gehörte. Und das Ergebnis war, daß unser Team den höchstdotierten Vertrag in der Geschichte von Las Vegas an Land zog. Volltreffer!
Natürlich hatte Irvin auf seine unnachahmliche Weise dafür gesorgt, daß die hart verhandelnden Frontier-Manager das zuerst gar nicht mitbekamen. Aber der Vertrag enthielt eine kleine Klausel ...

Siegfried

Es ging um einen Effekt, der auf einem Effekt beruhte – ganz ähnlich wie eine unserer Illusionen. Die Besitzer des Frontier hofften auf einen Erfolg, aber sie stellten sich dar-

unter eine hübsche kleine Show vor, mit der Siegfried und Roy drei Jahre lang auftraten. Außer Irvin, Kenneth und Bernie konnte sich keiner vorstellen, daß wir das Theater jeden Abend zweimal füllen würden – und daß so viele Gäste abzuweisen waren, daß zusätzliche Sitzgelegenheiten geschaffen werden mußten.
Irvin war von unserem Erfolg überzeugt. Deshalb vereinbarte er mit dem Frontier, daß mit jeder Erhöhung des Eintrittspreises oder bei einer Vergrößerung des Sitzplatzangebots auch unsere Umsatzbeteiligung steigen würde. Wir traten nicht nur drei, sondern sieben Jahre lang auf, das Theater wurde von 800 auf 1000 Sitze vergrößert, und der Eintrittspreis stieg von 20 auf 35 Dollar. Das Frontier brauchte nicht lange, um zu erkennen, wie sich das auf unsere Beteiligung auswirkte.

Der Augenblick, der unsere Freundschaft mit Irvin Feld wirklich festigte, hatte nichts mit Geld zu tun. Am Tag unserer Premiere im Frontier hatte Irvin einen großen Empfang organisiert – mit Polizeieskorte, einem roten Teppich, Blaskapellen und soviel Presse und Fernsehen, als komme der Präsident persönlich. Wir waren überwältigt, aber wir fühlten uns auch herausgefordert. Wir würden Irvin übertreffen!
Am Abend vor der Premiere hatte ich eine Idee. Wir würden uns in unserem neuen mitternachtsblauen Rolls-Royce, den Irvin uns geschenkt hatte, fahren lassen – aber nur bis zum Flughafen Las Vegas. Von dort aus würde der Chauffeur allein zum Hotel weiterfahren, während wir ... etwas anderes machten. Auf die Minute pünktlich fuhr der Rolls-Royce vor dem Hotel vor. Fernsehkameras surrten, 300 Reporter zückten ihre Notizblöcke, eine Blaskapelle spielte, und der livrierte Türsteher riß den Schlag auf. Dann kam der große Schock: Siegfried und Roy waren nirgends zu sehen.
Aber das stimmte nicht. Man brauchte nur den Kopf zu heben, um uns zu sehen. Und als wir mit unserem Privathubschrauber landeten, überschlugen sich die Reporter sich fast. Wir merkten kaum etwas davon, denn wir konzentrierten uns ganz auf Irvin Feld, der immer wieder ausrief: »Ich kann's nicht glauben, das ist die spektakulärste Ankunft, die das Showgeschäft je erlebt hat!«
Im Lauf der Jahre war Irvin für uns mehr als nur ein Produzent, der an uns glaubte und uns die Chance gab, in neue Dimensionen vorzustoßen. Er war unser Mentor, eine Vatergestalt. Wie ein liebevoller Vater überschüttete er uns mit dem Vertrauen, das Siegfried und ich uns jahrelang gegenseitig hatten gewähren müssen, das kein anderer, nicht einmal unsere Angehörigen, Freunde und Geschäftspartner uns je geben konnten.
Irvin sah uns auf der nächsten Stufe unserer Karriereleiter, bevor wir selbst diese auch nur anvisierten. Wir sahen uns nicht als Stars, aber er hielt uns dafür und sagte oft: »Ihr werdet niemals im Schatten anderer stehen.« Trotzdem war er für uns niemals »Irvin«, sondern stets »Mr. Feld«.

Natürlich ging nicht immer alles glatt. Wie in jeder echten Familie gab es auch bei uns Streit und Wutanfälle, aber zuletzt brachte er uns dazu, erwachsen zu werden und zu erkennen, daß auch noch so kreative Menschen ihr Talent hüten und als Geschäftsgrundlage behandeln müssen. »Erst kriecht man, dann geht man, zuletzt rennt man wie der Teufel«, sagte er stets. Dagegen gibt es nichts einzuwenden.

Siegfried

Die meisten Produzenten neigen dazu, sich wenig um eine Show zu kümmern, sobald sie sich gut eingespielt hat. Nicht jedoch Mr. Feld. Obwohl er in Geschäftsdingen ein Genie war – seine Verträge gelten noch immer als mustergültig – und Trends schon erkannte, bevor das Publikum überhaupt wußte, was es wollte, war er bei allem was er tat voller Leidenschaft bei der Sache. Er engagierte sich hundertprozentig für jede von ihm produzierte Show. Auch nachdem er uns in seine Welt integriert hatte und wußte, daß seine Produktion perfekt lief, verlor er nie sein persönliches Interesse an uns. Er hörte nie auf, Zeit in unsere Karriere zu investieren.
Zweimal im Monat flog Irvin von Washington nach Las Vegas, um unsere Show zu sehen. Vom Flughafen aus kam er direkt ins Frontier und saß in einer erhöhten Loge (die wir ihm als Geburtstagsgeschenk hatten bauen lassen), als erlebe er uns zum ersten Mal. Nach der Vorstellung kam er in die Garderobe und schmeichelte uns nicht nur mit Komplimenten, sondern suggerierte auf höchst diplomatische Weise, welche Aspekte unserer Show verbessert werden könnten.
Irvins weitere große Gabe war nämlich sein Gefühl für Menschen. Er verstand sich glänzend darauf, Kritik anzubringen, ohne zu verletzen. Seine Anmerkungen brachte er so vor, daß wir sie als Ansporn empfanden.
Nach der ersten Vorstellung ging er nicht zu Bett, sondern sah sich auch unsere zweite Show mit der gleichen Begeisterung, Spontaneität und Freude an.
An einem bestimmten Punkt der Show stellte ich ihn jeweils dem Publikum vor. Das war dann sein großer Augenblick. Irvin verbeugte sich vor Stolz strahlend, während das Publikum ihm applaudierte.

Nach der zweiten Vorstellung kam er hinter die Bühne, bezauberte das Ensemble mit seinem persönlichen Charme, plauderte mit allen, sprach Komplimente aus und begrüßte – Tatsache! – jeden einzeln. Und danach kam er in unsere Privatsuite im Frontier, saß bei Cognac und Zigarren mit uns zusammen und unterhielt sich mit uns. Er lotete neue Ideen mit uns aus, schlug andere Projekte vor oder erzählte manchmal amüsante und

»Derjenige ist groß, der es von Natur aus ist, und der uns nie an andere erinnert.«

lehrreiche Geschichten aus seinem bewegten Leben. Da Irvin auch Bernie Yumans Mentor war, hatte Bernie es sich angewöhnt, ihn gegen fünf Uhr in sein Zimmer im Hotel zu begleiten. Irvin duschte, zog einen frischen Anzug an und fuhr direkt zum Flughafen.

»Groß ist der«, hat Ralph Waldo Emerson einmal gesagt, »der von Natur aus ist, was er ist, und uns nie an andere erinnert.« Irvin Feld war unübertrefflich; für uns blieb er eine Gestalt, zu der wir aufblickten. Als er im Jahr 1984 starb, erschien uns die Welt für Augenblicke licht- und farblos. Aber nicht so lange, wie zu befürchten gewesen wäre. In gewisser Weise hat Irvin uns nie verlassen, denn sein Vermächtnis – und sein Geschenk an uns – ist sein Sohn Kenneth. Es heißt oft, Größe überspringe eine Generation. Der Handlungsablauf ist bekannt: Ein Selfmademan erzieht seinen Sohn zum Nachfolger, aber da dem Kronprinzen alles in den Schoß gefallen ist, kann er nie an die Erfolge seines Vaters anknüpfen.

Siegfried

Romantisch wird der Schluß der Biographie Irvin Felds durch die Tatsache, daß die Geschichte in seinem Fall genau anders ausging.
Es gab etwas, das Feld mehr liebte als sein Imperium: seine Familie. Und er umsorgte sie mit derselben leidenschaftlichen Hingabe.
Ja, Kenneth hatte gewaltige Vorteile auf seiner Seite, aber in die Fußstapfen seines Vaters zu treten hätte eine schwere Bürde bedeutet. Er zog es vor, das nicht zu tun. Wie sein Vater ist Kenneth ein Mann seiner Zeit, ein Visionär mit der Fähigkeit, die Wünsche des Publikums zu erkennen und das eigene Imperium – den Zirkus, Walt Disneys *World on Ice* und unsere Show im Mirage – zu modernisieren und zu globalisieren.
Dazu wurde er von seinem Vater erzogen. Irvin wollte nie, daß Kenneth in seine Fußstapfen tritt, sondern hinterließ ihm die Aufgabe, die Feldsche Organisation auf die nächsthöhere Stufe zu heben. Ist Kenneth der Sohn seines Vaters? Im besten Sinne des Wortes. Er ist in jeder Beziehung eigenständig und hat sich wie sein Vater unter größten, aber anderen Schwierigkeiten eine selbständige Position erarbeitet.

Kenneth Feld

Da ich im Geschäft meines Vaters aufgewachsen bin, habe ich alle möglichen Darsteller kennengelernt, aber nie welche wie Siegfried und Roy. Diese beiden ließen sich nicht einordnen. Magier, Illusionisten, Tierspezialisten ... die einfachen Beschreibungen reichen nicht aus. Siegfried und Roy sind in erster Linie und vor allem Darsteller. Das bedeutet, daß ihr Erfolg nicht nur auf ihrer Fähigkeit basiert, Abend für Abend ihr Publikum live zu begeistern, sondern auch auf ihrer Charakterstärke. Solche Darsteller kann man nicht in Stars verwandeln; sie müssen Stars sein.
Siegfried und Roy hätten Erfolg gehabt, auf welchem Gebiet sie sich auch als Entertainer versucht hätten. Hätten sie singen können, wären sie unter Umständen die größten Opernstars der Welt geworden. Hätten sie schauspielern wollen, wären sie die größten Filmstars der Welt geworden. In seinem Leben begegnet man nur sehr selten so talentierten Leuten.
Noch bemerkenswerter werden sie dadurch, daß sie mit ihrer Aussage, ihr Leben spiele auf der Bühne, nicht nur einen bestimmten Eindruck erwecken wollen. Die Männer auf

Kenneth Feld, der weltweit führende Produzent von Live-Unterhaltung für Familien und seit 1979 der Produzent aller unserer Fernseh- und Bühnenshows

der Bühne sind ganz mit denen identisch, die man zu Hause sieht. Das ist nicht gespielt; sie benehmen sich völlig natürlich. Vom Aufwachen bis zum Einschlafen *sind* die beiden Siegfried und Roy. Und diese Ehrlichkeit kommt in der Öffentlichkeit rüber. Daß Siegfried und Roy nicht absolut perfektes Englisch sprechen, spielt keine Rolle. Sie vermitteln ihrem Publikum besser als jeder andere den Eindruck, von ihnen geliebt zu werden. Sobald sie auftreten, haben die Leute das Gefühl, Siegfried und Roy zu kennen – und sie lieben die beiden.

Deshalb fällt es mir so schwer, ihre Shows zu beschreiben. Ich könnte über die mechanischen Vorrichtungen sprechen, die jedoch nicht entscheidend sind. Eindrucksvoll wird ihre Show dadurch, daß sie Herz und Seele hineinlegen. Deshalb, erkläre ich den Leuten, muß man sie selbst sehen, um sie zu verstehen.

Einzig Siegfried und Roy, die reine Live-Entertainer sind, gelingt es jährlich 700000 Menschen anzulocken, sie sind die internationalsten Entertainer der Welt. Das ist das Großartige an ihrer Show: Sie überwindet alle Sprachbarrieren, sie ist rein visuelle Unterhaltung. Als sie nach Japan gingen, war es wundervoll, daß sie die ganze Show auf Japanisch brachten. Aber das wäre nicht nötig gewesen. Sie hätten trotzdem 55 Millionen

Dollar eingespielt und wären die bestverdienenden Live-Entertainer der japanischen Geschichte geworden.
Bei dieser Einstellung ist es kein Wunder, daß Siegfrieds und Roys Karriere eine stetig nach oben zeigende Erfolgskurve darstellt. Sie haben nie mit schwindender Popularität zu kämpfen gehabt; sie haben nie einen Karriereknick hinnehmen müssen. Sie werden weiterwachsen, weil sie ihre Show ständig verbessern und perfektionieren – und weil sie jeden Abend 110 Prozent Leistung bringen.
Die Zusammenarbeit mit ihnen ist ein Vergnügen, weil sie soviel Loyalität erzeugen. Ich erinnere mich an unsere erste gemeinsame Fernsehshow im Jahr 1977 über Gunter Gebel-Williams. Mein Vater und ich waren berechtigt, Siegfrieds und Roys Beitrag zu redigieren, was den beiden große Sorgen machte. Am Tag nach der Sendung schickten sie uns jedoch ein Telegramm: *Wir haben nie etwas Großartigeres gesehen, Sie haben wundervolle Arbeit geleistet, vielen Dank.* Das war höchst ungewöhnlich; Entertainer tun so etwas sonst nicht. Diese Geste war den beiden wichtig – sie hatten zum ersten Mal erlebt, daß jemand exakt Wort gehalten hatte. Und daraus entwickelte sich Vertrauen.
Bernie Yuman steht unfehlbar loyal zu ihnen und sie zu ihm; auch er hält stets Wort, und sie vertrauen ihm. Das ist das Schöne an der Zusammenarbeit mit Siegfried und Roy: Sie haben ein Gespür für Menschen und verstehen es, sich entsprechend zu verhalten. Das sehe ich an meiner eigenen Beziehung zu ihnen ganz deutlich.
Ich kann niemals sein, was mein Vater für die beiden gewesen ist. Nach seinem Tod habe ich wie verrückt gearbeitet, um der Branche meinen eigenen Stempel aufzudrücken. Das war meine Bewährungsperiode, und ich weiß, daß es viele gab, die mir keinen Erfolg zutrauten. Siegfried und Roy hielten als einzige von Anfang an zu mir. In dieser Beziehung sind sie meinem Vater sehr ähnlich – durch ihre Präsenz und Persönlichkeit regen sie Menschen zu neuen Höhenflügen an. Sie erwarten das Beste von einem; man will sie nicht enttäuschen und stellt verwundert fest, daß man sich selbst übertroffen hat. In Gegenwart von Siegfried und Roy ist nicht nur das Publikum animiert.

Wie der Zirkus sind wir jetzt Bestandteil des Feldschen Erbes. In den sieben Jahren seit dem Tod seines Vaters ist Kenneth der Motor unserer Weiterentwicklung gewesen, die uns vom Frontier über die Japantournee und die Radio City Music Hall ins Mirage geführt hat. Wir sind stolz darauf, sagen zu können, daß er nicht nur unser Produzent, sondern – was wichtiger ist – unser Freund ist.

* * *

Siegfried

Eine Stunde und 40 Minuten ganz für uns allein.
Was tun?
Dies war das erste Mal in der Geschichte von Las Vegas, daß Magier ihre eigene Show hatten. Bestimmt die originellste Herausforderung, vor der wir je gestanden hatten! Jetzt waren wir mehr als nur Illusionisten; wir waren im eigentlichen Sinne des Wortes Entertainer. Am Strip hieß es, uns stünde eine Bauchlandung bevor. Wer wollte schon fast zwei Stunden lang Magie sehen? Und das in Las Vegas?
Die Leute begriffen nicht, daß wir einen einzigartigen Vorteil genossen.
Als Ausländer waren wir neugierig und nicht übersättigt in diese seltsame Stadt gekommen. Wir hatten unseren Auftritt ohne vorgefaßte Ideen entwickelt. Und da uns die hier üblichen Erfolgsrezepte nie wirklich gefielen, konnten wir das Phänomen Las Vegas distanzierter betrachten.
Aus unserer Sicht stand Las Vegas ein grundsätzlicher Wandel bevor. Als wir im Jahr 1970 hierherkamen, war Vegas eine Spielerstadt, nichts anderes. 1981 wurde daraus etwas anderes: ein Reiseziel für die ganze Familie. Das bewirkte hauptsächlich das neue Convention Center, das jüngere und internationalere Besucher nach Vegas lockte. Dieses Publikum wollte etwas *anderes* sehen. Das war das Publikum der Zukunft.
Die Impresarios der in Vegas laufenden Shows hatten es mit Neuerungen allerdings keineswegs eilig. Aber das war verständlich, denn sie hatten das dortige Publikum jahrelang unterschätzt.
Im Showgeschäft gilt es als Platitüde, daß das Publikum in New York am schwierigsten ist. New York mag ein anspruchsvolleres Publikum haben, aber es ist auch einheitlicher. In meinen Augen stellt das Publikum in Las Vegas eine größere Herausforderung dar. Touristen aus aller Herren Länder besuchen einen rein für Vergnügungen erbauten Ort und sind darauf versessen, der Realität zu entfliehen. Trotzdem können sie sich nicht einfach zurücklehnen und die Show genießen. Ganz im Gegenteil! Sie werden überall abgelenkt. Sie betreten das Theater, nachdem sie gerade kräftig verloren haben, und sind in Gedanken noch immer am Spieltisch oder am Spielautomaten. Oder sie sind Tausende von Kilometern weit geflogen und leiden unter der Zeitverschiebung. Oder sie sind jung verheiratet. Oder frisch geschieden. Und um sie herum wimmelt es von Kellnern, die Bestellungen aufnehmen und Drinks servieren. Kein Wunder, daß Casinobesitzer ihre Repertoireshows lediglich als Ruheperioden zwischen den Sitzungen am Spieltisch betrachteten. Man läßt spärlich bekleidete Revuegirls auftreten, das Orchester spielen und einen Komiker ein paar Witze reißen – und schon hat man eine Show.
Bei so niedrigen Erwartungshaltungen stagnierte die Unterhaltungsbranche in Las Vegas. Im allgemeinen warfen diese Shows keine Gewinne ab. Das brauchten sie auch nicht; sie sollten den Gästen nur die Zeit vertreiben. Die Hotelbesitzer wußten, daß sie

das mit dem Theater verlorene Geld im Casino zehnfach zurückbekommen würden. Die Gäste ließen sich zweitklassige Unterhaltung – talmiglitzernde, leicht gewagte Nacktrevuen – unter dem Motto »That's Vegas!« gefallen. So gab es von keiner Seite Anreize, die Qualität der Shows zu verbessern.

Roy

Wozu also Veränderungen? Weil es genau *das* war, worauf wir uns verstanden. Und weil das Publikum auf jede Veränderung unserer Show positiv reagierte.
Im Lauf der Jahre schrieben uns viele Fans – nicht um zu fragen, wie wir einen Tiger oder Elefanten verschwinden lassen, sondern um uns für das Erlebnis zu danken. Offenbar verstanden sie eine Botschaft, die wir noch gar nicht klar ausgedrückt hatten. Das ermutigte uns, denn wir wollten weitere Barrieren niederreißen. Wir wollten mehr tun, als bloß eine Serie magischer Effekte zu verkaufen.
Aber Idealismus hat seine Grenzen, vor allem in Vegas. Wir verwendeten unsere Illusionen aus dem Stardust und den Fernsehshows und verpackten sie neu. Außerdem erfanden wir ein Thema – den ewigen Kampf zwischen Gut und Böse – und stellten die Illusionen in einen märchenhaften Zusammenhang.
Im Gegensatz zu unserer heutigen Show im Mirage, die eine in sich geschlossene Darbietung ist, mußten wir uns im Frontier in gewissem Umfang noch an das in Las Vegas Übliche halten. *Beyond Belief* war etwa in der Mitte zwischen der alten Zeit – eine Serie von Illusionen mit zusammenhanglos eingestreuten Tanznummern mit barbusigen Revuegirls in Glitzerkostümen und Federn – und unseren heutigen Shows angesiedelt.
Obwohl wir uns an das Rezept hielten, zwischen unseren Illusionen Spezialnummern auftreten zu lassen, wollten wir etwas Neues und Modernes verwirklichen. Da Feld ein ganzer Zirkus gehörte, hatten wir Gelegenheit, aus seinen zahlreichen Darbietungen etwas Passendes auszuwählen. Wir entschieden uns für die King Charles Troupe, eine schwarze Basketballmannschaft, die auf Einrädern spielte. Irvin und Kenneth hatten sie in der Bronx entdeckt: lauter arme Straßenjungen, deren Auftritt noch leicht archaisch wirkte. Wir ließen die Truppe bald als Breakdancer auftreten und schon 1981 als Rapper singen.
Für Vegas war dies völlig neuartig. Wir setzten alle Männer für unser Finale ein, bei dem sie eine weiße Tänzerin eine riesige Treppe hinunterführten. Das mißfiel den Hotelbossen sehr. Bis dahin hatte es zwar eine beschränkte Anzahl schwarzer Showtänzer gegeben, aber schwarze Tänzer waren noch nie mit einer weißen Tänzerin aufgetreten. Uns wurde erklärt, das sei in Vegas einfach unmöglich.
Doch für uns war die King Charles Troupe mehr als nur eine Überleitungsnummer; wir hatten das Gefühl, sie mache unsere Show gehaltvoller und schaffe einen interessanten

Neva – das offizielle Maskottchen des Glücksspiels auf dem offiziellen Foto der Nevada Gaming Commission

Eine moderne Geschichte der Levitation, performed by Siegfried und Roy

Kontrast zu unseren Illusionen. Wir ließen eigens Musik für sie komponieren und sorgten für spezielle Lichteffekte. Das Publikum war von der King Charles Troupe begeistert und ließ sich vom fetzigen Rhythmus ihrer Musik mitreißen.

Siegfried

Wir hatten längst die Erfahrung gemacht, daß Veränderungen am besten dadurch bewirkt werden, daß man sie einführt, statt über sie zu reden. Und genau das taten wir, als es Zeit wurde, mit einer altehrwürdigen Las-Vegas-Tradition zu brechen. Das Schöne an der Magie ist, daß sie eine Kunstform ist, die Menschen zwischen drei und 93 Jahren begeistert. Leider war es aber Minderjährigen unter 21 Jahren in Las Vegas verboten, sich die Shows anzusehen – wegen der barbusigen Tänzerinnen.
Niemand, nicht einmal Irvin Feld, hätte den sofortigen und dann dauerhaften Erfolg von *Beyond Belief* voraussagen können. Die Show war der größte Kassenschlager in der Geschichte von Las Vegas. In sieben Jahren traten wir in zwei – an den Wochenenden sogar in drei – ausverkauften Vorstellungen pro Abend vor über drei Millionen Menschen auf. Die Reservierungsfristen wurden länger und länger. Irvin Feld charakterisierte den Erfolg der Show als »den unglaublichsten Fall von Mundpropaganda, von dem ich in meinen fünfzig Jahren im Showgeschäft je gehört habe«.

Im Jahr 1988 ehrten wir Opal Wells, unsere größte Bewunderin, nachdem sie unsere Show zum 800. Mal gesehen hatte. Wir schenkten ihr eine mit Brillanten besetzte goldene Uhr, und sie bekam nicht nur den Sombrero, sondern auch eine Karibikkreuzfahrt.

Nach einigen Monaten des ersten Jahres fielen uns die vielen Minderjährigen auf, die stundenlang nach Karten anstanden und dann abgewiesen wurden. Sogar nachts, wenn wir das Theater verließen, wurden wir am Bühnenausgang von jungen Leuten erwartet, die uns mit Tränen in den Augen nach einer Möglichkeit fragten, die Show zu sehen.
Wir hatten ohnehin nie recht verstanden, was die Leute an barbusigen Tänzerinnen in den Shows fanden. Während eines Brainstormings bei einem Abendessen mit Irvin und Kenneth Feld sowie Bernie Yuman sprach Roy dieses Thema an. Als Produzenten von Familienunterhaltung identifizierten sich die Felds mit unserer Ablehnung der bisherigen Praxis. Unser Argument lautete, eine elegant gekleidete Frau sei sinnlicher und

attraktiver als vulgäre Nacktheit. Aber wie konnte man den Hotelbesitzern beibringen, daß die Revuegirls angezogen sein sollten? Ihrer Ansicht nach war Nacktheit ein Kassenmagnet. Aus dieser Diskussion entstand die Idee, die erste Vorstellung am Freitagabend zu einer Familienshow mit angezogenen Tänzerinnen zu machen.
Alle im Frontier waren dagegen und glaubten, das werde niemals funktionieren. Aber wir fünf beharrten auf unserem Vorschlag und setzten schließlich durch, die Sache ausprobieren zu dürfen. Die Besitzer merkten bald, daß diese Idee Zukunft hatte, denn die Familienshow war rasch für Monate im voraus ausverkauft. Wenig später boten wir schon drei davon pro Woche an.
Das war damals unsere größte Abweichung von der in Las Vegas üblichen Praxis. Und wir sind dabei geblieben. Im Mirage treten unsere Tänzerinnen heute angezogen auf, und jede Vorstellung ist als Familienunterhaltung geeignet.

Siegfried hat gesagt, eine Illusion beginne mit einem Traum, sie sei die Verwirklichung einer Phantasie.
Auch für mich haben bestimmte Dinge, die in meinem Leben Wirklichkeit geworden sind, mit einem Traum begonnen. Und sobald etwas, von dem man im Schlaf geträumt hat, Wirklichkeit wird, fängt man an, nachdenklich zu werden. Ist das reiner Zufall gewesen? Oder war es vorherbestimmt?
Ich glaube, daß bei der Geschichte, die ich erzählen will, die Vorherbestimmung eine entscheidende Rolle gespielt hat. Wegen der Gefahr, allzu mystisch zu wirken, könnte ich die ganze Sache herunterspielen. Aber das wäre schwierig, weil sie eine weitere Wendemarke in unserem Leben bezeichnet. Sie hat die Anlage unserer Show verändert, sie ist unser Lebenswerk geworden, und ich hoffe, daß sie unser Vermächtnis sein wird, wenn wir einmal nicht mehr auftreten und eines Tages nicht mehr auf dieser Welt sind.
Ich hatte jahrelang immer wieder den Traum, meine goldene Tigerin Sahra sei reinweiß. In meinem Traum war sie kein wildes Raubtier mehr, sondern ein friedliches, harmonisches Wesen – mein Einhorn –, denn das entsprach meiner Beziehung zu ihr.
Siegfried und ich frühstücken immer miteinander. Dabei reden wir über alles Mögliche und tauschen Ideen aus. Im Lauf der Jahre erzählte ich beim Frühstück oft von diesem Traum. Aber Siegfried tat ihn jedesmal mit den Worten ab: »Hör zu, der Tiger ist weiß, weil die meisten Leute schwarz-weiß träumen.« Die Erklärung hatte nur einen kleinen Fehler: Ich träume farbig.
Im Jahr 1982 sah der Maharadscha von Baroda, der indische Regierungsbeauftragte für Wildtiere, sich *Beyond Belief* an. Danach kam er in unsere Garderobe. Die Show hatte ihm gefallen, aber besonders beeindruckt hatte ihn mein Verhältnis zu den Tieren – daher sein Besuch. Oben in unserer Privatsuite im Frontier sprachen wir bis zum frühen

Morgen über exotische Tiere und die Maßnahmen, die sein Land ergriff, um gefährdete Tierarten zu schützen. Wir diskutierten über meine Arbeit und meine Erfahrungen mit Tieren, und als wir bei Sonnenaufgang glaubten, alles abgehandelt zu haben, erzählte er vom verstorbenen Maharadscha von Rewa, seinem etwas seltsamen Vetter.
Schon als Kind war der Maharadscha von Rewa von dem Tiger im Wappen seiner Familie fasziniert. Dabei handelte es sich um eine Tigerart, die angeblich sonst nirgends auf der Welt existierte und von der auch der Maharadscha nur gehört hatte, ohne sie selbst jemals gesehen zu haben. Diese in Indien als Wiedergeburt der Götterboten geltende »Phantomspezies« mit weißem Fell und schwarzen Streifen wurde als weißer Tiger bezeichnet. Und sie war in der Tat äußerst selten. In der Hoffnung, einen weißen Tiger fangen zu können, durchstreifte der Maharadscha jahrelang die Dschungel.
Existierte er wirklich? Wie berichtet wurde, sollten Jäger im letzten halben Jahrhundert neun dieser Tiger in den Urwäldern von Orissa, Madja-Pradesch und Assam gesehen haben, aber ihre Existenz wurde erst bewiesen, als der Maharadscha 1951 in den Dschungeln von Rewa einen jungen weißen Tiger fand.
Der Maharadscha nahm seinen Traumtiger, der den Namen Mohan erhielt, in seinen Palast mit. Er glaubte in Mohan seine Lebensaufgabe gefunden zu haben, die daraus bestehen würde, die Spezies aus diesem weißen Tiger zurückzuzüchten. Mohan wurde mit einer gewöhnlichen gestreiften Tigerin gepaart, und der Maharadscha konnte nur hoffen, daß dieser Träger der für einen Wurf weißer Tiger erforderlichen Gene war. Wäre die Sache allerdings so einfach gewesen, würde ich jetzt vermutlich diese Geschichte nicht erzählen.
Doch nach sieben Jahren und vielen gewöhnlichen Jungtigern wollte der Maharadscha beinahe schon aufgeben, als Mohan sich zufällig mit einem Weibchen aus seiner Nachkommenschaft paarte. Im Jahr 1958 warf es vier weiße Tiger: ein Männchen und drei Weibchen. Damit hatte der Maharadscha den Schlüssel gefunden – alle goldfarbenen Nachkommen waren heterozygote (gemischterbige) Träger des weißen Gens. Er brauchte nur seine scheinbar gewöhnlichen Tiger zu paaren, um weiße zu erhalten. Diese Entdeckung bewirkte, daß bald weitere weiße Jungen zur Welt kamen.
Für die Außenwelt waren diese in Gefangenschaft gehaltenen weißen Tiger die einzig existierenden. Für den Maharadscha waren sie Kostbarkeiten der Natur und stolzer Besitz; für ihn gehörten sie zu seiner Familie. Im Lauf der Zeit überließ er seinen Sommerpalast am See in Gowindgarh immer mehr seinen Tigern, die sich in den 120 Räumen und im Palastgarten frei bewegen durften.
Obwohl er diese Kronjuwelen der Natur eifersüchtig hütete, verlor er sein eigentliches Ziel nie aus den Augen. Bevor er starb, vermachte er dem Tiergarten Neu-Dehli und dem National Zoo in Washington, D.C., je einen weißen Tiger. Das amerikanische Exemplar ging leihweise an den Cincinnati Zoo, der daraus ein perfektes Zuchtpaar heranzüchtete. Dieses Paar in Cincinnati bildete die Grundlage für das Überleben der weißen Tiger. Das Vermächtnis des Maharadschas enthielt eine Klausel, die den Zoos den Ver-

In seinem Familienwappen führt der Maharadscha von Rewa einen goldenen und einen weißen Tiger. Nachdem er viele Jahre von dem seltenen weißen Tiger geträumt und ihn gesucht hatte, fand er 1951 einen in den Dschungeln von Rewa. Zu Ehren des Maharadschas und als seine Nachfolger bei der Aufzucht weißer Tiger haben wir sein Wappen übernommen.

kauf weißer Tiger an Privatpersonen untersagte. Nach seinem Willen sollte die Öffentlichkeit sich an ihnen erfreuen können.

Mir fehlten die Worte, als der Maharadscha von Baroda erzählte, der sagenhafte weiße indische Tiger – mein Traumtiger – existiere also wirklich. Natürlich hatte ich schon von weißen Tigern gehört. Ich wußte, daß die wildlebenden Exemplare ausgestorben waren, und in diesem Augenblick wünschte ich mir nichts sehnlicher als eine Empfehlung des Maharadschas an den Cincinnati Zoo, um die Tiger sehen und vielleicht mithelfen zu können, sie vor dem Aussterben zu bewahren. Letzteres würde wegen der Vertragsklauseln des verstorbenen Maharadschas nicht einfach sein.

Da wir unsere Tiere aufrichtig liebten und achteten, und aufgrund meiner Methode, Tiere durch Zuneigung auszubilden sowie wegen unserer Erfolge bei der Aufzucht von Tieren im Zusammenleben mit uns, war der Maharadscha von Baroda der Meinung, die einzigen Privatleute, die das Vermächtnis des Maharadschas von Rewa erfüllen könnten, seien Siegfried und ich. Nach monatelangen geschickten Verhandlungen durch den Maharadscha von Baroda und Besprechungen mit Edward J. Maruska, dem Vorsitzenden der Zoological Society of Cincinnati, verpflichteten wir uns, persönlich und finanziell zur Erhaltung der weißen Tiger beizutragen. Wir wurden praktisch Mitglieder des Züchterteams des dortigen Zoos.

Königliches Tête-à-tête – der Maharadscha von Baroda, in Indien Regierungsbeauftragter für Wildtiere, bei seiner ersten Begegnung mit unserer schneeweißen Tigerin Sitarra, der Urmutter der Royal White Tigers of Nevada. Für den Maharadscha war eine schneeweiße Spezies bis dahin nur ein Phantomtier aus der indischen Mythologie gewesen.

Vereinbart war, daß wir uns aus dem nächsten Wurf ein Männchen und ein Weibchen aussuchen durften. Wir warteten also gespannt, denn wir wußten, daß zwei der Weibchen trächtig waren. Nach scheinbar endlos langem Warten kam endlich der ersehnte Anruf, daß beide Tiere Junge bekommen hatten. Im Zoo erbot man sich, die Wahl an meiner Stelle zu treffen.
Aber ich war zu aufgeregt. Ich mußte nach Cincinnati in Ohio und alle Jungen selbst sehen. Nach der zweiten Abendvorstellung bestiegen Bernie und ich das Nachtflugzeug nach Cincinnati.
Sobald ich die Kinderstube betrat, hatte ich nur Augen für eines der Jungen – ein schneeweißes Tigerbaby ohne irgendwelche Streifen.
Der weiße Tiger meiner Träume!
Für die Fachleute im Cincinnati Zoo galt das reinweiße Weibchen in der Tat als eine Laune der Natur, und weil der Zoo bereits zwei schneeweiße Tigerinnen besaß, die noch nie trächtig geworden waren, vermutete man, diese Rarität sei steril.
Sowie ich dieses Tigerbaby sah, hatte ich plötzlich das Gefühl, mein Leben habe einen

höheren Sinn erhalten, als hänge mein Schicksal von diesem winzigen Schneeball von einem Lebewesen ab.

Ist der schneeweiße Tiger jemals eine eigene Art oder nur eine Laune der Natur gewesen? Das wissen wir nicht. In freier Wildbahn ist niemals einer beobachtet worden. Meine eigene Theorie geht dahin, daß er existiert hat, aber wegen seiner reinweißen Färbung nicht imstande war, sich im Dschungel vor Jägern zu tarnen. Und daher erscheint es mir nur einleuchtend zu sein, daß die weißen Tiger lange vor allen anderen Arten ausgerottet wurden.

Ich wählte meine zwei weißen Tigerbabys aus – aus beiden Würfen je eines –, die das Zuchtpaar ergeben würden: das Männchen Neva, eine Abkürzung für Nevada, was im Spanischen »Schnee« heißt, und das Weibchen Shasadee, was »Auserwählte« bedeutet.

Am meisten wünschte ich mir jedoch das schneeweiße Tigerbaby. Ich war entschlossen, es mit mir nach Hause zu nehmen. Da dieses Weibchen für das Zuchtprogramm als wertlos galt, weil man die schneeweißen Weibchen für steril hielt, begriffen die Zoodirektoren nicht recht, wie groß meine Faszination und mein Interesse waren. Und ich dachte nicht daran, ihnen in diesem entscheidenden Augenblick von meinem Traum zu erzählen und so den Eindruck zu erwecken, ihr neuer Sponsor spinne etwas. Gegen meinen Wunsch, auch das reinweiße Tigerbaby mitnehmen zu dürfen, gab es also keine Einwände.

Neva

Außerdem erwirkte ich die Zusage, ein im Cincinnati Zoo oder im Rahmen unseres gemeinsamen Zuchtprogramms geborenes reinweißes *Männchen* – was es bisher noch nie gegeben hatte – solle mir ebenfalls zustehen.

Sitarra

Meiner Traumtigerin gab ich den Namen Sitarra, was »Stern von Indien« heißt. Für mich war sie mehr als bloß eine Laune der Natur. Ich war vom ersten Augenblick an überzeugt, daß sie sich paaren und trächtig werden würde. Neben dem Wunsch und der Verpflichtung, mich für die Erhaltung der weißen Tiger einzusetzen, hatte ich meinen großen persönlichen Traum: die Wiederauferstehung oder Erschaffung – was immer man glauben mag – der schneeweißen Tiger.

Shasadee

Siegfried

Und was tat ich, der Zauberer, dabei? Ich lehnte mich zurück und beobachtete die magischen Ereignisse um mich herum.
Man könnte darüber spekulieren, Sitarra sei nur aus Zufall trächtig geworden. Das wird sich nie genau feststellen lassen, aber ich glaube, daß Roys spirituelle Beziehung zu ihr etwas damit zu tun hat. Er meditierte schon mit ihr, als sie noch ganz klein war. Manchmal beobachtete ich die beiden durch einen Türspalt. Roy nahm seine Meditationshaltung ein, und Sitarra saß neben ihm. Wenn Roys ganzes Wesen eine andere Bewußtseinsebene erreichte, schien Sitarra ihm dorthin zu folgen. Die beiden waren so aufeinander eingestimmt, daß Sitarra jedes Kopfnicken Roys sofort nachvollzog. Und wenn Roy beim Abschluß der Sitzung schlagartig erwachte, folgte Sitarra seinem Beispiel.
Dann lernte ich Roys Vision des Lebensraums kennen, den er für die weißen Tiger schaffen wollte. Ich stellte mir immer etwas Bayrisches vor: eine grüne, im Grunde genommen konservative Landschaft mit Bäumen, Felsen und einem kleinen Bach. Aber Roy … nun, er schafft sich seine eigene Welt, und man kann nur annehmen, daß sie anders als die aller anderen ausfallen wird.
»Ich weiß genau, wie sie sein sollte«, erklärte er mir eines Morgens beim Frühstück. »Ich möchte den Tigern einen Lebensraum geben, in dem alles schneeweiß ist.«
Ich wollte meinen Ohren nicht trauen. Ich war wütend. Das in meinem Garten? Ausgeschlossen!

Roy

Das war nur etwas, das mein Instinkt mir eingab. Der Maharadscha von Baroda hatte mir erzählt, vor über 300 Jahren habe die Urheimat der weißen Tiger in den Ausläufern des Himalajas gelegen. Folglich waren sie von schneebedeckten Bergen umgeben gewesen. Dies ist reine Spekulation, aber vielleicht hatten die Schneeflächen ihnen Schutz durch Tarnung geboten, den sie dann einbüßten, als sie in andere Gebiete überwechselten. Ich wollte ihnen das Gefühl der Sicherheit aus ihrer ursprünglichen Heimat zurückgeben.

Siegfried

Eines war uns beiden an den weißen Tigern aufgefallen. Solange sie mit Roy zusammen waren oder mit uns auftraten, waren sie ruhig und selbstsicher. Damals waren unsere Gehege recht gleichförmig: Darin wirkten die weißen Tiger ausgesprochen unruhig.

Das Gehege der Royal White Tigers – unser Heim für diese gefährdete Tierart bietet das Beste aus beiden Welten: grüne Rasenflächen, Palmen und rauschende Wasserfälle, aber zugleich Weiß als vorherrschende Farbe, um sie an die Heimat ihrer Vorfahren zu erinnern, die in den Vorbergen des schneebedeckten Himalajas wirkungsvoll getarnt waren.

Auch ich sah also zuletzt ein, daß sie vielleicht tatsächlich einen einzigartigen Lebensraum brauchten. Deshalb erklärte ich mich mit Roys Plan einverstanden.
Während ich zusah, wie der Bau errichtet wurde, hegte ich noch immer meine Zweifel. Auf mich wirkte er kalt und wenig einladend. Obwohl er spiegelglatte Teiche und rauschende Wasserfälle enthielt, konnte ich nicht begreifen, wie irgendein Tier sich in so kalter Umgebung wohl fühlen sollte. Aber sobald die weißen Tiger ihr Gehege betraten, wußte ich, daß Roy recht gehabt hatte. Eine nie zuvor gekannte Ruhe erfüllte sie. Und der beste Beweis dafür, daß sie glücklich waren, ist die Tatsache, daß drei Tage nach dem Umzug zwischen Neva und Sitarra eine Romanze begann, die zur Paarung führte.

Und es geschah direkt vor unseren Augen.
Inzwischen schrieben wir das Jahr 1986, und Neva hatte sich bisher nur mit Shasadee – unserer Auserwählten – gepaart, die aber nicht trächtig geworden war. Obwohl wir theoretisch ein perfektes weißgestreiftes Zuchtpaar hatten, muß das vollkommene Männchen erst das für ihn ausgesuchte Weibchen akzeptieren. Die Sache ist ganz einfach: Wie bei Menschen muß es zwischen den beiden sexuell funken. Shasadee erregte ihn einfach nicht. Sie war ihm zu sanft, zu passiv. Erst Sitarra erregte Nevas Leidenschaft, und er hat bis heute kein vergleichbares Interesse für ein anderes Weibchen gezeigt. Ihr ergeht es übrigens ähnlich.
Ihre heiße Liebesaffäre hat seitdem vier weitere Würfe hervorgebracht. Ihre erste Paarung zu beobachten, war geradezu irreal, denn es war mehr ein Kampf als ein Liebesakt – und so brutal, daß Siegfried und ich fürchteten, sie wollten einander umbringen. Oder vielmehr: Sitarra versuche, Neva umzubringen. Als er in sie eindrang, schienen ihre eisblauen Augen blauglühende Funken zu sprühen, ihr Fauchen war so tief, so scharf, daß der Laut allein einen zerschneiden konnte, und dann stürzte sie sich auf ihn und verprügelte ihn. Zu unserer Überraschung hielt Neva still und ertrug die Schläge mannhaft. Ein anderes Männchen hätte sich zur Wehr gesetzt. Offenbar war das Nevas Methode, mit ihr fertigzuwerden. Und obwohl das beängstigend war, bestärkte es mich erst recht in meiner Überzeugung, daß Sitarra empfangen würde.
Natürlich glaubte mir keiner.
Nach Nevas und Sitarras leidenschaftlicher Liebesszene – 28mal in zwei Stunden – erzählte ich allen, sie sei trächtig. Das ließ sich nicht beweisen; sie kam mir einfach größer vor. Nachdem ich meine Vorhersage ein paar Monate lang wiederholte, hatte ich eines Tages bei der Meditation mit Sitarra das Gefühl, ihre Jungen strampeln fühlen zu können. Trotzdem glaubten mir weder Siegfried noch unser Tierarzt noch unsere zoologischen Experten. Siegfried sprach inzwischen von Sitarras »Dauerträchtigkeit«.
Ich war mir meiner Sache so sicher, daß ich nicht mehr zuließ, daß Sitarra wie jeden

Das Wunder der Natur – Sitarra macht Geschichte als erste schneeweiße Tigerin, die Junge bekommt – bislang hatte man diese Rarität für steril gehalten

Sitarra und ihr erster Wurf – Siegroy, Vegas und Nevada – stellen sich der Presse. Wie Sitarras grimmige Miene zeigt, hatte sie diesen ersten Fototermin fest im Griff.

Abend bei der Verschwinde-Illusion im Glaskasten auftrat. Trotzdem nahm ich sie wie immer mit ins Theater, und nachdem ich eines Abends mit ihr meditierte, bemerkte ich an der Stelle, wo sie gelegen hatte, etwas Blut.
Ich war mir sicher, daß sie in dieser Nacht Junge bekommen würde. Deshalb brachte ich Sitarra nach der zweiten Vorstellung sofort nach Hause und machte es ihr in der Kinderstube behaglich, die wir für solche Fälle eingerichtet hatten. Ich blieb bei ihr, und sie ruhte sich mit dem Kopf in meinen Armen aus. Etwa gegen vier Uhr morgens setzten die Wehen ein.
Das erste Junge kam in seinen kleinen Sack gehüllt auf die Welt. Sitarra säuberte es geschickt, biß die Nabelschnur ab, packte das Neugeborene vorsichtig mit den Zähnen, trug es zu mir und legte es in meinen Schoß, damit ich darauf aufpassen konnte. Danach streckte sie sich neben mir aus, um wieder zu ruhen und zu warten.
Das Erlebnis war so einzigartig, so zärtlich, daß ich diese Stimmung nicht zerstören wollte – aber ich machte mir zugleich Sorgen. Ich mußte irgend jemanden im Haus wecken. Für den Fall, daß es Komplikationen gab, brauchten wir sofort den Tierarzt. Ich

stand auf und bewegte mich in Richtung Tür. Als Sitarra merkte, daß ich gehen wollte, nahm sie das Junge zwischen ihre gewaltigen Reißzähne, stellte sich vor die Tür und blockierte sie dadurch. Ich mußte also bleiben.
Zum Glück hatten gleich nach der Geburt des ersten Jungen unsere anderen Tiere, von den Löwen bis zu den Leoparden, laut zu brüllen begonnen, als wollten sie das Kleine begrüßen. Sie spürten instinktiv, daß sich etwas Großartiges ereignete. Dieses Brüllen weckte das gesamte Haus auf. Sogar die in den Bäumen schlafenden Vögel wachten auf, und ihr lautes Zwitschern vermehrte die allgemeine Kakophonie. Dann kam Siegfried heraus und warf einen Blick ins Gehege. Wenig später tauchten Lynette und Johanna, meine Mutter, auf. Ich hob einen Finger, um anzudeuten, wie viele Junge Sitarra schon zur Welt gebracht hatte.
Sitarra brachte dann insgesamt drei kleine weiße Tiger zur Welt: Siegroy, Vegas und Nevada. Dies war das erste Mal, daß ein schneeweißes Weibchen Junge bekommen hatte: ein historischer Moment.

Sitarra, mein Traumtiger – unsere Göttin der weißen Tiger und die Urmutter der von Siegfried und Roy aufgezogenen Royal White Tigers of Nevada

Ich blieb schweigend vor der Tür stehen, um nicht zu stören. Die Szene war geradezu unglaublich. Sitarra lehnte sich völlig erschöpft gegen Roy; das Junge lag in seinem Schoß. Die Stille war so tief, daß man sie fast hören konnte. Dann kam das nächste Junge. Und danach das dritte. Die Mutter leckte es jeweils sauber und gab es dann Roy. Worte reichen nicht aus, um diesen Augenblick zu beschreiben: wie Sitarra Roy mit in die Geburt einbezog, fast als sei er der Vater; ihre Schmerzenslaute bei jeder Geburt, der Wandel ihres Ausdrucks zum Mütterlich-Fürsorglichen hin, und die heitere Gelassenheit in ihrem Blick, als alles vorbei war. Dies miterleben zu dürfen, bedeutete, Augenzeuge eines Wunders zu werden – ein heiliger Augenblick. Ich hatte mich Gott und der Natur noch nie so nahe gefühlt. Jetzt wußte ich, daß es dort oben wirklich jemanden geben muß.

Red, White und Blue – die drei am 4. Juli 1989 in Japan geborenen Jungen sehen zu, wie Roy mit ihrer Mutter Sitarra schmust

Ein gemeinsamer Skiausflug – ein großes Dilemma! Hoch oben am Mount Charleston mit zehn Paar Beinen und nur zwei Paar Skiern.

Roy

Wie sollten wir das als Magier übertreffen? Das war die größte Magie, die ich je erlebt hatte. Wir wußten, daß der Zeitpunkt kommen würde, an dem wir die Jungen in unsere Show integrieren wollten. Aber wie konnten wir dafür sorgen, daß das Publikum dies alles aus unserer Sicht miterlebte? Wie konnten wir unserem Publikum diesen magischen Augenblick nahebringen?
Das Ereignis hob uns auf eine ganz neue Ebene; es erschloß uns so viele Gedanken und Empfindungen, die wir mit dem Publikum teilen wollten, aber bisher nicht in einen Zusammenhang hatten stellen können. Wir konnten verschwinden, wiedererscheinen, fliegen und schweben, wir konnten praktisch alle unsere Phantasien verwirklichen – aber die Geburt von Sitarras Jungen übertraf alles, wozu wir jemals imstande gewesen wären. Die Reinheit des Augenblicks hatte uns demütig werden lassen. Wir wollten diese Kost-

barkeiten der Natur ohne Illusionen oder Bühneneffekte präsentieren. Wir wollten einfach nur dem unfaßbaren Wunder des Lebens und der Natur unsere Huldigung darbringen. Nach der Geburt der Jungen beschlossen wir, die von uns begründete Zuchtlinie zu benennen. Wir nannten sie Royal White Tigers of Nevada. Mich hatte immer gestört, daß ein so schöner Staat wie Nevada stets nur mit Glücksspiel, Blitzscheidungen und der *Mustang Ranch* – ein berühmt-berüchtigtes Bordell – gleichgesetzt zu werden schien. Die Benennung der Tigerjungen nach Nevada war unsere Art, uns bei der Stadt, dem Staat und der Bevölkerung, denen wir so viel verdanken, zu revanchieren. Als am schnellsten wachsende Großstadt Amerikas wird Las Vegas natürlich auch kulturell aufholen. Wir haben unser eigenes Ballett; die University of Nevada in Las Vegas, die mit den Rebels lange eines der besten College-Basketballteams Amerikas gehabt hat, wird jetzt auch als akademische Einrichtung bekannt. Und ich hoffe, daß zukünftige Generationen Nevada auch mit den Royal White Tigers verbinden werden.
Als Sitarras Jungen heranwuchsen, zog ich sie wie alle meine Tiere auf, indem ich sie in unser häusliches Leben mit einbezog, sie abends in ihrem kleinen Korb mit ins Theater nahm und später, als sie alt genug waren, in unsere Show integrierte.
Wie ein stolzer Vater fotografiere oder filme ich jeden ersten Augenblick im Leben meiner Tiere. Auch Sitarras erster Nachmittag auf dem Rasen mit ihren Jungen, die umhertollten und ihre Umgebung erforschten, wurde im Film festgehalten. Als Siegfried und ich uns den Film ansahen, wußten wir plötzlich, wie wir die Tigerbabys dem Publikum präsentieren würden. Wir würden den Leuten einen Blick auf jene Magie gönnen, die wir an jedem Tag unseres Lebens sehen dürfen. Wir würden einfach den Film vorführen.

Siegfried

Alle im Frontier starrten uns an, als seien wir diesmal wirklich übergeschnappt. Mitten in einer Show auf dem Strip wollten wir einen Film zeigen, in dem Tiger auf dem Rasen umhertollten? Erst die angezogenen Tänzerinnen – und nun das. Würden wir als nächstes bekanntgeben, wir seien Mormonen geworden und beabsichtigten, mit unserer Show nach Salt Lake City zu gehen?
Der Tag, an dem Sitarra ihre Jungen bekam, war ein Wendepunkt. Ich hatte mir lange gewünscht, eine besondere Art von Intimität mit unserem Publikum herstellen zu können. Jetzt war die Zeit gekommen, etwas von uns selbst zu offenbaren. Man kann nicht predigen; nichts erzählen; man muß es ihnen *zeigen*. Ein guter Entertainer hat die Möglichkeit, alle nur vorstellbaren Gefühle im Publikum wecken zu können. Ich hatte das Bedürfnis, meinem Publikum näherzukommen, den emotionalen Kontakt zu ihm zu verstärken. Noch mehr Illusionen zu bringen, konnte ich mir nicht vorstellen. Statt dessen wollte ich den Zuschauern zwischendurch eine Atempause gönnen.

Kampf der Titanen

Mit dem Film gingen wir ein Risiko ein, weil die Spannung durch diesen Übergang stark abfallen konnte. Wir muteten unserem Publikum einen Tempowechsel zu: von bombastischer, blitzschnell vorgeführter Fantasy zu Sensibilität, um mitzuerleben, wie Mensch und Natur in völliger Harmonie existieren. Das war viel verlangt.
Funktionieren konnte das nur, wenn der Übergang mit einem großen Finale abschloß – und deshalb kamen wir auf die Idee, Sitarra und ihre Jungen in einem Rolls-Royce-Oldtimer auf die Bühne fahren zu lassen. Muhammad Ali, der seit 30 Jahren sehr gut mit Bernie Yuman befreundet ist, wußte von einem 1930er Rolls-Royce in neuwertigem Zustand, der Greta Garbo gehörte. Muhammad schaffte es, die nötigen Verbindungen zu knüpfen und an Miss Garbo heranzutreten, die ihn uns auch tatsächlich zur Verfügung stellte. Im Frontier stieg Sitarra aus dem weißen Rolls-Royce und schritt zu einer weißen Felsformation, die von weißen Palmen, dem Sinnbild der Reinheit, umgeben war. Sie streckte sich darauf aus, und ihre Kleinen kamen zu ihr. Das war ein rührender, bewundernswerter Anblick, der die erhoffte Reaktion im Auditorium auslöste.

Außerdem fanden wir, der Film habe einen eigens für ihn komponierten Song verdient. Siegfried und ich gingen mit einer einzigen Textzeile – »Bless the beasts and bless the children« zu Jerry Bilik, unserem Komponisten und musikalischen Direktor, und fragten ihn, ob er uns um diesen Refrain herum etwas komponieren könne.
Keiner von uns beiden ist musikalisch besonders begabt, deshalb war es für Jerry schwierig, unsere Wünsche zu interpretieren. Wir dachten an etwas mit Soul und einem Schuß Gospel oder Spiritual – fast wie »Ol' Man River«. Jerry engagierte eine Gruppe schwarzer Studiosänger. Wir fuhren ins Tonstudio, um zuzuhören, wie das Band abgemischt wurde. Aber was wir hörten, überzeugte uns noch nicht ganz. Deshalb nahmen wir den schwarzen Leadsänger beiseite, führten ihm den Film vor und baten ihn, den Song nicht vom Blatt, sondern aus seinem Herzen kommend zu singen. So entstand eine Aufnahme dieser schönen, volltönenden Stimme mit all den Emotionen, die wir empfanden.
Der Song sollte nicht nur Begleitmusik für den Film, sondern auch für den Augenblick sein, in dem ich auf der Spiegelkugel emporschwebte. Während wir den Film drehten und den Song aufnahmen, erkrankte meine geliebte Sahra jedoch schwer und konnte nicht mehr mit mir auftreten. Ich entschied mich dafür, sie durch Neva zu ersetzen. Bei seinem ersten Auftritt stellten wir den neuen Song vor, und in derselben Nacht mußte ich Abschied von meiner geliebten Sahra nehmen. So bedeutete diese Nacht Ende und Anfang zugleich.
Mit dem Heranwachsen der jungen Tiger wuchsen auch wir in die neue Verantwortung hinein. Unsere Bemühungen um die Fortpflanzung und Erhaltung des weißen Tigers

verschafften uns in gewisser Beziehung eine weitere Karriere mit weiteren Verpflichtungen. Durch den Film konnten wir das Publikum an etwas teilhaben lassen, das uns neben unserem Beruf als Entertainer völlig ausfüllt. Heute sind wir Ehrenvorsitzende der Zoological Society of Cincinnati. Der weiße Tiger ist seltener als der Panda, der noch in freier Wildbahn vorkommt. Weltweit gibt es weniger als 200 weiße Tiger. Zum Glück nimmt ihre Zahl dank unserer Bemühungen zu, so daß jetzt Hoffnung besteht, daß diese Spezies die Jahrtausendwende überdauern wird. Unser Ziel – dessen Verwirklichung wir nicht mehr erleben werden – ist es, den weißen Tiger eines Tages wieder in einer Umgebung auszusetzen, die er frei und ungefährdet durchstreifen kann.
Unsere Familie weißer Tiger ist auf insgesamt 23 angewachsen, von denen fünf rein weiß sind. Weniger als ein Jahr nach Sitarras erstem Wurf geschah erneut ein Wunder: Akbar Kabul, das allererste schneeweiße Männchen, kam zur Welt. Ein weiteres Männchen, Mantra, wurde 1990 geboren.
Im Augenblick sind wir dabei, den Weg für ein drittes Wunder zu bereiten. Sollten die reinweißen Tiger sich paaren und ein schneeweißes Junges hervorbringen können, hätte die Natur uns eine zweite Chance gegeben.

Roy

Neunzehnhundertsiebenundachtzig – ein ereignisreiches Jahr. Obwohl *Beyond Belief* sich im sechsten Jahr befand, hatte die Show weder an Glanz noch an Anziehungskraft verloren. Wir gaben weiterhin zwei ausverkaufte Vorstellungen pro Abend – und mußten trotzdem bis zu 3000 Zuschauer pro Tag abweisen, obgleich im Hotel Wände durchbrochen und das Theater ins Casino hinaus erweitert worden war. Es gab einfach nicht genug Platz. Wir waren uns darüber im klaren, daß es Zeit wurde, weiterzuziehen.
Um es ganz deutlich zu sagen: Wir wußten, daß wir nun die größte Einzelattraktion in Las Vegas waren und jetzt durchsetzen konnten, daß wir eine Show bekamen, die den bisher in Las Vegas üblichen Rahmen sprengte. Was wir uns wünschten, war ein Geschäftspartner, der unsere Visionen teilte. Und es gab nur einen Mann, der die Ursachen der mörderischen Sterilität auf dem Strip erfaßte. Wie sich zeigte, war er bereit, sämtliche Schablonen zu zerschlagen, um etwas Modernes, für Las Vegas völlig Neuartiges zu erschaffen.
Steve Wynn war schon lange vor dem Jahr 1987 der Jungstar der Casinobranche gewesen. 1973 übernahm Wynn, damals erst 31, das Golden Nugget in *Downtown*, ein heruntergekommenes, vor der Pleite stehendes Casino im Zentrum von Las Vegas, und er verwandelte es in eine elegante, glitzernde, mondäne Geldmaschine. Ende der siebziger

Jahre eröffnete er ein weiteres Casino in der gerade erbauten Atlantic City. Wynn ist ein geborener Showman, der seine Werbespots fürs Fernsehen selbst schrieb und darin gleichberechtigt mit Stars wie Frank Sinatra und Dolly Parton auftrat.
Jetzt war Wynn dabei, das ehrgeizigste Projekt in der Geschichte von Las Vegas zu verwirklichen: Auf einem der letzten unbebauten Grundstücke am Strip sollte das bisher außergewöhnlichste Hotel-Casino entstehen. Seine Vision reichte so weit über alles hinaus, was jemals in Vegas verwirklicht worden war, daß man ihn fast mit Walt Disney vergleichen könnte. Wynn plante jedoch keinen Vergnügungspark, sondern er wollte seiner Klientel Klasse und Eleganz in großartigen Dimensionen bieten. In seinem Casino würde es keine Leuchtreklamen, keine Glitzerkostüme und keine barbusigen Revuegirls geben.
Wynn zeigte uns das Modell seines Traumhotels mit dem passenden Namen Mirage, das 1989 eröffnet werden sollte. Es entsprach in jeder Beziehung unseren Phantasien. Er wollte eine exotische Dschungelatmosphäre – eine Mischung zwischen Karibik und Fernem Osten – mit Regenwäldern und feuerspeienden Vulkanen schaffen. Siegfried und ich hatten seit Jahren mit dem Gedanken gespielt, selbst ein Hotel voller wilder verwirklichter Phantasien zu besitzen – praktisch eine Erweiterung unseres bisherigen Lebenstraums. Wynns Projekt kam unserem Traum näher als alles andere, was wir bisher gehört hatten. Seine Idee war wie auf uns zugeschnitten.

Steve Wynn

Als ich das Konzept für das Hotel entwickelte, spielten Siegfried und Roy sehr frühzeitig eine Rolle in meinen Überlegungen. Das Showgeschäft in Las Vegas erfordert schwierigste und mit größten Unwägbarkeiten befrachtete Entscheidungen. In dieser Branche eine bestimmte Programmplanung durchzuhalten, die auch Rücksicht auf die Kosten nimmt, ist nahezu unmöglich. Hiesige Showrooms haben seit vielen Jahren drei bis fünf Millionen Dollar Verlust im Jahr gemacht – und dabei rede ich von Shows mit großen Stars. Revuen wie die Folies-Bergère im Tropicana oder das Stardust/Lido haben pro Show weniger Verlust gemacht, weil hier das Ensemble wichtiger war als berühmte Stars. Aber die Anziehungskraft solcher großen Spektakel war längst geschwunden. Barbusige Revuegirls, die eine Treppe hinauf- und hinuntermarschieren, hätten in den fünfziger Jahren abgeschafft werden sollen, denn das war eine nach dem Zweiten Weltkrieg aus Frankreich importierte veraltete Idee. In Europa wurden solche Shows mit Eleganz und Geschmack vorgeführt; in Las Vegas zeigten sie nur Busen und Hintern.
Was die Stars betraf, bot ihnen diese Stadt früher ein wunderbares Forum. Etwa bis zum Jahr 1970 stand ein Entertainer auf dem Höhepunkt seiner Karriere, wenn er in Las Vegas auftrat; dort mußte man gewesen sein, dort gab es die höchsten Gagen. Mit 14 Vorstellungen konnte man 50 000 bis 70 000 Dollar pro Woche verdienen.

The Magic of Steve Wynn und Siegfried und Roy in »unserem« Mirage

Mit dem Aufstieg der Rockstars Anfang der siebziger Jahre bildete sich jedoch das Phänomen der Konzerttouren mit jeweils nur einem Abendauftritt heraus. Und so kam es im Showgeschäft zu einem entscheidenden Wandel. Die Rockstars fingen damit an, aber die übrigen Entertainer folgten ihnen, bis sogar Frank Sinatra an einzelnen Abenden auftrat. Jetzt konnten Entertainer in eine Stadt kommen, zwei Stunden lang vor 5000, 10000 oder sogar 20000 Leuten auftreten und dafür bis zu 200000 Dollar kassieren.
Auftritte vor großem Publikum bedingten, daß die Künstler ihre Shows mit spektakulären Lichteffekten und massivem Lautsprechereinsatz aufzuwerten hatten. Alles mußte wie auf der Schallplatte klingen; Intimität war out. Nach Las Vegas wollte niemand mehr. Für jemand wie Kenny Rogers lohnte es sich nicht mehr, in Vegas aufzutreten und für zwölf Shows 600000 Dollar zu bekommen, wenn er auf Tournee gehen und an zwölf Abenden 1,5 Millionen Dollar verdienen konnte. Zwei Shows pro Abend in

dem für die großen Theater erforderlichen Umfang waren für einen Star nicht nur körperlich zu anstrengend, sondern an den neuen Verdienstmöglichkeiten gemessen auch ein sicheres Verlustgeschäft; die Hotels konnten sich einfach keine höheren Gagen leisten. Deshalb war die Unterhaltung im Mirage für mich ein höchst komplexes Problem. Wie konnte ich die Leute anlocken? Glamour und Berühmtheit gehören weiterhin zum Las-Vegas-Erlebnis; und obwohl die Preise sich geändert hatten, war das Bedürfnis nach Showunterhaltung gleichgeblieben.

Für mich gab es nur einen todsicheren Tip: den größten Erfolg in der Geschichte von Las Vegas – Siegfried und Roy. Im Frontier waren sie vor ausverkauftem Haus aufgetre-

Bei den Aufnahmen mit unserem Freund Willy Bogner, der die »Siegfried & Roy«-Wintersportkollektion entworfen hat

Um das Erbgut der weißen Tiger zu stärken, paarten wir eine Tigerin mit einem goldenen Tiger und erhielten den ersten Wurf heterozygoter goldfarbener Tigerbabies, die Träger der weißen Gene sind. Werden sie wiederum mit weißen Tigern gepaart, entsteht die nächste Generation von Siegfrieds und Roys weißen Tigern.

Augenblicke später

Niemals sollte man sich in die Nähe einer werfenden Tigerin wagen. Aber ich ließ mich nur von meinem Instinkt und meinem Herzen leiten. In diesem Augenblick war ich mir nicht bewußt, daß ich mein Leben aufs Spiel setzte. Ich sah nur ein hilfloses Tigerbaby, kroch langsam darauf zu und sprach leise auf Noële ein, während ich zwischen ihre Hinterläufe griff, das Kleine aufhob, die Nabelschnur mit den Daumen durchtrennte und die Fruchtblase öffnete.
Anfangs war sie zu erschöpft, um etwas um sich herum wahrzunehmen, aber dann hob Noële den Kopf und beobachtete jede meiner Bewegungen. Ich legte das feuchte Neugeborene zwischen ihre Vordertatzen. Sie kam wieder zu Kräften und leckte es sauber. Ich wußte nicht, ob das Junge lebte, aber wenige Sekunden später war ein erstes leises Maunzen zu hören – Amen.

Ostern 1992 – fünf Monate später: vier glückliche und gesunde heterozygote Tigerbabies

Einer fünf Tonnen schweren Elefantin das Vergnügen eines Bades im herrlichen Lake Mead bei Las Vegas zu verschaffen, war keine geringe Leistung. Aber Hunderte von bedürftigen Kindern bei 45° C Hitze mit Eiskrem zu erfreuen, erforderte magische Fähigkeiten. Bravo, Gildah, bravo!

ten, zweimal pro Abend, 44 Wochen im Jahr, *sieben* Jahre lang! Es gab keinen berühmten Star, den ich bei mir hätte auftreten lassen können: Jeder andere Entertainer wäre ausgebrannt, nur Siegfried und Roy wußten ihre Magie geschickt mit einer Revue zu kombinieren. Gelang es mir, sie zu engagieren, hatte ich mir beides gesichert: den Wert ihrer Revue, die ein Dauerbrenner war, und den Werbewert ihrer Magie.
Darüber hinaus wollte ich Künstler finden, die so einzigartig wie alles andere waren, was für das Mirage geschaffen wurde. Ich wollte eine Performance zur Erweiterung der Fantasy-Welt meines Hotels. Und auch das wies direkt auf Siegfried und Roy hin.

Mr. Wynns Angebot war umwerfend. Er wollte uns nicht nur ein Theater nach unseren Wünschen bauen und unser Gehege für die weißen Tiger exakt nachbilden lassen, sondern uns freie Hand lassen, damit wir eine Show nach unseren Ideen ohne irgendwelche Einflußnahme gestalten konnten. Und er bot uns einen in der Geschichte der Live-Unterhaltung noch nie dagewesenen Vertrag an: 57,5 Millionen Dollar Garantiegage für fünf Jahre. Was konnten wir dazu sagen? Nur eines: Wir würden uns im Winter 1990 zum Arbeitsantritt melden.

Siegfried

Wir reden von unserer Show, wir reden von unseren Verträgen, wir reden von den Leuten, mit denen wir arbeiten, aber tatsächlich haben wir darüber hinaus auch noch ein Privatleben. Nach über 20 Jahren in Las Vegas sind wir hier heimisch geworden und aktive Bürger dieser Stadt. Doch obwohl wir uns stets mehr mit der amerikanischen Denk- und Lebensweise identifiziert haben – wir sind amerikanische Staatsbürger –, wären Menschen, die uns noch nicht kennen, bestimmt überrascht, wie deutsch wir in Wirklichkeit sind. Wir haben uns niemals von unseren Wurzeln gelöst.
In gewisser Beziehung importierten wir möglichst viel von Deutschland nach Las Vegas. Mitten in der Wüste haben wir auf 32 Hektar Grund ein bayrisches Landhaus errichtet und eine Landschaft geschaffen, die mich an meine Kindheit in Bayern erinnert: üppig grünes Gras, Tausende von Bäumen, Bäche, Brücken, König-Ludwig-Statuen und malerische Teiche mit Enten und schwarzen Schwänen. Außerdem haben wir Pferde, Ziegen und Hühner, und über die weiten Rasenflächen stolzieren Dutzende von weißen Pfauen.

Wenige Sekunden später ließen wir Schneewittchens Schloß im Disneyland verschwinden

Als wir im Jahr 1988 in der Fernsehshow »Magic in the Magic Kingdom« auftraten, beschlossen wir, nicht nur das Schneewittchenschloß aus Disneyland verschwinden zu lassen, sondern auch einen fünf Tonnen schweren Elefanten in George Burns zu verwandeln. Unsere große Sorge war, ob George, der damals bereits 87 Jahre alt war, für diese temporeiche Illusion beweglich genug sein würde. »Macht euch keine Sorgen, ich renne jeden Tag zweimal um den Block, um mich fitzuhalten«, versicherte er uns.
Nun, nach mehreren Aufnahmen klappte die Sache endlich. Ein Knall, ein Lichtblitz, der Elefant verschwand, und George erschien unmittelbar neben Roy. George vergaß jedoch, seinen Text aufzusagen: »Vorsicht, meine Freunde Siegfried und Roy werden gleich versuchen, das Schneewittchenschloß verschwinden zu lassen.« Statt dessen wandte er sich an Roy, der ihm in einer herzlichen Geste impulsiv seinen Arm um die Schultern gelegt hatte, und sagte: »Hey, kid, so schön war es seit damals in Gracies Armen nicht mehr.«
Danke, George. Für mich war es ein Kompliment.

Mit Johanna Horn, Roys Mutter

Schließt man das Tor, könnte man glauben, irgendwo in Süddeutschland zu sein. Zu Hause bevorzugen wir noch immer herzhafte deutsche Kost und bemühen uns, liebgewordene deutsche Bräuche auch im amerikanischen Alltag beizubehalten.

Roy

Als sich vor Jahren abzeichnete, daß Nevada meine neue Heimat werden würde, lud ich meine Mutter ein, aus Deutschland herüberzukommen und in einem Haus zu leben, das ich für sie bauen würde. Anfangs versorgte sie Siegfried und mich und war der gute Geist unseres Hauses. Heute ist sie ein Symbol der Kontinuität, die Verbindung zu meinen Wurzeln. Eingedenk dessen, was sie in meiner Kindheit durchgemacht hatte, nahm ich mir vor, ihren Lebensabend so unbeschwert und sorgenfrei wie nur möglich zu gestalten.

Täglich daran erinnert zu werden, daß ich das für sie habe tun können, ist mir eine große Freude. Und sie macht sich ein Vergnügen daraus, dafür zu sorgen, daß Siegfried und ich ein »gutes deutsches Heim« haben.

Siegfried

Wir machen jedes Jahr eine Reise in die alte Heimat. Manchmal haben wir noch immer Heimweh. Uns fehlt die Atmosphäre, der Geruch eines bestimmten Cafés, eines bestimmten Restaurants.
Abgesehen von einem ZDF-Porträt im Juni 1991 sind wir seit einem Vierteljahrhundert

Ein seltener gemeinsamer Urlaub. – Im Gegensatz zu den meisten Duos im Showgeschäft werden Siegfried und ich immer stärker. Aber nach drei Jahrzehnten Zusammenarbeit … brauchen wir manchmal Abstand voneinander. Deshalb flüchten wir im Urlaub meistens in entgegengesetzte Richtungen. Dies war eine der seltenen Ausnahmen, als wir miteinander in Acapulco waren.
Zum Glück! Sonst könnte ich diese Geschichte nicht erzählen.
Eines Nachmittags badeten wir an einem herrlichen Strand. Ich schwamm zu weit hinaus, und als ich sah, daß Siegfried hinter mir ebenfalls zu weit hinausgeschwommen war, gab ich ihm verzweifelt Warnzeichen. Inzwischen konnte ich mich kaum noch über Wasser halten. Die Strömung zog mich in die Tiefe, und ich begann, Wasser zu schlucken. Plötzlich spürte ich, wie mich jemand an den Haaren packte, mir unter die Arme griff und mich zum Strand zurückzog, wo er mir rhythmisch auf meinen Brustkorb drückte. Ich spuckte reichlich Wasser aus, öffnete die Augen und sah Siegfried über mir.
Statt gegen die Strömung anzukämpfen, hatte er sich schräg hinaustreiben lassen, mich eingeholt und mich an Land gezogen. Er hat mir das Leben gerettet – und sorgt dafür, daß ich das nie vergesse…

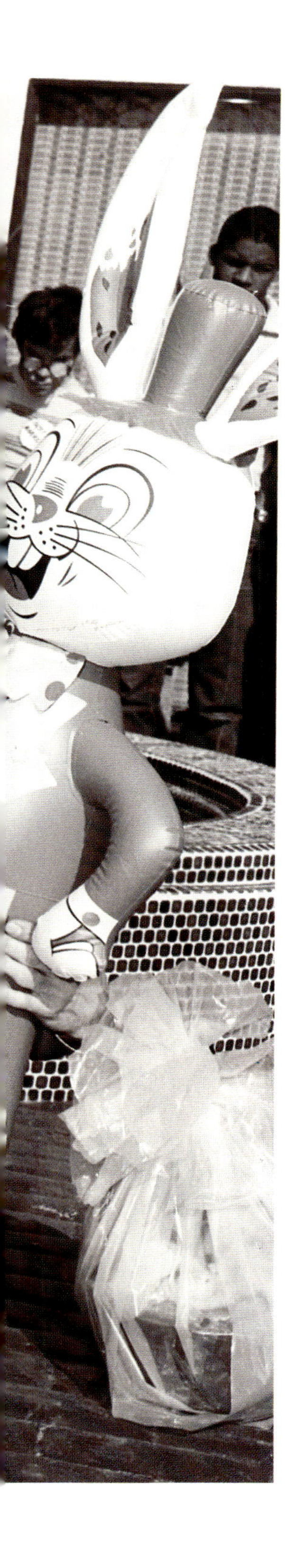

Mit dem Bundesverdienstkreuz ausgezeichnet – dieser höchste deutsche Orden wurde uns im Rahmen einer kleinen Feier in Las Vegas im Dschungelpalast überreicht

Blinde und taube Kinder besuchen den Dschungelpalast. Wie sollten wir ihnen von Tieren erzählen? »Zeigen Sie sie ihnen durch Ihre Augen«, forderte die Lehrerin Siegfried und mich auf. Deshalb taten wir so, als seien sie ganz gewöhnliche Kinder. Aber wie der Rattenfänger von Hameln stellten wir alles größer und bunter dar.
»Darf ich einen Tiger anfassen?« fragte ein kleines Mädchen.
Siegfried und ich knieten mit der Kleinen neben Sahra nieder und legten ihre Hand aufs Fell unserer goldgelben Tigerin.
»Wo sind die Streifen?« fragte sie.
»Das ist ein schwarzer Streifen, das ein goldener...« So führten wir ihre Hand behutsam von einem Streifen zum anderen über Sahras Rücken.
Die Freude auf dem Gesicht dieses Kindes werde ich nie vergessen. Und für uns stand außer Zweifel – das kleine Mädchen »sah« den Tiger.

Mit Sohni Löffelhardt (links), Richard Schmidt (rechts) und den Bee Gees beim fünfundzwanzigjährigen Jubiläum von Phantasialand, im Juni 1991

Viel Gedränge und ein großer Empfang, als wir nach Deutschland kamen, um in einer Fernsehshow aufzutreten – unser erster dortiger Auftritt seit 25 Jahren

Mit Claudia Schiffer bei der Bambi-Verleihung.

Mit dem Bambi ausgezeichnet – als wir nach Deutschland kamen, um für unsere Fernsehshow den begehrtesten deutschen Medienpreis in Empfang zu nehmen, waren alle enttäuscht, weil wir keinen weißen Tiger mitgebracht hatten. Als wir von dieser Enttäuschung hörten, hatten wir eine Idee: Warum nicht die symbolische Bambi-Trophäe lebendig machen? Typisch Siegfried und Roy – großartig im Umgang mit Tieren!

Die Magie ihrer Schönheit gleicht der Magie ihres Herzens. Gemeinsam mit Audrey Hepburn bei der Verleihung unserer Bambis.

Roy reitet seinen Lipizzanerhengst Grandissimo in der Wüste. – Ich beschütze meine Tiere, und sie beschützen mich. Bei einem Ausritt mit Grandissimo in den Vorbergen des Mount Charleston entdeckte ich einen schmalen Bergpfad. Nach längerem Ritt diesen schwierigen Pfad hinauf erreichten wir ein Hochplateau mit einem Bach, einigen Bäumen, Felsen und vielen Dornenbüschen. Da die Sonne herabbrannte, beschloß ich, uns eine Ruhepause zu gönnen. Ich sattelte Grandissimo ab, der zufrieden an den Bach trabte, um Wasser zu trinken. Nachdem ich für mich selbst ein sonniges Plätzchen auf einem flachen Felsen gefunden hatte, wollte ich den Sattel als Kopfkissen benützen und mich etwas ausruhen.
Als ich's mir eben gemütlich machen wollte, hörte ich eine Klapperschlange, die gleich darauf zu sehen war. Mein erster Impuls war, die Flucht zu ergreifen, aber ich stolperte und fiel rücklings hin; im nächsten Augenblick war die Schlange zum Zustoßen bereit neben meinen Beinen. Gleichzeitig wieherte Grandissimo – der mir zu dem Felsen gefolgt war – schrill und richtete sich blitzschnell auf. Seine Hufe krachten wieder und wieder auf die Klapperschlange herab. Danach kam er mit Schaum vor dem Maul, blitzenden schwarzen Augen und laut schnaubend herüber, stieß mich an und knabberte mit weichen Lippen an mir.
Ist das etwa keine Freundschaft?

nicht mehr in Deutschland aufgetreten – und gelten trotzdem als zwei der berühmtesten »Exportartikel« unserer Heimat. Als wir zu den Fernsehaufnahmen dort waren, war es ein wundervolles Gefühl, wenn Leute zu uns kamen, um sich ein Autogramm geben zu lassen, und dabei Ticketabrisse aus dem Mirage aus der Tasche zogen.
Wir sind sogar mit dem Bundesverdienstkreuz ausgezeichnet worden. An diesem Tag mußten zwei deutsche Jungen, die mit einem keineswegs bürgerlichen Beruf Karriere gemacht hatten, sich fragen: »Wirklich? Für uns?«

Roy als Schriftsteller am Werk. – Nach einem literarischen Disput verwandelte ich Annette Tapert, unsere Autorin, in der Hoffnung, sie werde dann tiefer in meine Gedanken eindringen können, in ein anderes Lebewesen.

Roy

Ein großer Teil meines Privatlebens ist meinen Tieren gewidmet. Höre ich Eltern über ihre Kinder reden, staune ich immer wieder, wie ähnlich unsere Erfahrungen sind, denn meine Beziehung zu meinen Tieren hat sehr viel Ähnlichkeit mit der zwischen Vater und Kind. Das am meisten geliebte Kind ist oft am unartigsten; um das Unartige kümmert man sich stets am intensivsten. Schon mal gehört? Als Vatergestalt meiner Tiere genieße ich freudig den Lohn der Arbeit, die ich mit ihrer Aufzucht habe. Alle Zeit, Liebe und Mühe, die ich in ein Tier investiere, erhalte ich zehnfach zurück. Natürlich stellt sich dieses Ergebnis leichter ein, wenn ich ein Tier von Geburt an aufziehe; dann wird es sofort für unsere Umgebung konditioniert.
Viel schwieriger ist es, ein Tier zu Liebe und Anhänglichkeit zu erziehen, wenn ich ein ausgewachsenes adoptiere. Dann muß ich Ängste, Mißtrauen und Unsicherheiten abbauen, die in der Vergangenheit entstanden sind. Man könnte sagen, ich sei in dieser Situation nicht nur eine Vaterfigur, sondern auch ein Psychiater.
Ich werde oft gebeten, mein Verhältnis zu Tieren zu schildern. Wie sich gezeigt hat, ist das nur mit Fallgeschichten möglich. Nehmen wir zum Beispiel Macumba: Eines Tages rief mich mein Tierarzt Marty Dinnes an, und bat mich, einen prächtigen schwarzen

Eine Begegnung mit Macumba

»Ich hab' dir doch gesagt, daß du diesen Hut nicht aufsetzen sollst.«
»Ja, und ich hab' dir gesagt, daß du mich nicht dauernd bevormunden sollst«, meint Roy zu Manchu, einem herrschsüchtigen Schneeleoparden.

Panther bei mir aufzunehmen. Sein Besitzer, der an einem Herzschlag gestorben war, hatte ihn auf einer heruntergekommenen Ranch in Kalifornien großgezogen. Einige Tage nach seinem Tod merkten die Cowboys, daß sie es jetzt mit einem halbwilden Panther zu tun hatten, der stets nur seinen Besitzer gekannt hatte. In seinem Schmerz fraß Macumba nichts mehr und griff jeden an, der sich ihm zu nähern versuchte, weshalb die Cowboys ihn schließlich in einen Käfig sperren mußten. Und weil sich keine Möglichkeit ergab, ihn in einem Zoo unterzubringen, war es nur noch eine Frage der Zeit, wann dieses Prachtexemplar erschossen werden würde.
Der Anruf bei mir war Martys letzter Versuch, ihn zu retten. Die Story erinnerte mich an Jahmal, den Jaguar, so daß ich meine Zweifel hatte; aber da ich immer bereit bin, dem Schwächeren zu helfen, durfte Macumba mit mir nach Hause. In den folgenden Wochen schlugen alle Versuche fehl, ihn aus seiner selbstgewählten Isolation herauszulocken. Er

hockte immer nur im hintersten Winkel seiner Höhle – ein trauriger Schatten seiner selbst.
Als ich an einem Sommerabend spät von einer Bootsfahrt auf dem Lake Mead zurückkam, sah ich nach Macumba und konnte nur seine schönen smaragdgrünen Augen erkennen, die aus seiner Höhle in die Nacht hinausstarrten. Das war nicht länger auszuhalten: so würde er allmählich eingehen. Ich betrat vorsichtig sein Gehege, setzte mich auf der anderen Seite seiner Höhle auf den Boden und sprach leise mit ihm. Seine einzige Reaktion war ein furchterregendes Knurren, bei dem ihm Speichel von den Reißzähnen troff. Ich gab vor, nicht auf ihn zu achten, und begann zu meditieren.
Wenig später ahnte ich eine Bewegung, die dann auch zu hören war. Ohne meine Meditation zu unterbrechen, blieb ich schweigend sitzen, während ich ihn auf mich zukommen fühlte. Ich spürte seinen heißen Atem und hörte, wie er den Rachen aufriß. Ich schob ihn fort, ohne die Augen zu öffnen, und er wich vor dieser Berührung zurück. In dieser Sekunde erkannte ich, daß er aus seiner Isolation kam und daß der Augenblick der Wahrheit nahe war. Weitere zehn Minuten vergingen, bevor ich eine erneute Annäherung fühlte. Diesmal beschloß ich, das Risiko einzugehen, ihn nicht wieder wegzuschieben. Falls er mich beißen wollte, konnte er es ebensogut jetzt tun, denn einmal würde sein Kummer doch an die Oberfläche kommen müssen. Obwohl ich meine Meditation nicht unterbrach, hörte ich jeden Strohhalm auf dem Boden rascheln. Plötzlich fühlte ich eine Tatze auf einem Knie und dann etwas Schweres auf meinen Beinen. Ich öffnete die Augen. Macumba hatte sein müdes Haupt in meinen Schoß gebettet. Ein Schauder durchlief meinen Körper.
Macumba war ins Leben zurückgekehrt.
Die folgenden Wochen verbrachte ich damit, auf diesem Augenblick aufzubauen. Um für etwas Abwechslung und Bewegung in seiner Umgebung zu sorgen, brachte ich Macumba neben Sabu, meinem älteren schwarzen Panther, und Sascha, meiner gefleckten Leopardin, unter. In dieser Situation entdeckte ich bei Macumba einen Hauch von Eifersucht – ein weiteres gutes Zeichen dafür, daß er sich auf dem Weg der Besserung befand.
Wie bei einem Kind, das spürt, was man von ihm will, nahm ich bei Macumba gewisse Ressentiments wahr; deshalb täuschte ich ihn, indem ich unsere Beziehung vorläufig einfror. Statt dessen konzentrierte ich mich darauf, ihn an Sabu und Sascha zu gewöhnen, weil ich hoffte, die drei würden sich gut vertragen. Dieser Tag kam unerwartet früh. Nach gelegentlichem Fauchen und ein paar halbherzigen Scheinangriffen schliefen sie jede Nacht zusammen. Obwohl Sabu und Sascha ein Paar waren, hatte der alte Sabu nichts dagegen, sich Sascha mit seinem neuen Freund zu teilen. Und Sascha hatte erst recht keine Einwände. Die lebenslange Ehe der beiden schien davon sogar zu profitieren.
Ungefähr ein Jahr später machte Sabus Arthritis seine Auftritte so schwierig, daß ich ihn gegen seinen Willen in den Ruhstand versetzte. Macumba hatte mich immer ins Theater begleitet, und mir war aufgefallen, daß er die Proben aufmerksam beobachtete und Sabu um die Aufmerksamkeit beneidete, die ihm von mir zuteil wurde. Ich wußte, daß Ma-

cumba jetzt, nachdem ich sein Vertrauen gewonnen hatte, für die von mir so bezeichnete Gefühlskonditionierung reif war.
Tatsächlich wurde Macumba nicht nur eine gesunde, zufriedene, liebevolle Katze, sondern erwies sich auch als Naturtalent auf der Bühne, und er ist der größte Schauspieler von allen.
Höre ich heute, wie meine Freunde mit den Fähigkeiten und Erfolgen ihrer Kinder prahlen und zufrieden feststellen, daß der Aufwand an Zeit, Hingabe und Förderung sich gelohnt hat, nicke ich zustimmend …

Siegfried

Zu den angenehmsten Seiten unseres Erfolgs zählt die Möglichkeit, so viele berühmte und interessante Menschen kennenzulernen. Die Wände unserer Privatsuite hängen voller Fotos von wundervollen Abenden mit einigen der größten Entertainer, mit gekrönten Häuptern, Politikern und sonstigen Prominenten. Darüber staunen wir manchmal. Alles Leute, vor denen wir Respekt haben – und dann kommen sie hinter die Bühne, um *uns* kennenzulernen.
Ich muß allerdings festhalten, daß die eindrucksvollste Begegnung zustande kam, als wir den Spieß umdrehten und einmal selbst hinter die Bühne gingen. In diesem Fall war »die Bühne« jedoch der Vatikan, und der Würdenträger, den wir dort besuchen wollten, war Seine Heiligkeit Papst Johannes Paul II.
Die Idee, wir könnten uns um eine päpstliche Privataudienz bemühen, entstand als Geschenk an meine Schwester Margot, die als Franziskanerin in Deutschland lebt. Ihr Orden nimmt sich schwererziehbarer Kinder an, die aus schrecklichsten Verhältnissen zu ihm kommen. Roy hatte sie einmal gefragt: »Margot, was würdest du dir wünschen, wenn du einen Wunsch frei hättest?«
»Ich habe mein Leben von Kindheit an Jesus und der Kirche gewidmet. Mein größter Wunsch wäre eine Pilgerfahrt nach Rom und eine Audienz bei Seiner Heiligkeit dem Papst«, antwortete sie.
Viele Jahre später, 1986, gelang es Bernie, diese Begegnung durch seine Verbindungen zum Weißen Haus zu arrangieren.

Gleichzeitig hatte ich eine Idee, über die ich gern mit dem Papst gesprochen hätte. Mein oberstes Ziel war es stets gewesen, den weißen Tigern die Möglichkeit zu verschaffen, wieder in freier Wildbahn zu leben. Und ich rechnete mir aus, daß der Papst und die tibetanischen Lamas mir dabei helfen könnten. Im Himalaja gibt es nämlich ein Gebiet,

Nach der Vorstellung unterhalten wir unsere in die Garderobe eingeladenen Gäste immer mit etwas Magie aus erster Hand. Neben dem zum Blühen gebrachten Rosenstrauch ist das beliebteste Kunststück ein Kartentrick, bei dem wir sie bitten, aus 52 Spielkarten eine zu ziehen und mit ihrer Unterschrift zu kennzeichnen. Dann sichern wir den Kartenstapel mit »Handschellen à la Siegfried und Roy« – einem Gummiband. Abrakadabra! Schon schwebt die Karte unter der Decke, und die verblüfften Gäste können bald feststellen, daß ihre Namen sich dort in höchst prominenter Gesellschaft befinden.
Sarmoti!

Eddie Murphy

Mit Fürst Rainer von Monaco, seinem Sohn Albert und dem König des Showbusineß, Cary Grant

Bob Hope

Dolly Parton

Don Rickels

Sylvester Stallone

Julio Iglesias

Liberace

Kirk Douglas und Frau

Robin Williams

James Brown

A

B

C

Unser Mount Rushmore

D

E

F

A Ein Schwarzenegger, ein Kennedy, ein Siegfried, ein Roy und die Royal White Tigers of Nevada – sieben Beispiele des Amerikanischen Traums

B Eines von Siegfrieds Vorbildern, unsere weiterbestehende French Connection – Charles Aznavour

C Vincent Price – ein geheimnisvoller Mann und großartiger Schauspieler

D Besuchen wir jemanden, werden wir fast immer aufgefordert, etwas Magie vorzuführen. Als Präsident Bush uns ins Weiße Haus einlud, erwarteten wir, er werde uns auffordern, das Haushaltsdefizit verschwinden zu lassen. Sorry, George!

E Der Präsident und Mrs. Reagan verabschieden uns vor unserer Reise zu Papst Johannes Paul II. und beauftragen uns, Seiner Heiligkeit ihre Grüße und die des amerikanischen Volkes zu überbringen.

F Und als Beweis dafür, daß wir politisch nicht voreingenommen sind: Jimmy Carter, unser Lieblingspolitiker bei den Demokraten.

G Mit Barbra Streisand

H Steven Spielbergs Geburtstagsgeschenk für seine Mutter war ein Flug nach Las Vegas zu unserer Show.

G

H

To Siegfried & Roy,

You brought Fantasia to life right before my eyes. I'm spellbound!

Steven Spielberg
Oct 25. 1990

A

B

C

A Mit Walter Cronkite – schon als Baby genoß es unser nubischer Löwe Mombassa, von einer Mediengroßmacht umarmt zu werden.

B »Cats«! »Starlight Express«! »Das Phantom der Oper«! Was bringt Andrew Lloyd als nächstes auf die Bühne? Eine Musical-Version unseres Lebens?

C Eine gefährdete, aber noch nicht ausgestorbene Art – von links nach rechts: Roger Moore, Gregory Peck, Gene Autry, Frank Sinatra und Steve Wynn

D »I did it my way« – und darauf genehmigten wir uns einen …

E Mit unserer atemberaubenden Lady Elizabeth auf Roys Geburtstagsparty im Oktober 1991 – Bernie Yuman, unser Manager, hatte arrangiert, daß Elizabeth Taylor als Überraschungsgast zu meiner Geburtstagsparty aus Los Angeles eingeflogen wurde. Eigentlich fand an diesem Abend – vier Tage vor ihrer Hochzeit mit Larry Fortensky – eine Party zur Überreichung der Brautgeschenke statt, und sie mußte über die Mauer des Nachbargrundstücks klettern, um den Reportern zu entkommen. Sie traf gerade noch rechtzeitig ein, um mit dem Glockenschlag um Mitternacht »Happy Birthday« singen zu können. Ich stimmte ein, und wir sangen im Duett gräßlich falsch, bis wir vor Lachen nicht mehr konnten. Danach versprachen wir einander, in Zukunft bei unseren Leisten zu bleiben.

F Unser alter Freund Muhammad Ali, der die Magie liebt, nimmt jedes Jahr am Desert Magic Seminar teil, mit dem wir junge Talente fördern

G Augenblick mal, bitte! – Joan Rivers – eine witzige Frau und stets hilfsbereite Freundin. Sie wirkte in unserer Fernsehshow mit und wir in ihrer. Aber nachdem wir sie zersägt und absichtlich nicht mehr zusammengefügt hatten, war sie für ihre Äußerungen nicht mehr verantwortlich.

H Mr. High Voltage – Sammy Davis, Jr. war ein Vierteljahrhundert lang unser Freund, und als wir ihn verloren, schienen einige der Lichter am Strip auszugehen. Für uns verkörperte er das Beste, was Las Vegas zu bieten hatte.

D

E

F

G

H

König Carl XVI. Gustav von Schweden auf Besuch im Dschungelpalast

Die Ankündigung seines Besuchs stürzte unseren gesamten Haushalt in ein völliges Chaos. Das Personal arbeitete Tag und Nacht durch – der König kommt, der König kommt… Eine Stunde vor Ankunft Seiner Majestät wurden Haus und Grundstück ein letztes Mal unter die Lupe genommen. Sicherheitsbeamte, wohin man sah – selbst in unseren 280 Palmen waren welche versteckt. Wir machten uns auf eine steife Visite gefaßt. Aber wie so viele Aristokraten war der König charmant, keineswegs eingebildet. Und er zuckte mit keiner Wimper, als unser Kakadu La Donna »Long live Roy!« kreischte.

Kevin Costner und Oliver Stone

Bruce Willis und Demi Moore

Eine Inspiration für eine Inspiration

Nach einem der hinreißenden Auftritte Liza Minellis gestand ich ihr, daß ich mir vor jeder unserer Vorstellungen einige ihrer Songs anhöre, weil ihre Energie mich anregt und beflügelt. Zu meiner Überraschung ergriff sie meine Hand und zog mich durch die Cocktails schlürfende Menge in ihr Schlafzimmer. In meinem Kopf drehte sich alles – was würde jetzt passieren?

Aber was machte meine Lieblingssängerin, als wir in ihrem Zimmer allein waren? Sie holte einen Kassettenrecorder heraus und forderte mich auf: »Bitte, Roy, sag nochmal, was du mir eben erzählt hast. Das gibt mir das Adrenalin, das ich brauche, um tun zu können, was ich tue.«

General Norman Schwarzkopf

Eine seltene Spezies und ein Bild von einer Frau

Weshalb sperrte Joan Collins sich im Badezimmer ein, nachdem sie zwei der begehrenswertesten Junggesellen im Showgeschäft kennengelernt hatte? Sie hätten wahrscheinlich ähnlich reagiert. Bei ihrer ersten Begegnung stritten Tigerin Joan und Tigerin Sitarra sich darüber, wer auf dem Sofa sitzen dürfe. Als die Großkatze sich über die Schauspielerin hinweg ausstreckte, ergriff Joan die Flucht. Das löste eine spielerische Verfolgungsjagd rund ums Sofa aus, die damit endete, daß Joan sich ängstlich ins Badezimmer zurückzog. Sitarra kehrte zufrieden aufs Sofa zurück und leckte sich die Tatzen. Vielleicht ist das der Grund dafür, weshalb wir nie in »Denver Clan« aufgetreten sind.

Mit George Burns auf der Party zu seinem 95. Geburtstag

An dem Abend, an dem George seine Party gab, mußten wir auftreten, doch zwischen unseren Shows im Mirage rasten wir zu Caesar's Palace hinüber. »George, die gute Überraschung ist, daß wir zu deiner Party gekommen sind«, verkündete Roy. »Die schlechte ist, daß ich ›Happy Birthday‹ singen werde.« »Oh, kid, wie kannst du mir das antun?« fragte George, indem er trostsuchend seine Zigarre paffte. »Würden wir dich nicht so lieben und bewundern, würden wir dir das niemals zumuten«, erklärte Roy ihm.

Mit Roy als Vorsänger stimmten 2000 Gäste »Happy Birthday« an. George war gerührt, erholte sich aber schnell genug, um sich den letzten Lacher zu sichern. »Kid, vielleicht wartet doch 'ne zweite Karriere auf dich.«

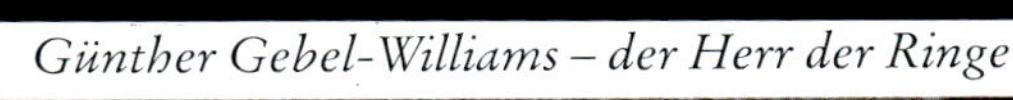

Günther Gebel-Williams – der Herr der Ringe

Unsere Pilgerfahrt nach Rom

das so abgelegen ist, daß es eigentlich ein Niemandsland ist. Deshalb ist es auch ein Jedermannsland. Ich hatte das Gefühl, keinen besseren Verbündeten als den Papst gewinnen zu können.

Die weißen Tiger schienen sehr weit entfernt zu sein, als wir uns in Deutschland mit Margot und ihrer Mutter Oberin trafen. Da die Mutter Oberin noch nie geflogen war, tat sie, was Erstflieger oft tun: Sie imitierte ihre erfahreneren Reisegefährten. Als die Stewardeß sich an sie wandte, nachdem ich einen Campari mit Orangensaft bestellt hatte, sagte die Mutter Oberin sehr freundlich: »Oh, ich nehme das gleiche.« Und Margot folgte wiederum ihrem Beispiel. Was die beiden zu bekommen glaubten, werde ich wohl nie erfahren. Als nächstes starrten sie jedoch aus dem Fenster, sahen die Wolken und fühlten sich wie im Himmel. Um dort zu bleiben, tranken sie noch einen Campari mit Orangensaft... Wenig später landeten wir in Rom und wurden von einem Beauftragten des Papstes mit einer Limousine abgeholt.

Bevor wir in den Vatikan fuhren, aßen wir in einem hübschen italienischen Gartenrestaurant zu Mittag. Dort sagte der Beauftragte des Papstes, er brauche die Namen unserer Schutzheiligen. Siegfried hatte seinen. Margot und die Mutter Oberin hatten natürlich ihre. Jeder hatte einen, nur ich nicht. In meiner Familie gab es keinen Grund dafür: Wir waren nicht katholisch. Aber ich schrieb ohne langes Nachdenken schwungvoll einen Namen auf.

Siegfried und Margot flüsterten miteinander: »Wie kann er einen hinschreiben? Er hat doch keinen!«
Ich beugte mich zu ihnen hinüber und flüsterte ebenfalls: »Ich habe den heiligen Franziskus, den Schutzpatron der Tiere, aufgeschrieben. Sollte ich mal einen brauchen, wäre das meine größte Annäherung an eine katholische Identität.«
Dann fuhren wir in den Vatikan. Nachdem wir überall herumgeführt worden waren, stellten wir uns in einer Reihe auf und warteten mit klopfenden Herzen auf den Papst.
Seine Heiligkeit trat von links auf. Hatte ich es nicht gewußt, daß er zuerst mich begrüßen würde?
Ich hatte ein paar Worte Polnisch gelernt, um ihn in seiner Muttersprache begrüßen zu können, und sagte danach auf englisch: »Wir freuen uns sehr, hier zu sein. Und ich bringe Ihnen die Grüße des Präsidenten der Vereinigten Staaten, Mr. Reagan, und des amerikanischen Volkes.«
»Was für ein Landsmann sind Sie?« fragte er.
»Ich bin Deutscher.«
»Oh, dann können wir Deutsch reden.«
Wir unterhielten uns eine Weile über Siegfrieds und meine Arbeit, und ich brachte natür-

Führung durch den Vatikan: Roy mit Siegfrieds Schwester Margot, Siegfried mit Margots Mutter Oberin

lich meinen Appell für die weißen Tiger vor. Er gab mir seinen Segen in Form eines Fläschchens Weihwasser mit, das ich nach meiner Rückkehr in unserem neuen weißen Tigergehege verspritzte. Es muß geholfen haben, denn wenig später bekam Sitarra ihre Jungen.
Nach diesem Gespräch zog ich ein Amethystkreuz aus der Tasche, das einst einem französischen Kardinal gehört hatte.
»Würden Sie mir das bitte segnen?« fragte ich.
Er hatte wohl nicht richtig zugehört, denn er sah mich an, als wolle er sagen: *Endlich mal was Anständiges.* Und er wandte sich ab, um das Kreuz seinem Sekretär zu geben.
»Nein, nein, nein«, protestierte ich halblaut, »könnten Sie mir das bitte segnen?«
Alle beobachteten uns. Margot und Siegfried dachten: *Großer Gott, was kommt jetzt?* Aber der Papst segnete mein Kreuz, und ich hängte es mir um und sagte: »Das hier ist Siegfried.«
Siegfried war das ganze Hin und Her schrecklich peinlich. Er brachte kein Wort heraus, deshalb küßte er nur den Ring des Papstes. In der Hoffnung, daß seine Schwester schon das Richtige zu sagen wußte, deutete er anschließend auf Margot.
Doch sie meinte nur – strahlend vor Stolz: »*Das* ist mein Bruder!« – womit der Papst wieder bei Siegfried landete – der sich jetzt hilfesuchend an die Mutter Oberin wandte – die immer rosigere Wangen bekam und ein ständiges Mona-Lisa-Lächeln zur Schau trug. Dann kam er zu Bernie Yuman. Obwohl Bernie Jude ist, schien *er* genau zu wissen, was von ihm erwartet wurde. Er ließ sich auf ein Knie nieder, küßte den Fischerring und bat: »O Heiliger Vater, segnen Sie mich und meine Angehörigen.«
Eine emotionale Bitte. Bernie und seine Frau Candace versuchten seit einigen Jahren, Kinder zu bekommen. Nach mehreren Fehlgeburten war sie jetzt im achten Monat schwanger. Der Papst erteilte Bernie seinen Segen, und einen Monat später brachte Candace eine gesunde Tochter zur Welt.
Nach unserem Besuch bei Johannes Paul II. durften wir noch die päpstlichen Gemächer besichtigen. Wir waren begeistert, aber Margot litt sichtlich. Hier gab es die Decke der Sala Regia, für die tonnenweise Gold, das Christoph Kolumbus mitgebracht hatte, verarbeitet worden war.
»Oh, dieser ungeheure Reichtum!« rief Margot betroffen aus. Hier wurde ihr der Unterschied zwischen dem Vatikan und ihrem kleinen Kloster klar.
Bei der Verabschiedung überreichte der päpstliche Sekretär jedem von uns einen vom Papst gesegneten Rosenkranz. Außerdem bekam ich eine kleine Schatulle aus 24karätigem Gold mit facettiertem Glasdeckel. Sie enthielt einen winzigen Knochensplitter des heiligen Franziskus und ein Stück Faden aus seinem Gewand. Ich fühlte mich natürlich sehr geehrt. Eine wundervolle Krönung unseres Besuchs, nicht wahr?
Aber Margot, die Mutter Oberin und Siegfried waren entsetzt. »Das ist unmöglich«, sagte Margot. »Wie kannst ausgerechnet du so was kriegen? Das kann nicht sein. Wieviel Knochen hat der heilige Franziskus gehabt ... wieviel kann er gehabt haben? Ich muß so-

fort in mein Hotelzimmer zurück. Ich muß nachdenken und beten.« In diesem Augenblick zweifelte sie an allem und jedem.

Am nächsten Tag kam Margot zu mir. »Ich weiß nicht, wie ich mich ausdrücken soll. Aber du weißt, daß ich eine Franziskanerin bin. Für uns ist dieser Knochen ein Baum. Er lebt; er hat Wurzeln; er verkörpert unseren Glauben. Ich muß wissen, was du damit vorhast.«

Bei einem unserer langen philosophischen Frühstücksgespräche. Hier leistet Siegfrieds Schwester Margot, eine deutsche Franziskanerin auf Besuch in Amerika, uns beim Frühstück Gesellschaft.

»Ich bringe ihn einer vor kurzem gestorbenen Tigerin, die ich sehr geliebt habe, und stelle ihn neben ihrer Urne auf«, antwortete ich.
»Ich weiß nicht, wie ich mich ausdrücken soll«, wiederholte sie. »Könnte ich dich irgendwie dazu bringen, ihn mir zu überlassen?«
»Aber du hast ihn gestern noch angezweifelt, Margot«, wandte ich ein. »Wozu würdest du ihn jetzt haben wollen?« Und obwohl ich nicht nein sagte, sagte ich auch nicht ja.
Einige Stunden später suchte Margot mich erneut auf. Diesmal war sie in weit besserer Verfassung. Und ich überließ ihr natürlich den Schatz. Sie nahm die Reliquie mit ins Kloster, wo sie einen Ehrenplatz auf dem Altar gefunden hat. Sie bedeutet Margot alles, und genau dieses Gefühl hatten wir durch die Romreise hervorrufen wollen.

Siegfried

Nach Sitarras erstem Wurf beschlossen wir, uns zwei der Royal White Tigers of Nevada mit den deutschen Kindern zu teilen, um unserer alten Heimat etwas aus unserer neuen zurückzugeben. Viele Tiergärten in Deutschland hätten alles dafür gegeben, um sie zu bekommen, aber Roy bestand darauf, die Tiger sollten ein weißes Gehege wie bei uns in Las Vegas bekommen, und er wollte die Gewißheit haben, daß ihre Umgebung gesund und friedlich war. Wir wußten, daß kein Tiergarten die Mittel für einen Bau dieser Art aufbringen konnte, zumal wir die Tiger nicht verschenken wollten. Das Ganze war eher ein Kulturaustauschprogramm mit unbestimmter Laufzeit.
Die einzigen, die das verwirklichen konnten, waren Richard Schmidt und Sohni Löffelhardt, die Besitzer von Phantasialand. Phantasialand liegt in Brühl vor den Toren Kölns und ist für Deutschland, was Disneyland für Amerika ist. Dort in Phantasialand finden deutsche Familien seit über 20 Jahren Unterhaltung und Vergnügen.
Kurz nach der Geburt der Jungen kam Schmidt uns besuchen. Er sah unsere weißen Tiger und die auf dem Rasen spielenden Kleinen, war begeistert und fühlte sich an Bambi und all die anderen liebenswerten Disney-Tiere erinnert. Schmidt erkannte sofort, daß die weißen Tiger ein wundervolles Geschenk für die deutschen Kinder sein würden; außerdem würde die Übergabe mit der Zwanzigjahrfeier von Phantasialand zusammenfallen.
Er baute nicht nur ein Tigergehege, sondern wollte auch unsere Karriere dokumentieren, indem er ein Siegfried & Roy-Museum einrichtete – mit Videoclips von unseren Shows, alten Kostümen, einigen Requisiten und Wänden voller Fotos von den ersten Anfängen bis heute.
Wenn die Deutschen etwas anpacken, dann machen sie es gründlich und übersehen nichts. Schmidt und Löffelhardt bauten die gesamte Tigerattraktion perfekt und wundervoll großzügig aus. Natürlich würden wir nach Deutschland kommen, um an der Eröffnung teilzunehmen.

Wie inzwischen klar sein dürfte, feiert Roy nichts in aller Stille. Bei ihm findet alles mit großem Tamtam statt. Er ist auf allen Ebenen ein meisterhafter Showman und hatte seit Monaten Vorbereitungen für »das freudige Ereignis« getroffen, wie er es nannte.
Als wir aus Las Vegas abflogen, um dem deutschen Volk zwei herrliche weiße Tiger zu bringen, kamen Tausende zum Flughafen, um uns zu verabschieden. Die Presse war da und knipste wie wild. Der Oberbürgermeister überreichte uns den Schlüssel der Stadt und entsandte uns als offizielle Goodwill-Botschafter. Mit Bernie, Lynette, Toney, den beiden Tigern, unserem Tierarzt und zwei Assistenten als Tierpflegern bestiegen wir einen gecharterten Jet auf dem das S&R-Wappen prangte. Ein in jeder Beziehung pompöser Abschied!
Unsere erste Zwischenstation war New York.
Hier würden wir bei dem Juwelier Van Cleef and Arpels auftreten, wo die weißen Tiger mit kostbaren Juwelen behängt für ein Werbefoto posieren sollten. Danach würden wir etwas Vorauswerbung in der Radio City Music Hall machen, wo wir bereits für 1989 engagiert waren. Unser letzter Termin sollte ein Auftritt in der CBS-Show *Good morning America*, sein, die im ganzen Land gesehen wird. Und 24 Stunden später würden wir mit der Lufthansa nach Deutschland weiterfliegen.
Wir waren bester Stimmung, als eine weiße Limousine mit dem S&R-Wappen uns ins Hotel Plaza brachte. Aber ich bin Pessimist. Wie gesagt, ich lebe nach Murphys Gesetz: »Wenn etwas schiefgehen kann, dann geht es auch schief.« Das macht Roy wahnsinnig.

Ich dagegen mache mir nie Sorgen. Das überlasse ich Siegfried.
Bei unserer Ankunft auf dem JFK Airport wurden wir mit dem ersten Problem konfrontiert: Aus Sicherheitsgründen untersagten uns das Gesundheitsamt und der Tierschutzverein, die weißen Tiger mit nach New York City zu nehmen. Sie würden mit meinen Assistenten auf dem Flughafen übernachten und zu jedem Auftritt in Begleitung eines Beamten des Gesundheitsamts nach Manhattan gebracht werden müssen.
Am Morgen des Fernsehinterviews kamen wir früh und munter ins Studio, um alles vorzubereiten. Ich hatte die Show schon lange im Kopf choreographiert und baute den großen weißen Felsen und die weißen Palmen auf, die wir in *Beyond Belief* verwendet hatten. Wir würden die Tiger hereinführen, sie würden auf den Felsen springen, die Kameras würden hinzoomen – eine perfekte Szenerie.
Siegfried und ich waren groß in Form. Wir standen in Cowboy- und Safariausrüstung bereit, um Millionen von Amerikanern beim Morgenkaffee alles über unsere weißen Tiger zu erzählen,
Doch zehn Minuten vor Sendebeginn waren die Tiere noch immer nicht da.
Wo steckten sie?

Der Morgen war regnerisch und unfreundlich, und da die Männer glaubten, wegen des Regens werde mehr Verkehr herrschen, verließen sie den Flughafen eine Stunde früher, um auf jeden Fall rechtzeitig da zu sein. Aber der Verkehr war so schwach, daß sie überall glatt durchkamen und das Studio zu früh erreichten, um eingelassen zu werden. Also gingen sie erst noch eine Tasse Kaffee trinken. Nachdem sie ihren Kleinbus mit den Tigern in Lufttransportkisten direkt vor dem Coffee Shop geparkt hatten, suchten sie sich einen Tisch am Fenster, wo sie ihn im Auge behalten konnten. Plötzlich sahen sie, wie das Fahrzeug sich in Bewegung setzte. Ihr erster Gedanke war, sie hätten vergessen, die Handbremse anzuziehen. Sie stürmten aus dem Coffee Shop, aber als sie eben die Straße erreichten, beschleunigte der Kleinbus. Sie rannten mehrere Blocks weit hinter dem Wagen her – natürlich vergebens.
Zum Glück befand sich gleich um die Ecke das Polizeirevier *Midtown North Manhattan*. In heller Aufregung stürmten sie ins Revier und brüllten, jemand habe die weißen Tiger gestohlen. Obwohl sie nichts Besseres hätten tun können, half es nichts: Für die hartgesottenen New Yorker Cops klang das zweifellos wie blanker Unsinn – die Polizeibeamten dachten vermutlich, sie hätten die ersten Verrückten des Tages vor sich und erklärten unseren Assistenten, sie könnten vorerst nicht mehr tun, als die Polizei im gesamten Stadtgebiet alarmieren und eine Beschreibung des Fahrzeugs und sein Kennzeichen durchgeben. Mit anderen Worten: Die Cops reagierten ähnlich gelassen, als wollte ihnen jemand weismachen, Diebe würden gerade das *Empire State Building* abmontieren…

Bernie Yuman

Ich war mit Siegfried und Roy im Vorraum des Studios, während sie gemeinsam mit George Segal, einem weiteren Gast der Show, geschminkt wurden. Roy rauchte eine Zigarre und plauderte mit Segal, als Kim Turpin aus unserer PR-Abteilung hereinkam. Sie ergriff meine Hand und bedeutete mir, ich müsse dringend mitkommen. Ohne ein Wort zu sagen, führte sie mich einen Korridor entlang und drückte dabei meine Hand fester und fester. Als wir die Aufzüge erreichten, sah ich dort den Tierpfleger stehen, der den Kleinbus gefahren hatte und mir nun die Hiobsbotschaft überbrachte.
Ich mußte mich beherrschen, um nicht gewalttätig zu reagieren. Am liebsten hätte ich den Assistenten gepackt und meinen Zorn an ihm ausgelassen. Wie hatte das passieren können? »Wie ist es möglich, daß Sie mir das erzählen?« schrie ich. Gleichzeitig reagierte ich mich an den Aufzugtüren ab, bearbeitete sie mit Fußtritten, drückte auf die Knöpfe und wartete darauf, daß er endlich kam.
Als ich im Erdgeschoß ankam, zitterte ich vor Wut und versuchte zugleich, mich zu beherrschen, um klar und vernünftig denken zu können. Vor den CBS-Studios parkten unsere Limousinen mit Telefonen. »Verbinden Sie mich mit der CIA, verbinden Sie mich

mit dem FBI, verbinden Sie mich mit dem Präsidenten!« forderte ich Maura McNamara aus unserer PR-Abteilung auf. Sie starrte mich erschrocken an.
Ich machte kehrt, lief in die Studios zurück, fand ein Telefon und machte mich daran, etwas Konstruktives zu tun. Ich drang bis zum Polizeichef vor und erzählte ihm von den weißen Tigern, von Siegfrieds und Roys geplantem Auftritt in der Sendung und der Entführung unserer Tiger.
»Ich heiße Murphy, bin der Polizeichef dieses Bezirks und werde jetzt auflegen, weil ich meine beiden rosa Elefanten füttern muß«, sagte er.
Daraufhin rief ich den damaligen Oberbürgermeister an. Mr. Koch reagierte sehr professionell und sensibel. Er veranlaßte, daß die Polizei der umliegenden drei Bundesstaaten alarmiert wurde.

Die Fahndung lief.
Das war großartig. Aber von diesem Unglück zu erfahren, war keineswegs großartig. Und während Bernie bereits energisch die Zügel in die Hand nahm, erfuhr ich erst jetzt, was passiert war.
Ein Messerstich ins Herz wäre kaum weniger schmerzlich gewesen. Einige Augenblicke lang nahm ich nichts mehr um mich herum wahr. Es schien, als wäre ich tot.
Sobald ich imstande war, das Geschehene zu begreifen, konnte ich nur noch an die Sicherheit meiner Tiere denken. Ich hatte ständig ihre rührenden kleinen Gesichter mit den großen blauen Augen vor mir. In ihren Transportkisten hatten sie weder Fressen noch Wasser. Wie lange konnten sie so überleben? Was würde passieren, wenn die Diebe erkannten, daß sie zwei Raubtiere gestohlen hatten? Würden sie die Tiger erschießen? Alles war möglich. Und bei allem würden diese Tiere zuletzt die unschuldigen Opfer sein.
Ich war überzeugt, sie für immer verloren zu haben. Sie waren meine Kinder, meine Familie. Im Augenblick empfand ich nur Trauer. Ich habe sonst im Grunde nie Probleme, denn meiner Meinung nach sind Probleme dazu da, um gelöst zu werden; aber diesmal fühlte ich mich zum ersten Mal in meinem Leben wie gelähmt.

Bernie Yuman

Als ich alles angeleiert hatte, stand mir noch der schwierigste Teil bevor: Ich mußte Roy gegenübertreten. Auch daß ich wußte, daß Roy inzwischen bereits informiert worden

war, machte mir die Sache nicht leichter. Den Ausdruck in seinem Blick, als ich zuletzt wieder hinauffuhr, um bei ihm zu sein, werde ich nie vergessen. Und ich werde erst recht nicht vergessen, wie verblüfft ich war, als er endlich das Wort ergriff.
»Bernie, mein Ziel ist die Erhaltung der weißen Tiger, damit die Kinder sie nicht nur aus Büchern kennen«, erklärte er mir. »Muß ich Siegroy und Vegas verlieren, damit die Welt auf mein Ziel aufmerksam wird, dann bin ich bereit, auch dieses Opfer zu bringen.«
So konnte man die Sache natürlich auch sehen! Das erinnerte mich an Geschichten aus der Bibel, in denen Gott ein Opfer fordert und dann doch darauf verzichtet, wenn der Betreffende ernsthaft gewillt ist, es zu bringen. Roy war imstande, selbst für diese tragischen Umstände noch eine Rechtfertigung zu finden. Das verblüffte mich wirklich.

Roy

Die Minuten verstrichen. Die Sendung würde in wenigen Sekunden beginnen.
Die Produzentin kam, um mit mir zu reden.
»Roy, ich kann mir vorstellen, wie Ihnen zumute ist – aber die Sendezeit ist blockiert, und wir müssen irgend etwas unternehmen.«
Was interessierte mich ihre Sendezeit? Sollte ich etwa vor die Kamera treten und ganz Amerika zeigen, wie mein Herz blutete?
»Wenn Sie jetzt auftreten«, fuhr sie fort, »haben Sie eine Gelegenheit, die New Yorker um Hilfe zu bitten.Vielleicht ist einer unserer Zuschauer in der Nähe gewesen und hat etwas gesehen.«
Eine wundervolle Frau! Genau diesen Hoffnungsstrahl brauchte ich!
Ich trat also auf und brachte meinen Appell vor. Mit meiner Selbstbeherrschung war es natürlich vorbei. Ich brach zusammen. Ich bat nicht nur die New Yorker, sondern ganz Amerika um die Rückgabe meiner Tiere und erzählte vor der Kamera alles, was mein Herz bewegte.
Als ich das Studio verließ, war ich benommen, als hätte ich einen Schlag über den Schädel gekriegt. Ich weiß nicht einmal mehr, wie ich hinausgekommen bin. Aber ich erinnere mich, daß wir auf der Straße von gleißend hellen Fernsehscheinwerfern und offenbar sämtlichen Zeitungs- und Fernsehreportern New Yorks empfangen wurden.

Bernie Yuman

Wir fuhren ins Hotel zurück. Unsere ganze Etage im Plaza wurde buchstäblich in einen Befehlsstand verwandelt, in dem ein Heer von Telefonistinnen Anrufe entgegennahm. Roys Appell war von 28 nationalen Nachrichtenshows übernommen worden; die Anrufe kamen aus allen Teilen Amerikas.

Roy

Inzwischen traf Kenneth Feld mit Julian Read ein, der seit über einem Jahrzehnt für unsere PR-Arbeit zuständig ist. Akkreditierte Journalisten verfolgten die weitere Entwicklung. Polizisten liefen mit Handfunkgeräten herum. Für Radio- und Fernsehstationen herrschte Nachrichtenalarm; das Gesundheitsamt hatte Sicherheitsalarm gegeben. Man hätte glauben können, der Präsident sei erschossen worden – ein totales Durcheinander. Oberbürgermeister Koch hatte den Notstand ausgerufen und rund 58 000 Polizeibeamte auf den Fall angesetzt.

Siegfried

Während das alles geschah, hegten Teile von Presse und Polizei den Verdacht, das Ganze sei nichts als ein clever ausgedachter Reklametrick. Schließlich hielten sie uns für zwei schillernde Showmen aus Las Vegas, die ihren aggressiven Manager und ein Kamerateam mitgebracht hatten, um jeden Augenblick des »freudigen Ereignisses« filmen zu lassen. Diese Unterstellung machte Bernie wütend. Ich weiß noch, wie er einmal brüllte: »Wer die Frechheit besitzt, uns das vorzuwerfen, ist kein Freund von uns!« Das war, nachdem sein bester Studienfreund angerufen hatte, um sich zu erkundigen: »Hey, Bernie, wie hast du das bloß hingekriegt?«

Meine Theorie lautete, dies sei eine Entführung, die zu einer Lösegeldforderung führen werde. Die Zeitungen brachten ein Foto von uns mit unseren »Millionenbabys« – so stand es im Bildtext –, wie sie bei Van Cleef and Arpels mit Diamanten, Smaragden und Saphiren behängt waren. Und kurz vor unserem Abflug aus Las Vegas hatte Steve Wynn der Presse mitgeteilt, wir hätten unseren Vertrag im Mirage mit der achtstelligen Garantiesumme unterschrieben.

Wer konnte wissen, wie es weitergehen würde? Möglicherweise hatte sogar die Mafia die Tiger in ihre Gewalt gebracht – und würde als nächstes uns damit zu erpressen versuchen? Ich sah unsere Karriere schon als beendet an. Unsere Suite verwandelte sich in eine Festung, in der für alle Fälle an jeder Tür ein Polizeibeamter stationiert war.

Roy

Nach einer unerträglich langen Wartezeit, in der ich mir in den düstersten Farben ausmalte, was meinen geliebten Tigern alles zugestoßen sein könnte, kam endlich der Anruf.

Eine Frau in der 180th Street in der Bronx hatte angerufen, um einen verlassenen, falsch geparkten gelben Kleinbus vor ihrem Apartmentgebäude zu melden. Er stand seit einigen Stunden dort, und aus seinem Inneren drangen höchst merkwürdige Geräusche. Die Frau lebte in einem drogenverseuchten Viertel, in dem Einbrüche, Raubüberfälle und Schießereien an der Tagesordnung waren, aber dies erschien selbst ihr etwas verdächtig.
Unser Adrenalinspiegel schoß in die Höhe und trieb uns förmlich aus dem Plaza. Kenneth Feld, Julian Read, Lynette und Toney sprangen in eine Limousine und fuhren los. Siegfried, Bernie und ich waren auf der Suche nach etwas, das uns schneller hinbringen würde. Zwei Kriminalbeamte erboten sich, uns in ihrem neutralen Dienstwagen hinzufahren. Sie brachten ein rotes Blinklicht auf dem Dach an, und wir rasten los.
Diese höllische Achterbahnfahrt durch Upper Manhattan und die Bronx glich einer Szene aus *Die Straßen von San Francisco.* In einem klapprigen Wagen mit heulender Sirene fuhren wir über rote Ampeln und in falscher Richtung auf dem Highway, während die beiden Cops jeden Autofahrer beschimpften, der uns in die Quere kam.
Immerhin kamen wir heil an, aber der Kleinbus war verschwunden! Erneut fühlte ich mich wie vor den Kopf geschlagen. Sollte alles umsonst gewesen sein? Doch schließlich brachten wir heraus, was geschehen war: Da die Bronx zu einem anderen Polizeibezirk gehört, war das dortige Revier versehentlich nicht alarmiert worden, und die Polizei hatte das Fahrzeug abschleppen lassen. Nach hektischem Hin und Her am Telefon und über Polizeifunk wurde der Wagen endlich zum Revier Midtown North in Manhattan gebracht. Als wir dort ankamen, war die nähere Umgebung schwarz von Tausenden von Neugierigen. Außer der Presse und Polizei drängten Kamerateams aller Fernsehstationen heran, um uns ins Bild zu bekommen, und Horden von Schaulustigen standen auf Autos oder hingen aus Fenstern. Ein richtiges Medienspektakel!
Lauter Dinge, die ich normalerweise mag. Nur diesmal nicht ...
Unsere Limousine war sofort von der Menge eingekeilt. Die Polizeibeamten drängten die Gaffer zurück, damit wir aussteigen konnten. Als wollte ich das Rote Meer teilen, bahnte ich mir einen Weg durch dichtgedrängte Reihen, trat an den Kleinbus, öffnete die Hecktür und hatte in diesem Chaos nur Ohren für das vertraute Maunzen meiner Tiger. Ich durfte sie nicht herausholen, aber ich steckte meine Hand hinein, um ihnen etwas Wasser zu geben. Sie leckten meine Hand, als wüßten sie, daß jetzt wieder alles gut war.
Inmitten dieses Tumults hatte ich noch etwas zu erledigen. Ich faßte Bernie am Arm und führte ihn in die düstere, etwas heruntergekommene leere Gasse neben dem Polizeirevier. Meiner Ansicht nach war es vor allem Bernies Verdienst, daß wir die Tiger zurückbekommen hatten, und ich wollte nicht warten, bis alles vorbei war, um ihm meine Dankbarkeit dafür auszudrücken, wie er mit dieser Situation fertiggeworden war.
Ich nahm meine von mir selbst geschaffene Medaille mit dem symbolischen deutschen Adler ab und überreichte sie Bernie. Er wußte genau, was das bedeutete. Außer meinem persönlichen Adler ließ ich nur einen weiteren herstellen, den ich Irvin Feld geschenkt

hatte, weil er meiner Überzeugung nach eine Ausnahmestellung einnahm. An ihn kam niemand heran, und es würde keinen weiteren Adler dieser Art geben. Und jetzt war ich dabei, Bernie mit Irvin auf eine Stufe zu stellen.
»Bernie, ab heute bist du wie Irvin Feld für uns.«
Bernie und ich hatten uns immer nahegestanden, aber diese symbolische Geste drückte die vielen unausgesprochenen Worte des vergangenen Jahrzehnts aus. Wir waren einander noch nie so nahe gewesen wie in diesem Augenblick.

Siegfried

Die Reporter wollten natürlich die Tiger sehen, eine Erklärung hören und Siegfried und Roy befragen. War etwa doch alles nur ein Schwindel gewesen?
Der Polizeichef fand, es sei zu riskant, die Tiger diesem Chaos auszusetzen. Darin stimmten wir mit ihm überein, aber wir wußten auch, daß die Medien uns in der Luft zerreißen würden, wenn wir sie nicht irgendwie zufriedenstellten. Andererseits wollten Kenneth Feld und Julian Reed auf keinen Fall, daß Roy oder ich mit der Presse sprachen.
»Das könnt ihr unmöglich tun. Die New Yorker Presse ist die rabiateste der Welt. Die macht euch fertig«, behauptete Kenneth.

Roy

Davon war ich keineswegs überzeugt. Die Medien hatten ihre ganze Aufmerksamkeit auf unser Problem konzentriert. Ohne sie hätten wir unsere Tiger vielleicht nie mehr lebend wiedergesehen.
Kenneth, der weiß, daß ich ein Anführer, kein Gefolgsmann bin, blieb in diesem Punkt mir gegenüber unnachgiebig. Nach zweistündiger Diskussion entschieden wir, der Captain des Polizeibezirks solle das Interview geben. Nach so langem Warten machte die Menge ihrer Ungeduld durch Sprechchöre Luft. Wir betraten einen Raum, in dem die Reporter sich drängten. Siegfried und ich standen neben dem Captain, der klar, knapp und nüchtern schilderte, was sich ereignet hatte.
Ich bemerkte, daß die Presse nicht einmal andeutungsweise befriedigt war. Das war nicht auszuhalten. Ich konnte der Versuchung nicht widerstehen und griff nach dem Mikrofon, sobald er fertig war, dankte den New Yorkern und den Medien für all ihre Hilfe und Anteilnahme und erklärte ihnen, wie gerührt ich wegen ihrer Unterstützung sei, und wie dankbar ich festgestellt hatte, daß die New Yorker im Gegensatz zu einem weitverbreiteten Vorurteil nicht kalt und herzlos waren. Sie hatten bewiesen, daß sich unter ihrer rauhen Schale ein weiches Herz verbarg. Dann erzählte ich von den weißen Tigern und unserem selbstgesteckten Ziel, diese Spezies vor dem Aussterben zu bewahren. Ich versi-

New York, New York! – Nach fünfstündiger Suche traten wir dankbar und erleichtert vor die Presse, als wir unsere kostbaren weißen Tiger gesund zurückbekommen hatten. Zum Glück hatte der Alptraum ein Happy-End gefunden.

Unser Dank an Officer Thomas Cassidy und das New York City Police Department, die den stehengelassenen Kleinbus mit unseren gestohlenen weißen Tigern Siegroy und Vegas aufgespürt haben.

cherte ihnen, durch ihre Mitwirkung hätten sie heute dazu beigetragen, zwei dieser stark gefährdeten Tiere zu retten.

»Noch Fragen?« erkundigte Siegfried sich zuletzt.

Kenneth Feld bedeckte sein Gesicht mit den Händen. Julian Read sah so aus, als hätte er uns am liebsten den Hals umgedreht. Dem Captain drohten die Augen aus den Höhlen zu quellen. Aber wir kümmerten uns nicht mehr darum, was andere Leute dachten. Der nächste Augenblick brachte den krönenden Abschluß: Aus diesem Meer von hartgesottenen New Yorker Reportern wurde nur eine Frage gestellt. Von irgendwo ganz hinten fragte eine zarte, sanfte Frauenstimme: »Wie geht's den Tigern? Fehlt ihnen nichts?«

»Jetzt nicht mehr«, antwortete ich. »Und uns auch nicht.« Zunächst herrschte Stille; dann brach ohrenbetäubender Beifall los. Damit war die Pressekonferenz zu Ende.

Siegfried

Das Tatmotiv des Autodiebs wird sich nie mehr ermitteln lassen. Die Polizei ging von der zufälligen Straftat eines Kriminellen aus, der gerade ein Fortbewegungsmittel brauchte.

Roy und ich haben unsere eigene Theorie: Zwei Kerle sahen die Frachtkisten hinten in dem Kleinbus und glaubten, sie enthielten Fernseher oder Stereoanlagen; vielleicht sahen sie auch ein Stück weißes Fell und glaubten, sie hätten wirklich Glück und könnten eine Ladung Pelzmäntel stehlen. Unterwegs hörten sie dann seltsame Laute aus den Kisten, hielten an, um nachzusehen, entdeckten dabei, daß die Pelzmäntel lebten, und stellten den Wagen rasch ab. Wie man sich denken kann, ließen die Ereignisse dieses Tages uns alle emotional völlig ausgepumpt zurück. Unsere Nerven lagen bloß; jeder stritt sich mit jedem. Ich ging schließlich und hielt mich für den Rest des Tages von den anderen fern.

Roy

Ich war dicht davor, allen ihre Reisepässe zurückzugeben und sie heimzuschicken, um die Tiger allein nach Deutschland zu bringen. Aber dann kam Siegfried zurück, und die allgemeine Stimmung besserte sich etwas. Schließlich reisten wir nach Deutschland weiter.

Siegfried

Wir nahmen an der Jubiläumsfeier von Phantasialand teil und wurden wie Staatsoberhäupter empfangen: Regierungsvertreter und Richard Burt, der damalige US-Botschafter

»A kiss is just a kiss . . .«

in der Bundesrepublik Deutschland, begrüßten uns. Ein roter Teppich wurde ausgerollt; die Blaskapelle schmetterte. Die deutsche Presse hatte über den Vorfall in New York berichtet, was natürlich nicht nur in Phantasieland für helle Aufregung sorgte und noch mehr Neugierige anlockte. Am schönsten war jedoch, daß Siegroy und Vegas sich in ihrer neuen Umgebung sofort heimisch fühlten und offenbar nichts dagegen hatten, Deutsche zu werden.

Außer unserem Besuch in Phantasialand war noch ein weiteres Ereignis geplant. Es war Juni, ungefähr der Zeitpunkt meines Geburtstags, und die Stadt Rosenheim hatte beschlossen, uns aus diesem Anlaß den Stadtschlüssel zu überreichen. Der Bürgermeister gab eine riesige Geburtstagsparty für mich in der Stadthalle. Sechstausend Gäste – die alle behaupteten, mich als Jungen gekannt zu haben – kamen, und wir wurden mit Foto- und Autogrammwünschen überschüttet. Mein Bruder, der noch in Rosenheim lebt, wollte seinen Augen nicht trauen. »Das gibt es doch nicht!« brachte er nur heraus. »Das machen doch keine Bayern!«

Dann wurde es Zeit für die Schlüsselübergabe durch den Bürgermeister. Als er eben zu seiner Rede ansetzen wollte, fiel ihm auf, daß er vergessen hatte, seine schwere goldene Amtskette anzulegen. Deshalb schickte er einen seiner Mitarbeiter weg, um sie holen zu lassen. Einige Minuten später, als die Amtskette da war, sollte die Zeremonie endlich stattfinden. Aber als der Bürgermeister nach der Kette griff, um sie sich umzulegen, glaubte Roy aus mir unbekannten Gründen, der Bürgermeister wolle sie ihm als Geschenk verehren. Er bedankte sich überschwenglich und versuchte, die Kette aus seinen Händen zu nehmen. Hier stand ich also in meiner Heimatstadt, und mein Partner versuchte gerade, mit der Amtskette durchzubrennen! Das war gelinde gesagt ein höchst peinlicher Augenblick. Zum Glück haben die Bayern viel Sinn für Humor. Aber Murphys Gesetz gilt offenbar immer und überall …

Unsere Kronjuwelen der Natur friedlich daheim in ihrem weißen Gehege

Sohni Löffelhardt, Mitbesitzer von Phantasialand, begrüßt uns bei unserer Ankunft als Mitwirkende der Fernsehsendung zum fünfundzwanzigjährigen Jubiläum des Erlebnisparks. Phantasialand ist die europäische Heimat für zwei von Siegfried und Roys Royal White Tigers. Unten: Mit Richard Schmidt, ebenfalls Mitbesitzer von Phantasialand, auf der Pressekonferenz anläßlich des Jubiläums von Phantasialand.

Roy

Das ist eben der Unterschied zwischen Siegfried und mir. In meiner Erinnerung war diese Reise – nach den Ereignissen in New York – wirklich amüsant und abwechslungsreich. In Deutschland traten wir in Rundfunk- und Fernsehsendungen auf. Danach reisten wir mit unserem Gefolge und großem Gepäck nach Venedig und Paris. In Venedig entdeckte Siegfried die Masken und schwarzen Capes, die Venezianer auf ihren Masken-

Auch im Phantasialand in Brühl bei Köln ist ein Gehege für weiße Tiger gebaut worden. Und dank der Großzügigkeit Steve Wynns haben wir ein weiteres im Hotel Mirage geschaffen, um der Öffentlichkeit – vor allem Schulkindern – Gelegenheit zu geben, sich kostenlos an den weißen Tigern zu erfreuen und Informationen über sie zu erhalten.

bällen tragen. Diese Kostüme faszinierten ihn so, daß er welche davon mit nach Las Vegas nahm. Daraus entstanden Siegfrieds und Roys *miracle workers*, die in Cape und Maske durchs Theater gehen, um das Publikum mit Zauberstaub, Sternen, Herzen und Emblemen mit weißen Tigern zu schmücken. Insgesamt hat diese Reise viel Gutes bewirkt.

Ich hatte mein Leben lang noch nicht mit so vielen Menschen gesprochen. Wohin wir auch gingen, wurden wir um Fotos oder Autogramme gebeten, und ich genoß jeden Augenblick.

Siegfried

Eigentlich hat Roy recht. Was die Party in Rosenheim betraf, war sie für mich die Feier meiner Heimkehr; emotional bedeutete sie mir weit mehr als die Ehrung. Zwischen der Art und Weise meines Weggangs aus meiner Heimatstadt und der meiner Rückkehr lagen Welten. Ich hatte oft davon geträumt, daß die Rosenheimer mich mit offenen Armen empfangen würden, weil der kleine Siegfried, der als ein »Niemand« fortgegangen war, nun als ein »Jemand« zurückkam.

Nur *ein* Mensch, den ich gern dabeigehabt hätte, fehlte unter den Gästen: meine Mutter. An sie dachte ich während der Feier am meisten; ich erinnerte mich an unser letztes Wiedersehen und an meine Abschiedsworte. Als ich noch auf dem Kreuzfahrtschiff arbeitete, hatte ich mir ein paar Tage Urlaub genommen, um meine Eltern zu besuchen. Mein Vater war krank, und ich wußte, daß er nicht mehr lange zu leben hatte. Ich blieb einen ganzen Tag lang bei ihm am Krankenbett, und wir sprachen über alles. Dabei kamen wir uns näher, als je zuvor. Auch meine Mutter sah nicht gesund aus. Obwohl sie nicht darüber sprach, ahnte ich, daß irgend etwas nicht in Ordnung war.

Ursprünglich hatte ich vorgehabt, meine Mutter ins Kloster zu meiner Schwester Margot zu begleiten. Doch am Tag der Abreise meinte sie dann, diesmal wolle sie lieber mit Margot alleine sprechen. Also begleitete ich sie nur zum Bahnhof, und während wir auf den Zug warteten, sagte sie zu mir aufblickend: »Weißt du, ich habe jetzt nur noch eine Sorge im Leben. Um deinen Bruder mache ich mir keine Sorgen – der hat seine Familie und sein Geschäft. Margot hat ihre Berufung gefunden und sich ihr Leben selbst gewählt. Meine einzige Sorge bist du, Siegfried.«

Ich nahm sie in die Arme und drückte sie fest an mich – so, wie ich es mir als Kind immer gewünscht hatte. Auch sie drückte sich fest an mich, als hätte sie nie etwas anderes getan, und auf einmal fühlten wir beide etwas, das wir nie mit Worten auszudrücken vermocht hätten. »Du brauchst dir keine Sorgen zu machen, Mama. Eines Tages wirst du sehr stolz auf mich sein. Ich versprech's dir!« Das ließ sie lächeln, und ich wußte, daß sie verstanden hatte.

Wir hatten Tränen in den Augen, als sie in den Zug stieg. Ich winkte ihr zum Abschied nach und blieb stehen, bis der Zug außer Sicht war. Irgendwie wußte ich, daß ich meine Mutter nie wiedersehen würde.

Dann fuhr ich nach Bremerhaven zurück, um die nächste Überfahrt mitzumachen. Bei der Ankunft in New York erwartete mich ein Telegramm: Meine Mutter war gestorben. Mein Vater folgte ihr im Jahr darauf. Und obwohl es mir schwerfiel, die Tatsache zu akzeptieren, daß ich meine Eltern in so rascher Folge verloren hatte, tröstete ich mich mit dem Bewußtsein, daß ich vor ihrem Tod meinen Frieden mit den beiden gemacht hatte.

An diesem festlichen Tag in Rosenheim mußte ich immer daran denken: Könnte Mama mich jetzt sehen, wüßte sie, daß ich mein Versprechen gehalten habe.

SIEBTER AKT

Stellen Sie sich vor, Sie säßen im Theater
und hielten alles, was Sie sehen,
für wirklich. Oder fragen Sie sich nur
einen Augenblick lang, ob das möglich sei.
Ist die Möglichkeit erst akzeptiert,
spielt die Realität kaum noch eine Rolle.

Siegfried und Roy

Siegfried

Als Magier lernten wir im Lauf der Jahre alle möglichen Leute kennen, die mit Spiritualität zu tun haben. Und wegen unserer Arbeit scheinen wir solche Menschen geradezu anzuziehen. Leute schreiben Roy oder mir, sie hätten unsere Show gesehen und in diesem Augenblick gemerkt, daß sie einen von uns oder uns beide in einem früheren Leben gekannt hätten.

Kurz vor unserer Premiere im MGM lernten wir in Puerto Rico eine ungarische Zigeunerin kennen. Eine außergewöhnliche Frau, die im Zweiten Weltkrieg in ihrer Heimat die Verfolgung der Zigeuner durch die Nazi überlebt hatte, später die einzige Überlebende eines Flugzeugabsturzes gewesen war und die ganze Welt bereist hatte. Sie hatte auch in Paris gelebt und kannte Leute, die wir dort gekannt hatten. Außerdem war sie Hellseherin und hatte den ägyptischen König Faruk und in Europa Prominente bis hin zu gekrönten Häuptern beraten. Mich zogen jedoch nicht Contessa Gypsy de Markoffs übersinnliche Fähigkeiten an; ich liebte es, Geschichten aus ihrem bewegten Leben zu hören.

Für mich ist die Wahrsagerei stets eine Form der Unterhaltung gewesen, und ich hatte sie ein wenig betrieben, als Roy und ich in der guten alten Zeit als Gedankenleser aufgetreten waren. Ich bin stets der Ansicht gewesen, daß von einem Hellseher vorausgesagte Ereignisse nur deshalb wahr werden, weil im Unterbewußtsein des Betreffenden etwas freigesetzt wird, das dieses Ereignis erst zuläßt. Die Worte einer Wahrsagerin dienen als Katalysator zur Verwirklichung unserer Träume.

Auf dem Höhepunkt meiner unglücklichen Phase im MGM war ich zu der Überzeugung gelangt, unsere Chancen in Las Vegas seien ausgereizt. Ich hatte beschlossen, wir würden nach Beendigung unseres Engagements nach Europa zurückkehren. Die Zigeunerin besuchte uns, während wir in *Hallelujah Hollywood* auftraten. Als ich ihr von

Unser Leben ist die Bühne, die Bühne ist unser Leben – und unser Heim ist wahrhaft Ausdruck unserer Persönlichkeiten und ein Platz für Reiseandenken und Erinnerungsstücke

Szenen unserer Welttournee

Szenen unserer Welttournee

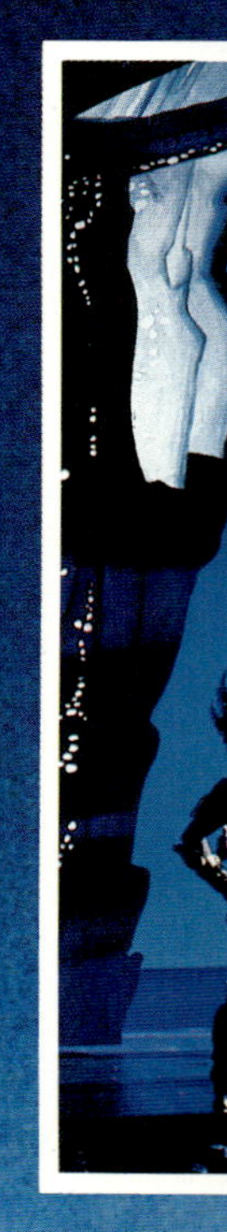

meinem Vorhaben erzählte, konnte sie der Versuchung nicht widerstehen, ihre Tarotkarten zu befragen.
»Nein, nein«, sagte sie, »Sie gehen nirgends hin. Sie bleiben hier in Las Vegas.«
»Wie meinen Sie das?«
»Sie bekommen hier eine eigene Show – in einem eigens für Sie erbauten Theater.«
Sie zeichnete mir skizzenhaft auf, wie das Theater aussehen würde; es entsprach fast genau dem, das wir jetzt im Mirage haben. Und sie sagte mir voraus, ich würde eine Illusion mit einem noch größeren Tier als einem Tiger zeigen – vielleicht mit einem Elefanten.
»Las Vegas ist ganz eindeutig Ihre Stadt; hier werden Sie erstaunlichen Erfolg haben. Es gibt nur eine weitere Stadt, in der Sie diesen Erfolg übertreffen werden: Tokio. Und ich sehe eine dunkelhaarige Frau, die großen Einfluß auf Ihr Leben haben wird.«
Tokio! Sie hätte ebensogut vom Mond sprechen können. So unrealistisch erschien mir alles.
Fünfzehn Jahre später, im Oktober 1988, verabschiedeten wir uns aus Las Vegas, um für zehn Monate nach Japan zu gehen.

Nachdem wir 18 Jahre lang in Las Vegas aufgetreten waren, galten wir als etwas sehr Ungewöhnliches. Andere Künstler, die live auftraten, gingen zwischendurch auf Tournee; wir waren stets nur an einem Ort aufgetreten. Aus dieser Einzigartigkeit entwickelte sich ein gewisses Stigma. Möglicherweise waren wir als Magier konkurrenzlos – aber wer konnte das beurteilen? Daher galten wir für die Außenwelt als »Vegas-Entertainer«.
Wir hatten schon immer den Wunsch gehabt, einmal anderswo aufzutreten, weil uns das in gewisser Weise legitimiert hätte. Konnten wir in einer anderen Großstadt zweimal pro Abend über 2000 Menschen anlocken? Für uns wäre das der endgültige Profi-Test gewesen.
Als wir unseren Vertrag mit Steve Wynn unterschrieben, war geplant, *Beyond Belief* im Juni 1988 auslaufen zu lassen. Danach sollten wir 18 Monate freihaben, bevor wir mit den Proben für eine neue Show begannen. So hatten wir Gelegenheit, loszuziehen und uns anderswo zu bewähren.
Angebote lagen uns aus aller Welt vor. Eines stand für uns fest: Wohin wir auch gingen, wir würden den Leuten nicht weniger bieten, als unser Publikum in Las Vegas gesehen hatte; das Erlebnis mußte identisch sein. Wir wollten eine komplette Show zeigen, zu der alles gehörte … alle unsere Tiere, darunter Gildah, unsere fünf Tonnen schwere Elefantin, und Favorito, unser andalusischer Hengst, sowie unsere 40 Tänzerinnen und Tänzer, unser Rolls-Royce und aller Glanz und Flitter. Ich wollte nicht, daß es eine »Tournee-Show« wurde, bei der große Nummern oft abgespeckt werden, um Kosten zu sparen. In

Las Vegas fahren selbst die Tiere, die zu alt sind, um noch auftreten zu können, jeden Abend mit uns ins Theater. Auf unserer Auslandstournee würde keines zurückbleiben müssen; wohin ich gehe, geht auch der Rest.

Alles das ließ uns ein Angebot aus Japan bevorzugen. Nur die Japaner mit ihrer Fähigkeit, jedes Produkt so anzupassen, daß es zuletzt dem Original täuschend ähnlich ist, konnten dem Publikum bieten, was unsere amerikanischen Gäste gesehen hatten. Außerdem habe ich große Achtung vor der Liebe der Japaner zur Natur und ihrem anscheinend harmonischen Zusammenleben mit ihr. Wir hielten es für lohnend, dort für die Erhaltung der weißen Tiger zu werben. Dan Yoshida, der Generalproduzent von Fuji Television, hatte unsere Show vor 20 Jahren gesehen. Seit damals hegte Mr. Yoshida den Wunsch, uns nach Japan zu holen. Als der richtige Zeitpunkt gekommen war, besaß er den Mut und die Überzeugung, seine Stimme zu erheben, um seinen Traum zu verwirklichen. Während der Verhandlungen entstand zwischen uns eine auf gegenseitiger Achtung und Bewunderung gegründete Freundschaft.

Und so wurde die Fuji Television – als Bestandteil der Fuji Sun Key Group der größte Medienkonzern Japans – unter Dan Yoshidas Führung die Produzentin. Die Tsumura Corporation, der erfolgreichste japanische Arzneimittelhersteller, wurde unser Haupt-

Damals und heute unser japanischer Verbündeter – Dan Yoshida von Fuji Television

Madame Sumiko Tsumura – mit ihrer Klugheit, Sensibilität und Vornehmheit verkörpert sie für uns das Wesen Japans

Akira Tsumara, unser Hauptsponsor, und sein Vater. Nachdem er uns seine wertvolle Sammlung von Banjos und Gitarren gezeigt hatte, spielte er uns einige seiner amerikanischen Lieblingsstücke vor – am eindrucksvollsten »Won't You Come Home, Bill Bailey«. Domo arigato, Akira-san. Für Sie kommen wir jederzeit zurück.

sponsor. Die Familie Tsumura, deren Unternehmen damals fast 100 Jahre alt war, hatte beschlossen, sein Image zu modernisieren und aufzupolieren, indem sie den Firmennamen kürzte. Sie fand, die Förderung der Magie Siegfrieds und Roys sei ein ideales Werbemittel, um die japanische Öffentlichkeit mit dem neuen Namen vertraut zu machen. Obwohl Mr. Yoshida ein wirklicher Gentleman war und alles in seiner Macht Stehende getan hatte, damit wir einen attraktiven und lukrativen Vertrag erhielten, waren wir noch immer nervös. Wir standen vor einem großen Sprung, und die Kultur- und Sprachbarriere schreckte uns.

– Auftritt einer dunkelhaarigen Frau.

Erst als Madame Sumiko Tsumura, die Frau des Firmenpräsidenten Akira Tsumura, in Las Vegas eintraf, kamen wir wirklich zu der Überzeugung, die richtige Entscheidung getroffen zu haben. Sie sprach perfektes, fließendes Englisch, aber im Gegensatz zu vielen Menschen, deren Persönlichkeit verlorengeht, wenn sie eine Fremdsprache sprechen, schimmerte ihr exotischer Charakter weiter durch. Ihre Interpretation unserer Vorstellung war instinktsicher, dramatisch und sensibel. Sie war hundertprozentig von unserer Show überzeugt und hegte nicht den geringsten Zweifel daran, daß die Japaner uns lieben und mit offenen Armen aufnehmen würden. Zwischen uns dreien »stimmte« die Chemie augenblicklich.

Siegfried

Zwischen uns und dem Ehepaar Tsumura gab es eine noch konkretere Verbindung, die

wir jedoch erst nach unserer Ankunft in Tokio entdeckten. Diese Verbindung ließ mich erkennen, daß unsere von ihnen geförderte Japantournee wirklich vorausbestimmt gewesen war. Wieder einmal bestätigte sich meine Überzeugung, daß nichts im Leben zufällig geschieht.
Seit vielen Jahren lasse ich mich von Gemälden des peruanischen Malers Boris Vallejo inspirieren. Stellen wir eine neue Show zusammen, lege ich unseren kreativen Leuten jeweils ein Buch mit Arbeiten Vallejos vor, damit sie eine Vorstellung davon bekommen, welche Atmosphäre und Farbgebung wir anstreben. Um deutlich zu machen, was ich meine, lade ich sie ein, sich in meinem Schlafzimmer ein großes Wandgemälde anzusehen, das ich nach einem Bild von Vallejo habe malen lassen.
Als wir die Tour nach Japan vorbereiteten, zeigte ich Vallejos Arbeiten natürlich unserem Bühnenbildner.
Am ersten Abend in Tokio dinierten wir mit den Tsumuras in ihrem französischen Restaurant Erard im Erdgeschoß des Bürohochhauses des Unternehmens. Nach dem köstlichen Diner wollte Akira Tsumura uns sein Büro in den obersten drei Stockwerken des Gebäudes zeigen. In der ersten Etage hingen die Wände voller Gemälde von Salvador Dalí. Eine Etage höher folgten die Picassos. Und als wir ganz oben ankamen, konnte ich kaum glauben, was ich dort sah: eine riesige Sammlung von Gemälden Boris Vallejos.
Ich erzählte Akira, wie stark dieser Künstler mich beeinflußt hatte. Er nickte und antwortete, unsere Show in Las Vegas habe ihn beim ersten Mal sofort an ein zum Leben erwecktes Vallejogemälde erinnert. In den vergangenen 15 Jahren war ich keinem Menschen begegnet, der auch nur von Vallejo gehört hatte. Und hier in einem fremden Land, in einer völlig anderen Kultur gab es Akira Tsumura, unseren Hauptsponsor. Er war nicht nur ein Bewunderer und der größte Sammler Vallejos, sondern verdankte dem Werk dieses Künstlers ebensoviel Bereicherung und Inspiration wie wir.
In diesem Augenblick wußte ich, daß die Tsumuras und Siegfried und Roy sich eindeutig auf derselben Wellenlänge befanden.

Unsere Beziehung zu Akira und Sumiko Tsumura ging weit über eine bloße Partnerschaft hinaus; sie hat sich zu wahrer, dauerhafter Freundschaft weiterentwickelt. Das haben wir bei unseren Geschäftsbeziehungen im Lauf der Jahre öfters erlebt. Menschen wie Bernie Yuman, Irvin Feld und Kenneth Feld sind von Geschäftspartnern zu einem Teil unseres Lebens geworden. Die Erklärung dafür ist ganz einfach: Um mit Leuten arbeiten zu können, mußten wir sie immer aufrichtig mögen.
Ab dem Augenblick, in dem wir japanischen Boden betraten, gaben die Tsumuras sich besondere Mühe, dafür zu sorgen, daß wir uns in ihrer Heimat niemals einsam fühlten. Wir waren in ihrem Haus willkommen, was für Japan wirklich sehr ungewöhnlich ist,

Die fliegenden Tiger

Man beachte den Namen der Fluggesellschaft, von der wir eine Maschine charterten, um uns nach Japan fliegen zu lassen – nichts im Leben ist Zufall…

weil die Japaner sich Ausländern gegenüber eher reserviert verhalten. Und, was noch wichtiger war, sie öffneten uns ihre Herzen.

Auch sie spürten das zwischen uns vieren existierende Karma. Und sie reagierten auf die Tatsache, daß wir ihnen nicht einfach nur die Show lieferten, die sie gekauft hatten: Wir gaben ihnen weit mehr, und sie wußten dieses Geschenk zu würdigen. Was als Freundschaft begann, entwickelte sich bald zu einem fast familiären Verhältnis.

In unserer Hotelsuite fanden wir jeden Tag Obst und frische Blumen vor. Zu Weihnachten fürchteten die Tsumuras, unser Ensemble und die Techniker könnten Heimweh haben, deshalb gaben sie in ihrem französischen Restaurant, das Madame Tsumura mit weißen Tigern schmückte, ein Weihnachtsfest für uns.

Darüber hinaus verschaffte Sumiko Tsumura uns zahlreiche Gelegenheiten, die Kultur

ihres Landes zu sehen und zu erleben, und ermöglichte uns, Japan aus einer Perspektive kennenzulernen, die nur wenige zu sehen bekommen. Für uns war nichts zuviel.
Diese enge Beziehung förderte unser Verständnis für die Japaner und zeigte uns, wie ich hinzufügen möchte, ein außergewöhnlich farbiges Bild, denn die Japaner sind ein sehr facettenreiches Volk mit wundervollem Sinn für Humor und verblüffender Kenntnis westlicher Kultur. Akira Tsumura ist nicht nur Kunstsammler, sondern er besitzt unter anderem eine erstaunliche Sammlung von Banjos und Gitarren. Und das Erard ist ein Produkt seiner Frau, deren Vorliebe für französische Küche sie dazu inspiriert hat, das Interieur des Dreisternerestaurants selbst zu entwerfen.
Das alles mag nach den herkömmlichen Nebenprodukten immensen Reichtums klingen, aber was die beiden auch tun, es wird mit dezenter Eleganz heruntergespielt. Der Umfang ihres persönlichen Engagements, ihrer Aufmerksamkeit und ihres Geschmacks ist grenzenlos. Selbst wenn wir heute eine Grußkarte von Madame Tsumura bekommen, ist das keine hübsche Karte, die sie in irgendeinem Laden gekauft hat, sondern ein kleines Kunstwerk, das sie selbst entworfen und gemalt hat.
Für uns sind Akira und Sumiko Tsumura sowie ihre Tochter Masako *unsere* japanische Kaiserfamilie, denn sie verkörpern die Quintessenz Japans: Eleganz, Geschmack und Kultur. *Domo arigato* (»danke«).

Siegfried

Fuji Television und Dan Yoshida errichteten für 14,5 Millionen Dollar ein High-tech-Theaterzelt mit 3600 Sitzplätzen im Herzen der Ginza, dem dicht bebauten Geschäftsviertel Tokios mit den höchsten Quadratmeterpreisen der Welt.
Außer in Tokio sollten wir in Osaka auftreten, der zweitgrößten japanischen Stadt, die das Finanz- und Bankenzentrum des Landes ist. Das Theater selbst wurde ein Meisterwerk der Ingenieurkunst. Unser Generaldirektor und technischer Direktor war Todd Dougall, dessen Erfahrung und Talent in bezug auf Theaterbau und Bühnentechnik ihn befähigten, ein Team aus amerikanischen und japanischen Konstrukteuren, Architekten und Ingenieuren zu leiten. Ihre Konstruktion ließ sich demontieren und wiederaufbauen – das größte transportable Theater der Welt. Dieser als *Shiodome* bezeichnete weiße Prachtbau war innen und außen in jeder Beziehung erstaunlich.
Der Eingangsbereich war im Las-Vegas-Stil mit einem scharlachroten Teppich ausgelegt; in der Eingangshalle befand sich ein weißes Tigergehege mit einem Swimming-pool. In den riesigen Gehegen für unsere Tiere standen Palmen wie daheim in Las Vegas, und für Roys Pferd gab es eine Reitbahn. Fuji Television stellte den Tieren eigene Stereoanlagen zur Verfügung, und jedes Tier bekam einen Fernseher, denn wir hatten den Produzenten erklärt, in ihrer Bewegungsfreiheit eingeengte Tiere genössen Musik und Fernsehen, weil es sie ablenkte.

Roy

Mit vier Jumbo-Jets Boeing 747, zwei Frachtschiffen – eines beförderte die Elefantin –, 360 Tonnen Ausrüstung, über 100 Personen und unserer Menagerie machten wir uns auf, um die Welt zu erobern. Wie sich zeigen sollte, gelang uns das restlos. Wir bezeichneten die Reise als unsere World Tour, weil wir technisch gesehen auf die andere Seite der Welt flogen, um dort aufzutreten.
Ein anstrengender Flug! Siegfried flog mit den Showgirls; ich flog mit meinen Tieren. Wir räumten einen Jumbo aus, um Platz für sie zu schaffen. Ich halte nichts davon, Tieren Beruhigungsmittel zu geben, die ihnen meiner Meinung nach mehr schaden als nützen können; ich wußte, daß sie sich unterwegs nur wohl fühlen würden, wenn ich bei ihnen war. Unterwegs war ich ständig beschäftigt. War ich gerade dabei, den Leoparden zu streicheln und ihm einen Leckerbissen zu geben, fing einer meiner Tiger an, sich zu melden, so daß ich zu ihm hinüberlaufen mußte, und gleich danach begann das Pferd zu wiehern, bis ich mit seinen Äpfeln gerannt kam. So verbrachte ich die langen Stunden damit, mich zwischen meinen Tieren hindurchzuschlängeln. Einmal saßen mehrere kleine weiße Tiger mit mir vorn im Cockpit, während ich mich mit den Piloten unterhielt.
Unsere japanischen Produzenten hatten *Beyond Belief* eingekauft, aber sie sollten mehr bekommen. *Beyond Belief* war eine perfekte Show – jede Bewegung, jede Geste, jeder Schritt ging in den nächsten über. Wir beschlossen, nicht zu versuchen, wieder diesen Standard zu bieten, sondern wir wollten ein noch höheres Niveau erreichen.

Siegfried

Die Planung für unsere neue Show im Mirage stand bereits. Japan würde uns die Chance geben, die ausgearbeiteten neuartigen Konzepte zu erproben und zu perfektionieren. Unser dortiges Programm war eine Mischung aus *Beyond Belief* und für das Mirage entwickelte Neuigkeiten. Darüber hinaus hofften wir, daß die Berührung mit einem ganz anderen Kulturkreis uns zu weiteren Ideen anregen würde, die wir dann im Mirage verwenden konnten.
Die Tournee war ein bewußter Versuch, Las Vegas hinter uns zu lassen. Wir bemühten uns, in bezug auf Musik, Beleuchtung, Kostüme und Aufmachung »moderner« zu sein. Und was wäre aufgeschlossener für alles Neue als Japan? Dort konnten wir uns *wirklich* von der in Las Vegas üblichen Bilderwelt lösen, aber unsere Stadt zugleich so darstellen, wie wir sie sahen.
Ich glaube, daß nicht einmal die Zigeunerin den Umfang unseres Erfolgs in Japan hätte vorhersagen können. Wir hatten Zulauf wie Rockstars, traten vor über 1,5 Millionen Menschen auf, womit wir mehr Zuschauer anlockten als jede andere Live-Attraktion in

Auf Regen folgt Sonnenschein – nachdem wir am Fuß des großen Buddhas von Kawasaki naß geworden waren, schickte er uns eine Gruppe lächelnder Fans mit bunten Schirmen, unter denen wir Schutz fanden

Ein Erinnerungsphoto mit Japans höchstklassiertem Sumo-Ringer – als er kam, um unsere Show zu sehen, mußten wir die VIP-Loge umgestalten lassen: sechs zusammengestellte Stühle reichten nicht für ihn aus. Da in letzter Minute vor Beginn der Vorstellung neue Schwierigkeiten auftraten, schickten wir ihm das 2,5 Meter lange Sofa aus unserer Garderobe, damit er bequemer sitzen konnte. Als dieses Problem glücklich gelöst war, entstand ein weiteres Dilemma: Er kam mit Geschenken beladen, um uns in der Garderobe zu besuchen. Aber er konnte sich nicht durch die Tür zwängen. Was tun? Wir ließen blitzschnell die beiden Türflügel aus den Angeln heben und beiseitestellen – ein in mehr als nur einer Beziehung mit schweren Emotionen belasteter Augenblick…

Ein magischer Tag im Orient-Expreß. – Bei einem Abendessen hatten wir unserem japanischen Produzenten beiläufig erzählt, unser großer Kindheitstraum sei eine Fahrt mit dem Orient-Expreß gewesen. Rein zufällig war der legendäre Zug – der jetzt zwischen London und Venedig verkehrt – auf dem Luftweg von London nach Japan gebracht worden. Als unser Produzent von unserem Traum hörte, sorgte er dafür, daß der Zug uns für eine private Sonderfahrt von Tokio nach Kioto zur Verfügung stand.

Mit Lynette als Ehrengäste bei der japanischen Uraufführung von D. W. Griffiths Stummfilm-Klassiker Intolerance.

Dan Yoshida bestand darauf, daß wir an einem Presselunch teilnahmen, auf dem bekanntgegeben wurde, daß unsere Show 55 Millionen Dollar einspielte – womit sie in Japan sämtliche bisherigen Kassenrekorde geschlagen hatte

Geisha, Geisha, Geisha

Wir feiern den zweiten Wurf Tiger in Japan – Fuji Television erhielt insgesamt 28 000 Zuschriften mit Namensvorschlägen für unsere neugeborenen Tiger. Diese Schulkinder verkörperten die Stimme des Volkes und waren uns bei der offiziellen Bekanntgabe der Namen behilflich. Die Sieger waren:
Ichiban – »Nummer eins«
Sakura – »Kirschblüte«
Kakkoii – »Cool«

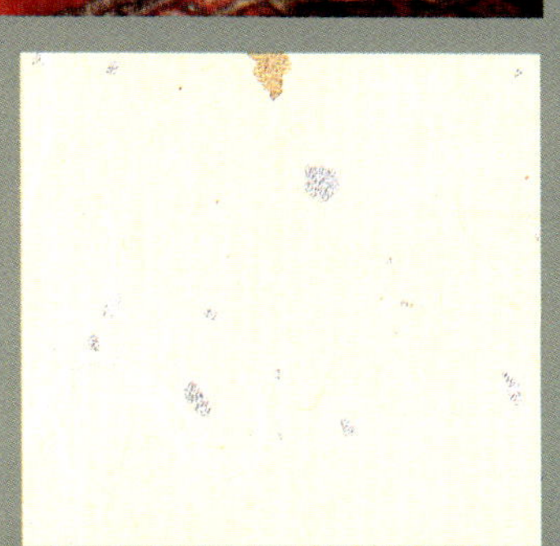

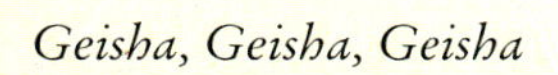

Geisha, Geisha, Geisha

Die Große Weiße Hoffnung – der Shio Dome: unsere Stadt innerhalb einer Großstadt – und in Japan unser Zauberreich

Kenneth Feld und Bernie Yuman helfen Roy bei der Vorbereitung auf die Inspektion unseres High-tech-Theaters im Herzen von Tokios Ginza

der Geschichte Japans, und erschienen in vier eigenen Fernsehsendungen. Hakuhodo, eine der größten Werbe- und Vertriebsagenturen des Fernen Ostens, hatte in den vergangenen 30 Jahren verfolgt, wie große amerikanische Firmen den japanischen Markt zu erobern versuchten. Selbst Unternehmen wie Coca-Cola hatten nach Hakuhodos Beobachtungen diese 30 Jahre gebraucht, um bei 90 Prozent aller japanischen Verbraucher bekannt zu sein. Siegfried und Roy hatten diese magische Zahl schon nach nur 30 Tagen erreicht.

Die gesamte Jugend Japans – vor allem die Mädchen – schien unsere Vorstellungen zu besuchen. Kamen wir nachts ins Hotel zurück, erwartete uns jedesmal ein Schwarm jugendlicher Autogrammsammlerinnen. Wir hatten ein ganzes Stockwerk des Hotels Takanawa Prince belegt. Und jeden Abend bekamen Teenager heraus, in welcher Etage wir wohnten, und warteten auf dem Korridor. Viele schliefen sogar vor unseren Suiten. Einige dieser Fans schreiben uns noch heute; manche haben die Reise auf sich genommen, um unsere Show im Mirage zu sehen. Seit unserer World Tour hat Fuji Television unter dem passenden Namen »Siegfried and Roy Illusion Express« schon mehrmals Charterflüge angeboten, die jedes Jahr ausgebucht sind, weil so viele Japaner unsere Show in Las Vegas sehen wollen.

Für uns war es eine beglückende Erfahrung, die bei unserem Publikum ausgelösten starken Emotionen zu erleben. Jede Show glich einer Premiere oder Abschiedsvorstellung: zahllose Vorhänge, Blumen, Geschenke, Briefe und Gedichte. Ich habe mich mein Leben lang noch nie so anerkannt gefühlt. Daß wir bei den Japanern gut ankamen, ist wohl darauf zurückzuführen, daß unsere Kombination aus Natur und Magie in ihrer Kultur eine große Rolle spielt. Das Harmonische ist dort ein hohes Ideal, und die Zuschauer merkten, daß es das auch für uns war. Aber ich glaube, daß sie auch erkannten, daß wir Herz und Seele in diese Show legten und uns bemühten, 110 Prozent des Möglichen zu leisten: Arbeitswütige wie du und ich.

Als sehr vorteilhaft erwies sich, daß wir uns von der University of Nevada eine Japanischlehrerin geholt und genug Japanisch gelernt hatten, um unsere Vorstellung in der Landessprache geben zu können. Trotz unserer keineswegs fehlerlosen Aussprache waren die Japaner fasziniert, daß wir uns diese Mühe gemacht hatten. Es bewies ihnen, wieviel uns daran lag, mit ihnen in Verbindung zu treten, und holte sie aus ihrer Reserve. Und ihre Reaktion brachte uns dazu, uns in Japan zu verlieben. So befruchteten wir uns gegenseitig.

Was in Japan Rang und Namen hatte, kam in unsere Vorstellungen: von der kaiserlichen Familie, von der wir als Geschenk des Kaisers Nachtigallen erhielten, bis zu den einflußreichsten Geschäftsleuten und Industriellen.

Auch einige unserer Freunde kamen – zum Beispiel Kenny Rogers, der in Japan aufgetreten war und nun staunte, wie begeistert unser Publikum mitging. Obwohl sein Konzert ein Erfolg gewesen war, hatte er die emotionale Reaktion, die wir unserem Publikum entlockten, nie erlebt. Michael Jackson beendete seine Welttournee in Japan. Da die Illusionen für Michaels Show von uns stammten, waren wir natürlich gespannt, wie er sie gemeistert hatte. Dann kam er in unsere Show, was einen Vorfall provozierte, der schlimm hätte enden können.
Hatte Michael uns in früheren Jahren im Stardust oder Frontier besucht, stellten wir ihn immer dem Publikum vor. Er bekam dann rauschenden Beifall, aber er wurde niemals belästigt.
Wir wußten natürlich, daß Michael jetzt ein Weltstar war, aber auch in Tokio erschien es uns ganz natürlich, daß Siegfried »unseren lieben Freund Michael Jackson« vorstellte. Ein gewaltiger Fehler! Michael saß mitten im Theater in der sogenannten Königsloge. Dieser etwas erhöhte Bereich mit rotem Teppichboden, Plüschsesseln und Goldkordeln als Absperrungen war für den japanischen Hochadel und VIPs reserviert.
Dort fand auch unsere Henkersillusion statt. Dabei standen Siegfried und ich auf einem Schafott, wurden mit Tüchern bedeckt, bekamen die Schlinge um den Hals gelegt und wurden gehenkt. Fielen die Tücher, waren wir verschwunden. Danach erschienen wir wieder: Ich verblüffte die Zuschauer, indem ich in zwölf Metern Höhe über ihre Köpfe hinwegflog; Siegfried erschreckte sie, indem er in der Königsloge auftauchte. Dabei stieß er einen markerschütternden Schrei aus, der die in der Loge sitzenden Gäste zusammenfahren ließ. Sie kreischten entsetzt und sprangen beinahe aus ihren Sesseln auf.
Sobald Siegfried Michael vorstellte, brach die Hölle los. Tausende von hysterischen Fans stürmten »Michael! Michael!« kreischend auf den VIP-Bereich zu. Wir wußten, daß eine Katastrophe bevorstand, wenn wir nicht rasch handelten, und ließen vom Sicherheitsdienst den Notausgang öffnen. Bis die Horden die Loge erreicht hatten, war Michael verschwunden. Das Publikum glaubte, das sei von Anfang an geplant gewesen, und klatschte wie verrückt.
Ein weniger bedeutender Star hätte vielleicht nie mehr ein Wort mit uns geredet. Michael dagegen reagierte sehr verständnisvoll. Und nach der Show erzählte er uns nicht nur, wie gut unsere für seine World Tour geschaffenen Illusionen funktionierten, sondern sagte auch, irgendwann werde er sich ein Vergnügen daraus machen, einen musikalischen Beitrag zu unserer Show zu leisten.
Die Königsloge war Schauplatz eines weiteren potentiell gefährlichen Vorfalls. Vor jeder Show riskieren wir einen Blick durch den Vorhang, um unser Publikum zu betrachten. Eines Abends fiel uns auf, daß die Leute eigenartig aufgeregt waren. Sie tuschelten, starrten zum VIP-Bereich hinüber und zeigten sogar mit Fingern darauf. Wir konnten uns keinen Reim darauf machen. In der Loge saß ein athletischer Mann mit einem kleinen Jungen, und die restlichen Männer schienen Bodybuilder zu sein. Wir hielten den Mann für einen japanischen Filmstar.

Nun, Siegfried erschien wie üblich in der Königsloge, aber als er aus dem Nichts auftauchte, waren diese VIPs verblüffter als die meisten anderen – und sehr ungehalten. Im nächsten Augenblick sprangen mehrere Männer auf, umringten Siegfried und drehten ihm die Arme auf den Rücken, während einer ihm eine Pistole in die Rippen drückte.

Siegfried

Während ich gefangengehalten wurde, fiel mir auf, daß jedem der Ganoven ein kleiner Finger fehlte – ein Zeichen dafür, daß sie der japanischen Mafia angehörten. Der Pate war mit seinem Enkel gekommen, um sich die Show anzusehen, und diese Kerle waren seine Leibwächter. Sie glaubten, dies sei ein Attentat im Al-Capone-Stil auf ihren Boß, und taten nur ihre Pflicht.
Glücklicherweise hatte ich kurz vor meinem Wiedererscheinen in der Loge das Gefühl gehabt, an diesem Abend sei irgend etwas zwar nicht unbedingt verkehrt, aber doch so anders, daß ich instinktiv zögerte. Das war mein Glück, denn wäre ich wie sonst hervorgestürmt, hätten sie mich bestimmt durchlöchert. Als sie mich erkannten, wurde ich sofort losgelassen, und die Männer verbeugten sich mit formvollendeter japanischer Höflichkeit, um sich zu entschuldigen. Gelinde gesagt beunruhigend.

Roy

In Tokio sollten wir ein halbes Jahr lang auftreten. Und nach einer sechswöchigen Pause – damit das Theater demontiert und wiederaufgebaut werden konnte – sollte die Premiere in Osaka stattfinden. Tatsächlich wurde das in Tokio erbaute Theater nie wieder benutzt. Wir traten jeden Abend zweimal vor ausverkauftem Haus auf, und Schwarzhändler verlangten und bekamen für ein 80-Dollar-Ticket bis zu 380 Dollar.
Ständig schien irgend etwas Interessantes zu passieren, das Publicity erzeugte und noch mehr Zuschauer anlockte. Zum Beispiel als Sherman, unser 2,5 Meter langer Python, entkam und sich zwei Tage lang irgendwo im Theater herumschlängelte, bis wir ihn unter einem Sitz in der dritten Reihe wiederfanden. Oder als Sitarra drei Junge bekam. Eine Million Japaner beteiligten sich an einem Wettbewerb, um ihnen Namen zu geben – Tokio, Fuji und Osaka –, bei dem es eine Reise nach Las Vegas zu gewinnen gab.
Danach dichtete die Skandalpresse mir eine Romanze mit der berühmten japanischen Magierin Prinzessin Tenko an, nachdem sie uns auf einem Ausflug zu einem buddhistischen Tempel begleitet hatte.
All das bewog uns dazu, das Gastspiel in Tokio um einen Monat zu verlängern. Unsere Premiere in Osaka konnten wir nicht verschieben, weil wir Ende September 1989 zurück sein mußten, um drei Wochen lang in New York aufzutreten.

Kaum zu glauben, aber während wir noch einen Monat in Tokio zugaben, wurde in Osaka ein identisches Theaterzelt errichtet.
Unsere Abschiedsvorstellung am letzten Abend in der Ginza werde ich nie vergessen. Während 3600 Zuschauer jubelten und klatschten und Teenager sich weinend nach vorn zur Bühne drängten, bekamen wir eine Stunde und acht Minuten lang stehende Ovationen. Ich fürchtete schon, die Bühne werde unter dem Gewicht der Blumen und Geschenke zusammenbrechen.
Unmittelbar danach fuhren wir mit dem Auto nach Osaka. Und dort stand ein weiterer traumhaft beleuchteter weißer Riesenbau: eine Stadt für sich.

Siegfried

Ob unser Japanerlebnis jemals übertroffen werden kann, weiß ich nicht. Aber die Erinnerung daran werden wir stets in unserem Herzen bewahren, weil es uns verändert hat.
Dort wurde ich an eine Erkenntnis erinnert, die ich schon vor Jahren bei Auftritten in der Schweiz gemacht hatte. Während man hart arbeitend die Erfolgsleiter erklimmt und sich bemüht, zu neuen Einsichten in bezug auf seine Kunst zu gelangen, verliert man manchmal den Blick für das Offenkundige. Unser Japanerlebnis erinnerte mich daran, daß die Magie die universalste Form der Unterhaltung ist. Sie überwindet alle Kultur- und Sprachbarrieren und gibt einem die Möglichkeit, seine Gefühle und seine Philosophie in Form von Illusionen auszudrücken.

Roy

Und unsere Gefühle wurden in Japan vielfältig angesprochen. Wenn wir nicht arbeiten mußten, nahmen wir so viel wie möglich von der dortigen Kultur auf. Nicht nur bei Sumo-Ringern, in Geishahäusern und bei den obligatorischen Besuchen von Schintotempeln, obwohl wir auch diese herkömmlichen Erlebnisse genossen. Außerdem hatten wir Gelegenheit, mit den Mönchen Tee zu trinken, uns mit Kabuki-Schauspielern nach ihrer Vorstellung zu unterhalten, im Hubschrauber über den Fudschijama zu fliegen und uns von einem Schinto-Priester in vollem Ornat segnen zu lassen.
In diesem Land, in dem Höflichkeit einen so hohen Stellenwert hat, erschien es uns nur passend, uns für diese vielen Freundlichkeiten zu revanchieren. Auch diesmal nahm unser Dankeschön eine Form an, die uns und der Situation entsprach. Im Hochgeschwindigkeitszug nach Kioto führten Siegfried und ich unseren Mitreisenden einige Illusionen vor.

Eines Abends fanden wir uns Sake trinkend im Kreise einiger Firmenbosse wieder, die der Überzeugung waren, wir Deutschen könnten wie Japaner – die starke Trinker sind – einiges vertragen. Um sie in diesem Glauben zu lassen, griff ich zu einer List: Ich setzte den Becher an, blaffte den japanischen Trinkspruch »Kanpai!« und kippte den Reiswein über meine Schulter in die Topfpflanze hinter mir. Kein Mensch merkte etwas, und nach etwa zwanzig Runden waren alle sprachlos: Dieser Deutsche konnte wirklich saufen! Als der Abend endete, konnte ich noch stehen, aber unsere Gastgeber und die arme Topfpflanze waren erledigt.

Siegfried

Von den vielen Souvenirs, die wir mit heimbrachten, und den einzigartigen Erlebnissen, von denen wir zehren konnten, war das Beste das Selbstvertrauen, das ich der Reaktion des japanischen Publikums verdankte. Sie zeigte mir, daß die Menschen in aller Welt Menschen mit denselben Emotionen sind. Ich hatte nicht mehr das Gefühl, alles mit großer Geste oder einem Trommelwirbel unterstreichen zu müssen. Man geht raus und gibt ihnen, was man im Herzen empfindet, und sie reagieren darauf.

Roy

Siegfried bildete sich ein, clever zu sein, weil er Japan als erster verließ. Ich mußte wie üblich das Verladen der Tiere beaufsichtigen, während er in Puerto Rico am Strand faulenzte. Trafen wir uns dann in New York zur Premiere in der Radio City Music Hall, war er ausgeruht und sonnengebräunt, und ich würde schon seinen triumphalen Einzug im Big Apple organisiert haben.
Obwohl ich Siegfried nur das Beste wünschte, amüsierte es mich doch ein bißchen, in japanischen Zeitungen zu lesen, daß er auf einer Insel Urlaub machte, die von dem Hurrikan Hugo heimgesucht wurde. Schon möglich, daß Siegfried von Abenteuern berichten konnte, wenn er nach New York kam, aber er würde wenigstens nicht ausgeruht, sonnengebräunt oder triumphierend ankommen.
Ich war bester Laune, als wir Abschied von Japan nahmen – bis ich auf den Flughafen Osaka kam. Während ich den Papierkram erledigte, überwachte mein Tierarzt die Beladung der Maschine. Diesmal flogen alle Tiere – auch die Elefantin sowie Fuji, Tokio und Osaka, unsere weißen Tigerbabies.
Als Perfektionist ging ich vor dem Start zu einer letzten Kontrolle an Bord und stellte

dort mit Schrecken fest, daß alle Transportkisten falsch standen! Die Tiere sahen nicht nach vorn, sondern seitwärts aus den Fenstern. So hätten sie bei Start und Landung die Orientierung verloren. Und die Anstrengung, auf dem langen Flug das Gleichgewicht halten zu müssen, hätte bei vielen eine Ohrenentzündung hervorgerufen. Kurz gesagt: Diese Verladeart wäre eine Katastrophe gewesen.
Startete die Maschine pünktlich? Bedenkt man, daß ich die Bodenmannschaft das ganze Flugzeug ausladen und die Tierkisten danach richtig aufstellen ließ, waren fünf Stunden Verspätung gar nicht so schlimm.
Die Landung in New York hätten die Tiere und ich fast nicht überlebt. Es regnete nicht nur; es blitzte, donnerte, hagelte und stürmte: Hurrikan Hugo war weiter nach Norden vorangekommen. Wir kreisten bei dichtem Nebel zwei Stunden lang; erhielten viermal eine Landeerlaubnis, die jeweils wenige Minuten vor dem Aufsetzen zurückgezogen wurde. Schließlich vertraute mir der Captain an, unser Treibstoff werde langsam knapp. Dem Tower meldete er: »Wir *müssen* landen; mein Treibstoff reicht bloß noch für eine Viertelstunde.«
»Nicht zu machen«, antwortete der Mann im Tower. »Unsere Landebahn steht voller Maschinen. Fliegen Sie nach Newark; bis dorthin schaffen Sie's gerade noch.« Wir befolgten diese Anweisung, aber in Newark sah es nicht anders aus: Wir würden mindestens eine Stunde auf unsere Landeerlaubnis warten müssen.
»Länger können wir nicht warten!« rief der Captain ins Mikrofon. »Wir kommen runter!«
Inzwischen blieb keinem mehr eine andere Wahl. Die Triebwerke standen; die Innenbeleuchtung war ausgefallen; wir hatten keine Funkverbindung mehr. Der Captain schaltete den Autopiloten ein. Und so begannen wir unseren Landeanflug: Captain und Co-Pilot beteten und fluchten durcheinander, während ich hinter ihnen saß, nach vorn starrte, auf die Gnade Gottes vertraute und mir bewußt war, daß meine ganze Welt auf dem Spiel stand und in Bruchteilen von Sekunden vernichtet sein konnte. Alle im Cockpit schwitzten; nur Gott wußte, wo wir in einer Minute sein würden. Dann entdeckte der Captain nur etwa 100 Meter vor uns die Landebahn.
Wen kümmerte es, daß die Landung hart war – *wirklich hart,* weil der Captain die Maschine auf die Bahn knallte – und wir massenhaft rote Blinkleuchten überrollten, bis wir kreischend und ruckartig zum Stehen kamen? Wir lebten noch.
Natürlich wäre es einfach gewesen, diese Reise in Newark zu beenden. Der Flughafen hatte jedoch nicht die richtigen Einrichtungen, um alle Tiere und Frachtstücke zu entladen, und unsere Mannschaft stand mit 28 Lastwagen auf dem JFK Airport, um alles in die Radio City Music Hall zu transportieren. Deshalb warteten wir das Abflauen des Sturms ab und betankten die Maschine. Um unser Glück vollkommen zu machen, geriet dabei Wasser in die Tankleitungen, was zu weiteren Verzögerungen führte. Viele Stunden später flogen wir zum JFK Airport hinüber. Als man uns im Tower sah, hörte ich den Fluglotsen sagen: »Da kommt sie wieder – die fliegende Arche Noah.«

Charakteristisch war, daß ich erneut einen großen Auftritt hatte. Als die Tür der Maschine geöffnet wurde, stürmte Bernie Yuman herein. Er war ein nervöses Wrack, solche Sorgen hatte er sich um uns gemacht, und teilte mir jetzt mit, auf dem Vorfeld warte eine Horde Reporter von Presse und Fernsehen auf mich. Reporter? Ich war mit knapper Not lebend davongekommen, hatte einen Dreitagebart, kaum geschlafen und war mit den Nerven am Ende. *So* konnte ich unmöglich Interviews geben. Aber Bernie bestand darauf, wir müßten irgend etwas für die Medien tun.
Zuletzt ließ ich mich dann doch noch breitschlagen. »Okay«, rief ich, »du willst einen großen Auftritt? Den sollst du haben! Komm, Gildah!« Ich ließ die Frachtluke öffnen, und Gildah trug mich auf ihrem Rücken, als sie die Ladeplattform betrat. Während wir zu Boden gelassen wurden, hob meine Elefantin ihren Rüssel und trompetete. Ich schwenkte meinen Reisepaß, sprang ab und kniete nieder, um den Boden zu küssen. Amerika ... *home, sweet home.*
Und Siegfried? Nun, der ist immer da, wenn es wirklich darauf ankommt. Diesmal traf er genau rechtzeitig aus Puerto Rico ein: nur knapp eine halbe Stunde vor unserer großen Parade die Avenue of the Americas hinauf zur Radio City Music Hall. Und sobald er da war, klappte natürlich alles tadellos ...

Siegfried

Mit unserer Rückkehr nach New York, um in der Radio City Music Hall aufzutreten, schien sich ein Kreis zu schließen.
Viele waren skeptisch, ob wir mit diesem Engagement Erfolg haben würden. Viele fragten sich, was Kenneth Feld sich dabei gedacht haben mochte, als er beschloß, uns der New Yorker Kritik auszusetzen und zu versuchen, ein Theater mit 6400 Plätzen bei 32 Vorstellungen in dreieinhalb Wochen zu füllen.
Der Gedanke war beängstigend. In New York hat man den Eindruck, vor den Augen der ganzen Nation aufzutreten, und dort Erfolg zu haben, bedeutet *endgültig* anerkannt zu sein. Hier unsere Namen in Leuchtbuchstaben über dem Eingang zu sehen und mitzuerleben, wie die Avenue of the Americas für die Dauer unseres Gastspiels offiziell in White Tiger Way umbenannt wurde, bedeutete für uns die lange ersehnte Verwirklichung einer Phantasie – als ob ein Pfau eine zusätzliche Feder bekäme. Vor 32 Jahren waren zwei junge Deutsche in New York an Land gegangen, um in der Radio City Music Hall die Ostershow zu sehen; seit diesem Tag hatten wir davon geträumt, einmal dort aufzutreten. Und als wir dann dort auf der Bühne standen, suchten unsere Blicke die dritte Balkonreihe, und wir glaubten, dort oben noch immer die beiden Jungs mit dem großen Traum sitzen zu sehen. Diese Story erzählte ich jeden Abend dem Publikum und konnte sie nie beenden, ohne einen Kloß im Hals zu spüren.

Auf geht's, Barbara. – Hinter der Bühne der Radio City Music Hall überzeugten wir Barbara Walters davon, daß das stolze Motto »There's no business like show business« noch immer zutrifft.

In New York mit Bill Cosby auf der Bühne der Bill Cosby Show. Welchen Unterschied gibt es zwischen Bill Cosby und Siegfried und Roy? Keinen. Wir rauchen alle drei Havannas Marke Davidoff No. 1. Der einzige Unterschied besteht darin, daß wir sie vor Jahren ihm geschenkt haben. Heute schenkt er sie uns.

Mit Tom Brokaw in New York

Roy

Wie immer durfte ich nicht zulassen, daß uns gleichzeitig die gleichen Emotionen bewegten. Siegfried dachte an gestern; ich mußte an heute denken. Deshalb stieg ich nach dem Finale von der Bühne herab, erkletterte die Sitzreihen und umarmte Leute aus dem Publikum. Der Choreograph und der Direktor waren natürlich völlig dagegen. Sie erklärten mir, darauf würden die New Yorker nicht reagieren; nach der Vorstellung ziehen sie ihre Mäntel an, hasten zum Ausgang und rennen los, um ein Taxi zu bekommen.
Ich kannte die New Yorker jedoch aus eigener Erfahrung als warmherziger. Ich tat, was ich mir vorgenommen hatte, und wir erhielten jeden Abend stehende Ovationen. Unser Gastspiel in der Radio City Music Hall brachte mir die Verwirklichung meines Amerikanischen Traums.

Siegfried

Auch wenn wir sie selbst geschrieben hätten, wären wir nicht imstande gewesen, die Besprechung in der *New York Times* zu übertreffen: »Wer von euch blasierten Einwohnern von Gotham einen guten Effekt sehen möchte, sollte sich ansehen, wie in »Das Phantom der Oper« der Kronleuchter herunterfällt, aber wer sehen möchte, wozu die Radio City Music Hall gebaut worden ist, muß zu Siegfried und Roy.«
Und die Leute kamen. Wir übertrafen mit unseren Kasseneinnahmen einen 57 Jahre alten Rekord.

Roy

»Entschließt ihr euch, eine Show zu verändern, ändert nie mehr als fünfzig Prozent.« Diesen Ratschlag eines erfahrenen Entertainers verdanken wir Liberace. Und genau das hatten wir vor, als wir 1987 mit den Vorarbeiten für unsere Show im Mirage begannen. Wir würden das Leitmotiv unserer Show – den Sieg des Guten über das Böse – beibehalten und unsere größten Erfolge in neuer Aufmachung präsentieren. Und da wir nun außerdem 23 weiße Tiger hatten, wollten wir das Wunder dieser Juwelen der Natur nicht durch Illusionen, sondern durch reine Präsenz unterstreichen.
Wir wußten genau, was wir fürs Mirage *nicht* wollten: keine herkömmlichen Kulissen als Bühnenbild, keine Produktionsnummern, keine Glitzerkostüme, keine halbnackten

Da unsere New Yorker Show für den Broadway zu groß war, gingen wir in die Radio City Music Hall, aber wir hatten trotzdem das Vergnügen, jeden Abend am Broadway aufzutreten – auf dem Kodarama mitten am Times Square

WHITE TIGER WAY

Showgirls, kurz gesagt nichts, was in Las Vegas Tradition hatte. Und wir wußten auch, was wir *wollten:* eine Produktion voller Magie – vom Licht über den Ton bis zum Bühnenbild, der Musik und den Kostümen. Alles würde von allem anderen abhängig sein.

Siegfried

Die magische Atmosphäre würde die Zuschauer vom Betreten des Theaters an umgeben: die Laser, die Beleuchtung, die Musik, die *miracle workers.* Dieses Umfeld würde sie auf das Erlebnis einstimmen. Wir wollten unsere Show zu einer Folge magischer Augenblicke machen: den Zauber der Illusion, die Magie der Natur und das Wunder der Technik. Ich wollte mich nicht hinstellen und den Leuten erzählen, was Roy und ich Großartiges leisten konnten, sondern ihnen das Wunderbare zeigen, das im Leben geschieht. Man braucht nur die Augen zu öffnen und sich umzusehen. Und indem wir diese Atmosphäre für unser Publikum erzeugten, hofften wir, die Vorstellungsgabe der Menschen anzuregen und sie dazu zu verführen, sich – wenn auch nur kurz – ihren eigenen Phantasien hinzugeben.
Die Show würde eher einer Broadwayproduktion gleichen und Anfang, Mitte und Ende haben. Siegfried und Roy würden Abgesandte sein, die eine Phantasiewelt betreten. Durch unsere Illusionen konnten wir auf fast biblische Weise ein Universum erschaffen, in dem sich alle Naturelemente materialisierten. Unsere magischen Kräfte würden die in dieser unbekannten Welt herrschenden Mächte des Bösen besiegen. Auf diesem geheimnisumwitterten Schauplatz wollten wir mit dramatischen Versatzstücken arbeiten, die tatsächlich funktionierten – einem Monster, einem Lebewesen aus dem All oder einem Drachen –, und so eine Idee verwirklichen, die uns schon lange vorschwebte.

Roy

In unseren Köpfen sahen und hörten wir schon alles. Wir hatten die Reihenfolge der Illusionen genau geplant, besaßen sogar eine Vorstellung davon, was wir musikalisch wollten, und ließen Tom Bähler, unseren Komponisten, daran arbeiten. Der einzige noch offene Punkt – aber der wichtigste! – war das bisher ungelöste Problem, jemanden zu finden, der unsere Visionen interpretieren und auf die Bühne bringen konnte. Für uns stellte sich daher die große Frage: Wer wird der Bühnenbildner unserer Show?
In unseren Vertrag mit dem Mirage hatten wir unter anderem hineingeschrieben, daß wir eine mehr zum Theater tendierende Produktion realisieren wollten. Kurz gesagt: Wir wollten alles an Bühnentechnik nutzen, was heutzutage verfügbar war – und einiges, was bisher noch nie auf dem Theater eingesetzt worden war –, und dafür nur die besten Bühnen-, Licht- und Tondesigner engagieren.

Also flogen wir nach Hollywood und sprachen mit *Special effect*-Fachleuten, verhandelten in New York mit Bühnendesignern, trafen uns mit mehreren Leuten, die für die optische Gestaltung der Olympischen Spiele zuständig gewesen waren, und hatten zuletzt einen riesigen Stapel mit Entwürfen aller nur vorstellbaren Monster. Aber keines gefiel uns hundertprozentig.
Dazu kamen weitere Probleme. Das »Beste« hat oft einen hohen Preis: Man muß sich mit dem übersteigerten Selbstbewußtsein des jeweiligen Genies abfinden. Wir wollten nicht, daß ein Außenseiter in unsere Welt einbrach und die Harmonie zerstörte, die wir unter Mühen erreicht hatten.

Siegfried

Und dann geschah es eigentlich durch einen Zufall.
Während unseres Besuchs in Rom zur Papstaudienz verspürte ich aus irgendeinem Grund den starken Drang, nach London zu reisen und mir ein paar Theaterstücke anzusehen. Ich war jahrelang nicht mehr dort gewesen. Roy hatte keine Lust, mitzukommen: Wer braucht schon kühles, naßkaltes Wetter im Juni? Warum nicht einfach nach New York fliegen? Meistens ist Roy der Überredungskünstler; diesmal war ich es.
Unsere erste Show war ein Science-fiction-Musical, das vor kurzem Premiere gehabt hatte: *Time* mit dem englischen Popstar Cliff Richard. Die Show war gut, aber uns beeindruckte vor allem das Weltraumbühnenbild mit fünf Meter hohen Hologrammen und umherschwebenden himmlischen Wesen. Schon nach fünf Minuten wußten wir, daß der Mann, der dieses Bühnenbild entworfen hatte, der Designer war, den wir suchten. Aber erst als wir John Napiers Kurzbiographie im Programm lasen, entdeckten wir, daß er auch der Bühnenbildner von *Cats, Les Misérables* und *Starlight Express* gewesen war.
Unser Instinkt erwies sich als richtig. Wir blieben einige Tage länger in London, um uns mit Napier zu treffen. Und wir entdeckten, daß er der einzige dort draußen war, der unsere Sprache sprach.

John Napier

Seltsamerweise waren meine Frau und ich einige Jahre zuvor in Las Vegas gewesen. Freunde hatten uns von »der besten Show in der Stadt« erzählt, deshalb sahen wir uns *Beyond Belief* an. Die Show gefiel mir, aber sie gab mir Rätsel auf. Warum hatte ich sie genossen? Weshalb war sie eigentlich so interessant? Es lag vermutlich daran, daß ich mich weniger als Bühnenbildner, sondern mehr als Bildhauer und Beweger von Objekten im Raum sehe. Und hier traten Künstler auf, die begriffen, daß man eine ganze Show allein auf Ideen aufbauen konnte. Damals sagte ich zu meiner Frau: »Sollte ich jemals eine Show in Las Vegas machen, dann mit diesen beiden Burschen.« Und später dachte ich nicht mehr daran.

Roy

Nicht schildern konnten wir John leider, wie wir die Illusionen und die Tiere – das Herzstück der Show und die Grundlage, aus der alles andere entstehen würde – mit dem Leitmotiv zu einem Ganzen vereinigen wollten. Als Magier sehen wir unsere Show durch die Illusionen. Als Entertainer sehen wir sie durch die Gefühle unseres Publikums. Die Schwierigkeit liegt darin, jemandem Illusionen beschreiben zu wollen, der nichts von Magie versteht. Anstatt ihm zu erklären, wie die Magie funktionierte und so zu riskieren, ihn seines Staunens zu berauben, hielten wir es für besser, die neuen Illusionen auszuarbeiten und in Japan vorzuführen. Dann konnte er nach Tokio kommen, um sie zu studieren und sozusagen »in Betrieb« zu beobachten.
John reiste zwischen London und Las Vegas, später zwischen London und Tokio hin und her. Er verarbeitete, was er gesehen hatte, erhielt Anweisungen von uns und kam jedesmal mit Prototypen zurück, die noch größer und komplizierter geworden waren – was im allgemeinen auch teurer bedeutete. Diese Besuche und die hitzigen Diskussionen versetzten ihn in die Lage, das Leitmotiv des Kampfes zwischen Gut und Böse, unsere Magie und unsere Tiere in die richtige Perspektive zueinander zu bringen.

John Napier

Ich flog mehrmals nach Las Vegas, um möglichst viele Informationen zu sammeln. Nach dem dritten Besuch konnte ich noch immer keine Entwürfe vorlegen. Siegfried und Roy waren völlig verblüfft. Was tat der Mann eigentlich? Ich erklärte ihnen, daß ich genau verstehen mußte, was sie machten, bevor ich daran gehen konnte, eine Show für sie zu entwerfen. Ich war daran interessiert, einen ganzen Abend um das herum zu gestalten, was ihre Stärke ist: Illusionen. Erst wenn ich alles benötigte Wissen über die beiden im Kopf hatte und mir über die Anforderungen der Show und des Showrooms im klaren war, konnte ich nach London zurückreisen und die Produktion entwerfen.
Ich weiß noch gut, wie die beiden nach London in mein Atelier kamen, damit ich ihnen meine Arbeit präsentieren konnte. Ich glaube, daß sie völlig überwältigt waren. Das Samenkorn hatte gekeimt und vollentwickelte organische Formen angenommen.

Diese Begegnung war die eigentliche Geburtsstunde des Drachens. Ich hatte versucht, eine Reihe von Illusionen zu kombinieren, die in *Beyond Belief* ihr Markenzeichen gewesen waren, aber die sie jetzt neuartig interpretieren wollten. Die Einführung dieses Werkzeugs des Bösen unterstrich auf dramatische Weise, daß es eine ihnen überlegene größere und stärkere Macht gab, die sie besiegen mußten. Dieser Drache würde der hochdramatische Effekt sein, den sie sich gewünscht hatten.

Roy

Und John Napiers Drache wird ein Klassiker der Bühnentechnik werden.

Siegfried

»Ihr seid die schwierigsten Leute, mit denen ich je zusammengearbeitet habe«, sagte John viele, viele Male. Tatsächlich machten wir ihm mit unserem Perfektionsdrang das Leben zur Hölle. Andererseits verstanden wir drei uns auf Anhieb gut. Napier führte uns in die Welt des Theaters ein und sprach von Ideen, die wir immer gehabt, aber nie ausgesprochen hatten. Und wir regten unsererseits seine Phantasie an.

John Napier

Trotz mancher Meinungsverschiedenheiten waren wir uns in einem Punkt stets einig: Wir alle wollten einen Quantensprung von der bisher mit einer Las-Vegas-Show verknüpften herkömmlichen Auffassung wagen. Ich fand, der Abend sollte eine gewisse Struktur haben, anstatt aus einer Reihe von kabarettartigen Nummern zu bestehen, zwischen denen steife Tänzerinnen auf luxuriösen Treppen posierten. Mein Ziel war, ihnen eine Show zu geben, die Geschmack hatte, ihre besten Effekte nicht alle zur Unzeit verschleuderte und sich so strukturieren ließ, daß der Auftritt der Tänzerinnen, der ihnen eine Atempause verschaffen sollte, ein integraler Bestandteil des auf der Bühne erzählten Märchens war. Alles mußte geschickt verknüpft werden, denn wir wollten magisches Theater machen.

Roy

Napier stellte gemeinsam mit uns ein erstklassiges, schon mehrfach ausgezeichnetes Produktionsteam zusammen. Wir engagierten Andrew Bridge, den Lichtdesigner von

John Napier in seinem Londoner Studio bei der Arbeit am Modell der Bühne, die er für uns entwarf

Das Phantom der Oper. Unser Mitautor und Mitregisseur war John Caird von der Royal Shakespeare Company und Regisseur von *Les Misérables.* Jonathan Deans, der bei *Les Misérables* und *Time* mitgearbeitet hatte, war für den Ton zuständig. Anthony Van Laast, der Choreograph von *Barnum* und *Song and Dance,* vervollständigte das Team.

John Napier

Meine Vorschläge erschreckten Siegfried und Roy manchmal. Das war verständlich. Sie hatten im Frontier eine phänomenal erfolgreiche Show gehabt; sie hätten im Mirage Ähnliches zeigen können und wären ebenso erfolgreich gewesen. Was sie taten, erforderte viel Mut.
Ich bin überzeugt, daß Siegfried und Roy den Eindruck hatten, die Show sei außer Kontrolle geraten. Aber als sie aus Japan zurückkamen und ich ihnen eine Lichtshow vor-

führte, die bestimmte Effekte der späteren Produktion illustrierte, wußten sie in diesem Augenblick, daß der Kampf, so hart er auch sein mochte, sich letztlich lohnen würde.

Roy

Im Oktober kamen wir von unserer World Tour zurück und waren bereit, uns in die Probenarbeit zu stürzen. Wir bekamen tatsächlich, was wir gewollt hatten. Wir hatten mehr als der Broadway; wir hatten Hardrock, Wagneropern, P. T. Barnum und *2001 – Odyssee im Weltraum.* Wir hatten ein Theater mit 1500 Plätzen, das sensationellste seiner Art, mit einer Bühne, auf der ein Verkehrsflugzeug DC-10 Platz gehabt hätte. Wir hatten unseren sechs Stockwerke hohen computerisierten Traum von einem Drachen, der Feuer und Rauch spuckte und durch sein eigenes Hydrauliksystem bewegt wurde: ein technisches Meisterwerk, eher eine bewegliche Skulptur als ein Stück Bühnentechnik. Wir hatten fast 70 Tonnen Bühnenbild. Und wir hatten das modernste und leistungsfähigste jemals installierte Lichtsystem, das allein für seinen Betrieb sieben Steuerpulte benötigte – fast genug Energie, um einen Menschen auf den Mond zu schicken. Und damit das alles funktionierte, waren über und unter der Bühne rund 600 Kilometer Kabel verlegt.

Mit John Napier, Designer und Mit-Regisseur unserer Show, im Mirage – der bisher einzige Mann, der sich unsere Sicht der Dinge zu eigen machen konnte. Dafür sind wir ihm zu ewigem Dank verpflichtet.

Siegfried

Als wir ankamen, waren noch etwa 500 Kilometer Kabel zu verlegen. Die Bühne war noch nicht soweit, daß wir darauf proben konnten. Trotzdem waren wir von dem ganzen Riesenaufwand überwältigt.

John Napier

Keine Frage, die Verwirklichung dieser umfangreichen Produktion war ein Alptraum, der weniger belastbare Männer ins Irrenhaus hätte bringen können. Den Drachen auf die Bühne zu stellen, dafür zu sorgen, daß alles an diesem High-tech-Gerät funktionierte, und die Computersteuerung zu optimieren, dauerte nicht Wochen, sondern Monate.
Technische Probleme waren bei einer Show dieser Größenordnung unvermeidlich, aber ich mußte auch sehr behutsam vorgehen, weil ich 70 Mitarbeiter hatte. Wir arbeiteten mit massiver, hochkomplizierter Bühnentechnik, und da ich nicht wollte, daß dabei jemand zu Schaden kam, konnte ich nur langsam und vorsichtig weiterarbeiten. Dadurch verzögerte sich natürlich die Premiere – bestimmt kein Grund zur Freude fürs Management, das in einem 650 Millionen Dollar teuren Hotel-Casino mit dunklem Showroom saß.

Siegfried

Die Premiere war für Silvester geplant. Aber sie wurde verschoben. Mehrmals. Zuletzt mußten wir in der nur vierwöchigen Probenarbeit vor der Premiere noch vieles leisten.
Was man auf Plänen und dann in Wirklichkeit sieht, sind zwei verschiedene Dinge. Viele der Bauten für unsere Show waren für die Bühne zu groß und mußten modifiziert werden. Waren sie dann abgeändert, wogen sie trotzdem noch soviel, daß die Bühne verstärkt werden mußte – sogar mehrmals. Erst als wir mit den Proben begannen, merkten wir, daß wir unser eigenes Monster erschaffen hatten. Das Konzept unserer Show hatte sich verselbständigt und war uns über den Kopf gewachsen; wir hatten einen technologischen Kraftakt verwirklicht.
Ich dankte Gott jeden Abend, daß ich in Japan alle Probleme bei den Illusionen ausgemerzt hatte, so daß sie bei unserer Rückkehr nach Las Vegas tadellos klappten. Die Probleme, vor denen wir jetzt standen, hatten ganz andere Dimensionen.

John Napier

Als ich später erfuhr, daß die Premiere von Shows wie *Hallelujah Hollywood* erst mit sechsmonatiger Verspätung stattfand, staunte ich darüber, daß wir es mit nur einem Monat Verspätung geschafft hatten – wenn man berücksichtigt, daß hier erstmals Rock 'n' Roll, Oper, Magie und Technik in einer einzigen Show zusammenwirken.
Bis alles richtig funktionierte und mit allem anderen synchron ablief, waren zahlreiche praktische Versuche notwendig. Wir mußten unser Bestes geben, und die Arbeit war hart – Tag und Nacht, rund um die Uhr, monatelang ohne Pause. Aber auch das gehört zum Showgeschäft.

Roy

Vergessen wir mal eben die großen technischen Dramen und reden einfach über all die anderen Aspekte, für die wir bei unseren früheren Shows während der Proben immer reichlich Zeit gehabt hatten. Diesmal waren wir zu beschäftigt. Was war mit unseren Übergangsmomenten, die Intimität erzeugten und dem Publikum zwischendurch Atempausen verschafften? Wie sollten wir sie in diese Monsterproduktion integrieren? Da wir alles Überlieferte abgeschafft hatten, mußten wir sie durch Lichtwechsel erzeugen – auch etwas, woran wir bei der Vorlage der Pläne nicht gedacht hatten. Als Entertainer wissen wir, wie wichtig diese »kleinen Augenblicke« sind.
Dann gab es Probleme mit der Musik. Obwohl die Orchestrierung vorankam, klafften noch große Lücken. Wir waren weiter auf der Suche nach der richtigen Musik zu bestimmten Illusionen, die für jede Geste, jede Bewegung genau arrangiert werden mußte. Und dann gab es das Problem, daß wir noch kein Original als Titelsong für die Show hatten. Was bisher komponiert worden war, gefiel uns nicht recht.
Eines Tages, als wir bei der Probenarbeit gerade auf einem Tiefpunkt angelangt waren, kam ein Bote ins Theater und übergab mir einen Umschlag. Er enthielt eine Kassette. Ohne zu wissen, was darauf war, gab ich sie unserem Tontechniker mit der Bitte, sie für uns abzuspielen. Was wir hörten, ließ die Zeit stillstehen. Es war Michael Jacksons musikalischer Beitrag zu unserer Show.
»Mind Is the Magic« – unser neuer Titelsong – ist der erste Song, den Michael jemals für andere geschrieben, arrangiert, produziert und gesungen hat. Sein Geschenk richtete unsere ermatteten Lebensgeister wieder auf. Einige Tage später erschien Michael auf magische Weise mitten während der Probenarbeit. Er saß da und sah zu, wie wir zu seiner Musik probten. Durch seine Gegenwart wurde »Mind Is the Magic« zu einer Realität. Von diesem Augenblick an hatten wir das Gefühl, auch die Show sei jetzt real.

Unser Freund Michael Jackson, Erzengel der Musik. – Wir danken dir dafür, daß du die Magie am Leben erhältst. Es ist einsam ganz oben, und du stehst wirklich allein. Die Menschheit profitiert von deinem Mut und deiner Kreativität. Wir sind stolz auf dich.

Siegfried

Napier ermahnte uns oft: »Seid dem Himmel für eure Illusionen und eure Tiere dankbar; nur sie sind auf nichts anderes als auf euch beide angewiesen.« Damit behielt er zuletzt recht. Aber wenn man einen 300 Kilo schweren schneeweißen Tiger hat, der mit einem

Riesensatz einen großartigen Abgang durch eine computergesteuerte Tür versucht, die sich nicht öffnen will ... nun, das könnte katastrophal enden. Als die Tür nach vielen Proben noch immer nicht zuverlässig funktionierte, beschlossen wir, wieder auf die alte Methode zurückzugreifen. Und wir rissen den Motor heraus.
Nie richtig überlegt hatten wir uns eigentlich, daß die gesamte Produktion nur klappen konnte, wenn Napiers Technik und unsere Illusionen synchronisiert waren. Bei den Proben funktionierten das computerisierte Licht, die Musik und der Ton; sie funktionierten nur nicht im Gleichtakt mit uns.
So integriert war unser Auftritt noch nie gewesen. Früher hatten wir alles selbst im Griff gehabt. Wurde Roy jetzt von dem Drachen sechs Meter hochgehoben und aufgespießt, war er der modernen Technik hilflos ausgeliefert; schwang er am Seil hoch über die Köpfe des Publikums hinweg, steuerte der Computer den gesamten Ablauf. Daß wir in so vielen Situationen auf die Technik angewiesen waren, fanden wir beängstigend.
Und wir hatten allen Grund dazu. Einmal hob der Drache Roy über 15 Meter hoch, so daß er durch Teile der dort oben hängenden Bühnentechnik krachte und um ein Haar enthauptet worden wäre. Als er ein andermal am Seil über den Zuschauerraum hinausflog, ließ ein Computerversagen ihn gegen die Rückwand des Theaters knallen, mit 80 Stundenkilometern quer durch den Raum fliegen und gegen eine andere Wand krachen. Danach wurde er über Tische und Stühle geschleppt und zuletzt abrupt mitten im Raum abgesetzt. Dieser wilde Ausflug kostete ihn einen gebrochenen Fuß und mehrere Rippenbrüche.
Seltsame Unfälle aller Art waren wir gewöhnt. Auch Roy hat im Lauf der Jahre etliche gehabt: Bänderrisse, Kniescheibenbrüche, ein Fußbruch, mehrmals Fingerbrüche, Schnittverletzungen, die genäht werden mußten, weil er auf Tischen gelandet war und sich an Gläsern und Flaschen geschnitten hatte, ab und zu ein paar ausgeschlagene Zähne – aber seltsamerweise niemals auch nur einen Kratzer von seinen Tieren. Damit finden wir uns ab; das gehört einfach zu unserem Job. Aber sich an die Idee gewöhnen zu müssen, daß ein Computer der Schuldige ist, kann eine gewisse Hilflosigkeit auslösen, wenn es darum geht, Unfälle zu vermeiden.

Kaum zu glauben, aber dieser mechanische Drache war schwerer zu bändigen als jeder Tiger! Eigentlich gleicht der Drache einem Lebewesen mit Herz und Seele. Dank hochentwickelter Technik ist er imstande, alle Bewegungen eines Lebewesens auszuführen, die dann natürlich noch endlos choreographiert und computerisiert werden mußten. In einem bestimmten Stadium hatte er sogar Füße. Aber er ließ sich nur schlecht anhalten, und als er eines Tages im Casino landete, stellten wir ihn auf Räder – mit Bremsen.

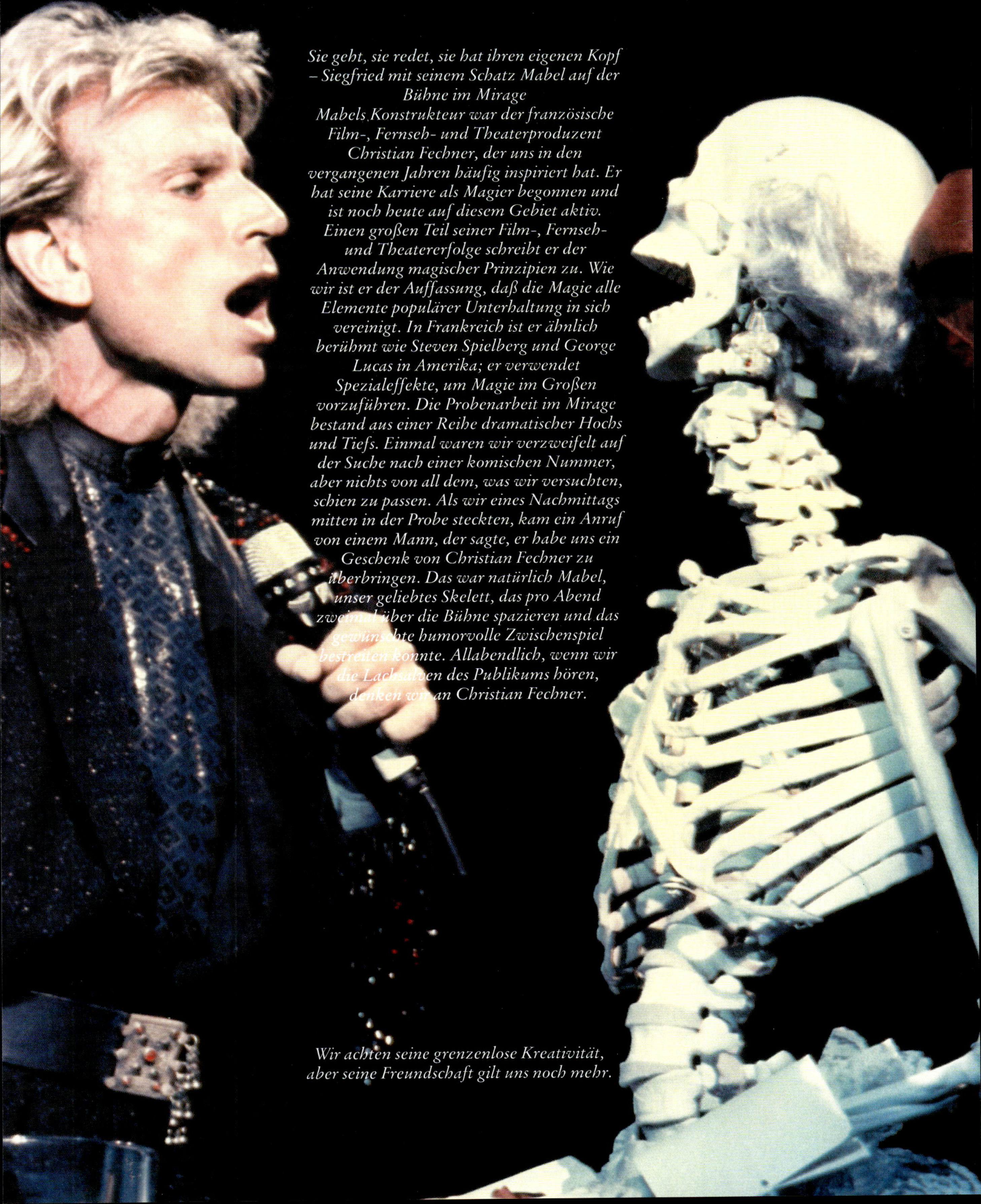

Sie geht, sie redet, sie hat ihren eigenen Kopf – Siegfried mit seinem Schatz Mabel auf der Bühne im Mirage

Mabels Konstrukteur war der französische Film-, Fernseh- und Theaterproduzent Christian Fechner, der uns in den vergangenen Jahren häufig inspiriert hat. Er hat seine Karriere als Magier begonnen und ist noch heute auf diesem Gebiet aktiv. Einen großen Teil seiner Film-, Fernseh- und Theatererfolge schreibt er der Anwendung magischer Prinzipien zu. Wie wir ist er der Auffassung, daß die Magie alle Elemente populärer Unterhaltung in sich vereinigt. In Frankreich ist er ähnlich berühmt wie Steven Spielberg und George Lucas in Amerika; er verwendet Spezialeffekte, um Magie im Großen vorzuführen. Die Probenarbeit im Mirage bestand aus einer Reihe dramatischer Hochs und Tiefs. Einmal waren wir verzweifelt auf der Suche nach einer komischen Nummer, aber nichts von all dem, was wir versuchten, schien zu passen. Als wir eines Nachmittags mitten in der Probe steckten, kam ein Anruf von einem Mann, der sagte, er habe uns ein Geschenk von Christian Fechner zu überbringen. Das war natürlich Mabel, unser geliebtes Skelett, das pro Abend zweimal über die Bühne spazieren und das gewünschte humorvolle Zwischenspiel bestreiten konnte. Allabendlich, wenn wir die Lachsalven des Publikums hören, denken wir an Christian Fechner.

Wir achten seine grenzenlose Kreativität, aber seine Freundschaft gilt uns noch mehr.

John Napier

Diese Show war zweifellos das schwierigste Projekt meines Lebens. Zuletzt waren alle mit den Nerven am Ende. Zusammenfassend möchte ich meine Erlebnisse als unvergeßlich bezeichnen. Und jetzt erinnere ich mich voller Nostalgie daran. Ich habe die Show seit der Premiere mehrmals gesehen und entdecke jedesmal etwas, das Siegfried, Roy und ich gemeinsam geschaffen haben. Und ich würde die Arbeit trotz aller Mühen noch einmal auf mich nehmen, weil sie letztlich zu etwas geführt hat, das meiner Überzeugung nach als Meilenstein in der Geschichte des Showgeschäfts gelten wird.

Roy

Schon möglich, aber vor der Premiere hatten wir eher das Gefühl, auf eine Riesenpleite hinzuarbeiten. Ich möchte wetten, daß das gesamte Produktionsteam bei der Generalprobe, die am traumatischsten ausfiel, im stillen hoffte, Siegfried und ich würden von dem Drachen aufgespießt werden.
Die Premiere war für alle Beteiligten nervenaufreibend. Ensemble und Bühnenpersonal – insgesamt 164 Personen – wirkten wie gelähmt; hinter der Bühne, wo sonst an Premierenabenden aufgeregt getuschelt wird, war es eigenartig still.
Und Siegfried und ich? Nun, in gewisser Beziehung hat sich in all unseren gemeinsamen Jahren nicht allzu viel geändert. Nachträglich gesehen unterschied die Premiere sich nicht wesentlich von unserem ersten professionellen Auftritt im Jahre 1964 im Bremer Astoria-Theater. Siegfried war mit den Nerven am Ende und jammerte: »Warum gerade ich? Warum hast du mir diese Show eingeredet, Roy? Ich kann nicht weitermachen!« Und ich antwortete wie damals: »Keine Angst, Siegfried, bestimmt klappt alles wunderbar. Ich weiß, daß wir Erfolg haben werden.« Der Unterschied war nur, daß ich ihn diesmal nicht in der Garderobe einsperrte, daß ich nicht loslief, um eine Bratwurst und Coca-Cola zu holen, und daß Frau Fritz nicht da war, um ihn aufzurichten.
Nein, statt dessen waren Steve Wynn, Kenneth Feld und Bernie Yuman da, die Blut und Wasser schwitzend für uns beteten. Falls wir eine Bauchlandung machten, würden wir einen Haufen Leute mitreißen. Ich sah John Napier im Publikum sitzen. In kritischen Augenblicken, in denen etwas Katastrophales passieren konnte, war er zu ängstlich, um hinzusehen, und verbarg sein Gesicht in den Händen. Aber dann merkte er, daß wir alles unter Kontrolle hatten, und lehnte sich wie ein begeisterter Junge zurück.
Wir hatten den Beifall noch nie so genossen wie an diesem Abend. Als wir hinter die Bühne kamen, empfingen uns das Ensemble und das Bühnenpersonal jubelnd und klatschend. Und wir applaudierten unsererseits. Nach all den Sorgen ums Überleben hatten wir triumphiert.

»Nennt uns nicht bloß Magier oder Zauberer, Märchenerzähler wäre genau richtig.«

Am Premierenabend waren jedoch alle ausgebrannt. Alle außer uns, was nur natürlich war. Der Kampf, das Drama und die Gefühlsqualen, unter denen eine Show konzipiert und verwirklicht wird, sind für uns natürlich, weil die Bühne unser Leben und unser Leben die Bühne ist.
Jetzt haben wir die Show, die wir uns wünschten, die Show, von der wir immer geträumt haben. Sie ist wahrhaftig die Verwirklichung von Phantasien, die uns seit dreißig Jahren bewegten: ein Sinnbild unseres Lebens und unserer Philosophie. Direkter, als wir jemals hätten hoffen können, sagt diese Show aus, was wir für unser Publikum sein möchten: nicht nur Meister der Illusion, sondern Meister der menschlichen Möglichkeiten.

Siegfried

Wie seit nunmehr fast drei Jahren windet sich jeden Morgen um sieben Uhr eine lange Menschenschlange durch die Eingangshalle im Mirage, um Eintrittskarten für die teuerste Show der Stadt zu kaufen – unsere Show. Gegen zehn Uhr ist sie ausverkauft. Wir treten zweimal pro Abend, an sechs Tagen in der Woche, vierzig Wochen im Jahr vor jeweils 1500 Zuschauern auf. Und den ganzen Tag lang besuchen Menschen aus allen Ständen – junge wie alte – das Gehege der weißen Tiger, das zum Symbol des Mirage geworden ist. Unser Leben gleicht einem Katalog neuer Möglichkeiten. Wir besitzen die weltweit größte Privatsammlung von Tigern – Königstiger, Sumatra- und sibirische Tiger, weiße und schneeweiße Tiger –, und unsere Menagerie wächst weiter. Roys Fachwissen, sein Verständnis für exotische Tiere und seine Zuchterfolge machen ihn zu einem wertvollen Partner für Zoologen. Im Augenblick arbeitet er gemeinsam mit dem Cincinnati-Zoo an einem Studienprojekt über Schneeleoparden, in dessen Rahmen er den Schneeleoparden Manchu aufzieht.
Als Zeichentrickfiguren werden wir in einer Fernsehserie mit dem Titel *Siegfried and Roy, Masters of the Impossible* an fünf Morgen pro Woche in Amerika und 26 weiteren Ländern – in ebenso vielen Sprachen – im Kabelfernsehen auftreten. In dieser Serie sind wir Superhelden. Aus dem Serientitel haben wir das Akronym »Sarmoti« gebildet, das uns als Zauberwort helfen wird, gegen eine böse Macht zu bestehen und unsere gefährdete Umwelt zu schützen. Und die Animation hat unglaublicherweise der Künstler Boris Vallejo übernommen. Wir haben alles und mehr erreicht, wovon wir uns je hätten träumen lassen, und wenn ich zurückblicke, kommt es mir vor, als sei mein ganzes Leben Magie gewesen. Wie bin ich so weit gekommen? Wie ist das alles möglich gewesen? Logische Antworten wie Talent, Fleiß, Selbstdisziplin und eiserner Durchhaltewillen machen das Ganze nicht weniger wunderbar. Ich bin noch immer wie benommen.
Da ich mich nie daran gewöhnen werde, der zu sein, der ich geworden bin, bleibe ich innerlich Siegfried aus Rosenheim – weiter voller Selbstzweifel, weiter von Zweifeln geplagt, ob ich neuen Herausforderungen gewachsen sein werde. Als wir unseren Mega-

millionenvertrag mit dem Mirage unterzeichneten, dachten alle, ich müßte vor Freude Luftsprünge machen. Statt dessen fühlte ich mich innerlich kleiner und kleiner. Je größer der Vertrag, desto größer die Verantwortung.

Roy

Dem Himmel sei Dank dafür: Diese Verantwortung hindert mich daran, übermütig zu werden. Für mich bleiben Ruhm und Erfolg fragile, immaterielle Belohnungen, auf die man nicht bauen kann, so schön das wäre. Akzeptiert man diese Belohnungen, muß man sich auch darüber im klaren sein, daß sie nur Bestand haben, solange man zu geben bereit ist. Fängt man erst mal an, sein Publikum zu betrügen, ist man passé.

Deshalb sind wir der Meinung, noch nie eine perfekte Show gehabt zu haben. Irgend etwas könnte immer noch besser sein. Es gibt immer einen Lichtwechsel, einen Toneffekt oder ein Tänzerinnenkostüm, an dem etwas auszusetzen ist.
Jeden Abend ist es unser oberstes Ziel, unser Publikum zufriedenzustellen. Sehen wir nach dem Finale von der Bühne aus 1500 Menschen mit Glück und Staunen im Blick, haben auch wir etwas davon: Aus den Menschen, denen wir Freude bereitet haben, ziehen wir unsere Energie und Inspiration.

Siegfried

Man könnte behaupten, wir seien nie erwachsen geworden. Wir träumen noch immer wie Kinder, und wir möchten das Kind in Erwachsenen wecken und sie ermutigen, wieder zu träumen, wie sie es als Kinder getan haben. Wir besitzen genügend Lebenserfahrung, um zu wissen, daß Träume immer mehr verdrängt und verschüttet werden, je älter man wird. Aber ein Mensch ohne Phantasie, ohne Träume ist nichts.
Wir wissen auch, daß jeder seine geheimen Wünsche hat. Wir versuchen, das Medium für diese privaten Phantasien zu sein. Durch uns kann unser Publikum vielleicht träumen. Imstande zu sein, Tausenden von Menschen gleichzeitig Träume zu schenken - das ist unsere größte Erfüllung…

Roy

Das führt uns wieder zum Anfang, in die harten Jahre zurück, in denen wir nur unsere Träume hatten. Und ich erinnere mich, daß ich in dieser schweren Zeit oft mit Siegfried in Rosenheim war, um seine Mutter zu besuchen. Da sie uns nie auf der Bühne gesehen hatte, schilderte ich ihr, wie der Scheinwerferkegel Siegfried erfaßte, wie das Dreimannorchester einen Tusch für ihn spielte und wie er im Frack mit Zylinder, Cape, weißen Handschuhen und Spazierstock auftrat – und wie er den Menschen Freude machte. Ausgerechnet er, der damals noch ein Niemand war. Ich versicherte ihr, er sei ein Großer, dessen Talent eines Tages Anerkennung finden werde. Und meiner Mutter sowie meiner Tante Paula, die mir ihren Segen gegeben hatten, aber sich noch immer Sorgen um meine Zukunft machten, beschrieb ich unsere Show, wie ich sie in meiner Phantasie sah. Ich erzählte ihnen, wie ich auf einem Tiger ritt, wie ich hoch über den Köpfen des Publikums auf einer silberglänzenden Kugel durch die Luft schwebte. Leuchtbuchstaben verkündeten unsere Namen, und das Publikum applaudierte immer wie wild.
In zwei Städten schilderte ich unseren Lieben die Phantasien, deren Verwirklichung sie niemals zu sehen hoffen konnten. Vielleicht schöpfte ich ihretwegen tief aus etwas, das in Wahrheit die Zukunft war.

Zwei junge Deutsche ziehen hinaus in die Welt, um ihr Glück zu machen – von Rosenheim und München, Nordenham und Bremen bis in die »Welthauptstadt des Entertainments«, Las Vegas – Bilder einer einzigartigen Karriere. Linke Reihe, oben: Stadtwappen von Rosenheim; Mitte: Marlene Dietrich; unten: Verdienstmedaille des Deutschen Bundestages für Siegfried und Roy. Diese Reihe, oben: Ein Brief von Marlene; unten: mit Marlene Charell im Lido in Paris, 1960.

Linke Reihe, oben: Stadtwappen von München; Mitte: Roy mit Caterina Valente; unten: mit Line Rinaud. Diese Reihe, oben: Margret Dünser porträtierte Siegfried und Roy für das ZDF und ihre »VIP-Schaukel«; unten: Die Bremer Stadtmusikanten.

Oben links: Heidi Brühl, eine gar nicht so »kühle Blonde«. – Sie war nicht nur ein großer Film- und Fernsehstar, sondern auch ein sensationeller Revuestar und eine ganz besonders gute Freundin von uns, mit der wir viele wundervolle Augenblicke erlebten. In unserer Erinnerung wird sie ewig weiterleben!

Obere Reihe, zweites bis viertes Bild von links: Hugo Strasser; Günter Netzer; Thomas Gottschalk – dem wir für seine neue Art, Fernsehen zu machen, danken.

Mittlere Reihe von links nach rechts: Rudi Carrell – der erstklassige Showmaster ist im persönlichen Gespräch ebenso interessant wie auf der Bühne –; Roberto Blanco, Heino und Hannelore –; Magie mit Kay Wörsching in Kay's Bistro bei der Feier zur Verleihung der Goldenen Kamera.

Untere Reihe von links nach rechts: der große Alfred Biolek, der das Talent besitzt, überall gleichzeitig und gleichzeitig überall zu sein; Karel Gott, die »goldene Stimme aus Prag«; Günther Pfitzmann.

Untere Reihe von links nach rechts: Vico Torriani; Gunter Sachs – Weltmann und Freund mit Sinn für Stil –; Max Greger – Siegfried bewunderte ihn schon als Kind bei Auftritten in Rosenheim.

Mittlere Reihe, links: die Scorpions; daneben: deutsche Fans, ein ganz besonderes Geschenk. – Im Lauf der Jahre reisten ungezählte deutsche Fans nach Las Vegas, um unsere Show zu sehen. Wir sind jedesmal wieder gerührt, im Publikum Landsleute zu entdecken. Im Jahr 1990 besuchte dieses deutsche Paar unsere Vorstellung und schenkte uns danach ein Stück der Berliner Mauer – als einzigartiges Symbol für Frieden und Freiheit. Es gehört zu den kostbarsten Geschenken, die wir je erhalten haben: Fans wie diese geben unserer Arbeit erst einen Sinn. God bless you!

Obere Reihe, links außen: Mireille Mathieu – Frankreichs heutige Edith Piaf und Liza Minelli in einem. Unsere Freundschaft entstand vor fünfundzwanzig Jahren, als wir drei in Monte Carlo bei der »Gala des Rois« auftraten. Ihre gewaltige Stimme hat uns immer fasziniert, und ihre Gabe, das Publikum emotional zu bewegen, ist uns seither stets Vorbild gewesen. Links: Max und Gundel Schautzer, Georg Thomalla. Rechts: Peter Frankenfeld und Richard Schmidt.

To Siegfried and Roy
A piece of the Berliner Mauer
Our contribution for Freedom and Peace
Wallpecker Mauer Specate
Arnold R. Franz
Lisa M. Franz
D 5210 Troisdorf, Germany

Obere Reihe, links: Margot Hielscher. Rechts: Werner Baecker. – Es gibt zwei Wörter, die eine Klasse für sich allein bilden, und sie lauten ganz einfach: Werner Baecker. Von der »Schaubude« bis zu »New York, New York« versteht er es wie kein anderer, Gäste zu interviewen und sein Publikum zu unterhalten. Rechts außen: Hannelore Elsner und Klausjürgen Wussow.

Mittlere Reihe von links nach rechts: Mit Eberhard Diepgen unter dem Brandenburger Tor, anläßlich der Weltpremiere unserer Autobiografie, 1992; Elke Sommer; Alice und Ellen Kessler.

Links außen: Karin Dor. Daneben: Willy Millowitsch. – Mit seinem Humor, seiner Weisheit und seinen klugen Ratschlägen steht er für uns unerschütterlich fest wie der Kölner Dom… Rechts: Bernhard Paul und Eliane von Roncalli.

Obere Reihe von links nach rechts: Leni Riefenstahl; Max Greger und Roy Auge in Auge mit dem Tiger; Heidi Brühl mit ihrer Tochter; Marlene Charell.

Mittlere Reihe von links nach rechts: Die »Tigerin vom Fuschlsee«, Marianne Manni von Sayn-Wittgenstein; Heino und Hannelore; Dunja Rajter.

Untere Reihe von links nach rechts: Christl Sembach-Krone, die »Zirkusprinzessin« – auf ihre Art eine Legende wie das Münchner Kindl...; Caterina Valente; André Heller und Marek Lieberberg. – Sarmoti!

Danksagungen

Das Erlebnis, ein Buch zu schreiben, hat uns neue Ausdrucksmöglichkeiten erschlossen und vor die Herausforderung gestellt, Dinge nicht nur visuell, sondern mit Worten zu sehen. Allen, die zu diesem Projekt beigetragen haben, gilt unser Dank:

- beim Verlag William Morrow Howard Kaminski, dessen menschliche Wärme, Geistreichtum und Intelligenz uns letztlich den Mut gegeben haben, unsere Vision zu Papier zu bringen, und unserem Lektor Adrian Zackheim, der uns ermutigte, zu tun, was wir wollten, und das auch ernst meinte;
- unserem Designer Michael Mendelsohn, der ein Buch geschaffen hat, das visuell so erregend wie unsere Show ist;
- unserem Manager Bernie Yuman, dessen Enthusiasmus, Unterstützung und Urteilsfähigkeit – er behauptet, er arbeite mit dem »einseitigen Mangel an Objektivität, dies sei das größte Theatererlebnis in der Geschichte der Menschheit« – beim Schreiben und Lektorieren unbezahlbar waren;
- und unserer Mitautorin Annette Tapert, die uns daran erinnerte, daß Wahrheit magischer als Erfindung ist.

Lauren Wilder, unsere persönliche Fotografin.

Danken möchten wir folgenden Fotografen, deren Arbeiten in diesem Buch erscheinen:

Lauren Wilder, unserer persönlichen Fotografin, die uns und unsere Tierfamilie über ein Jahrzehnt lang dokumentiert und dafür gesorgt hat, daß unser Leben auf Hochglanzfotos festgehalten wurde; Bruce Weber für einen »neuen Look«; Greg Gorman für seine Schnappschüsse; Wolfgang Wergin für seine Mitwirkung und Tierliebe; Gerhard Komar, der vor 30 Jahren in Deutschland unsere ersten Bühnenaufnahmen gemacht hat; Neil Leifer dafür, daß er unser Bild – in Lebensgröße – auf den New Yorker Times Square gebracht hat; Howard Bingham, einer der Besten der Branche und ein wahrer Gentleman; Volker Hinz von der Illustrierten *Stern*; Benedict Hilliard, Chris Kalis und Mark Seliger sowie Karsh of Ottawa für die freundliche Erlaubnis, seine Aufnahme von Irving Field verwenden zu dürfen; Michael Montfort, Horst Ossinger, Bernd Kollmann; Robert Scott Hooper.

Unser spezieller Dank gilt dem *Las Vegas News Bureau* für seine ständige Lokalberichterstattung; der Zeitung *Las Vegas Sun*; der Zeitung *The Review-Journal*; den deutschen Medien dafür, daß sie die Erinnerung an uns wachgehalten haben; und den Fotolabors Pro-Processing und Cashman, die Tausende unserer Fotos abgezogen haben.

Unsere private Welt ist voller Menschen, die im Lauf der Jahre unsere Karriere unterstützt haben. Danken möchten wir unseren Angehörigen, unseren Freunden und unserem Team aus loyalen Mitarbeitern. Ihr alle habt unser Leben beeinflußt und uns geholfen, unsere Träume zu verwirklichen. Eine tiefe Verbeugung vor:

Roys Familie

- meiner Mutter Johanna, deren Liebe, Ermutigung und Leidenschaft dies alles ermöglicht haben;
- meiner Tante Paula, die wie eine Mutter zu mir war. Ihre Klugheit wirkt noch heute nach. Meine Liebe und Gebete begleiten sie jeden Tag ihres Lebens – und darüber hinaus;
- Emma und Ludwig Behrens für ihre Unterstützung ganz zu Anfang, und meinen Brüdern Alfred, Manfred und Werner, deren harte Schule ihren kleinen Bruder lebenstüchtig gemacht hat.

Siegfrieds Familie

- zur Erinnerung an meine Eltern Martin und Maria Fischbacher, deren Liebe – auch wenn sie nach echt bayrischer Art oft unter einer rauhen Schale verborgen war – mich stark und leistungsfähig gemacht hat;
- meinem Bruder Marinus, seiner Frau und ihren Kindern sowie dem gesamten Fischbacher-Clan;
- und Margot – Schwester Dolores – deren Gabe, Spiritualismus mit Erkenntnisfähigkeit zu verbinden, mitgeholfen hat, mich mit der Vergangenheit zu versöhnen.

Wir haben die Menschen, die uns zu Beginn unserer Karriere gefördert haben, nie vergessen. Unser Dank gilt:

- Kapitän Vollmer, Kapitän Rossinger und dem Norddeutschen Lloyd;
- Paul Lepach und Frau Herzog, die uns den ersten Auftritt verschafft und in die Neue Welt eingeführt haben;
- Pfarrer Johann Stadler, dem wir »Kastenauer« alle für seine Ermutigung verpflichtet sind;
- Marianne Knief, die uns auf ihre Weise geholfen hat, die Chance zu bekommen, die sie selbst nie hatte;
- und der Weberei Weinberger für eine lehrreiche Ausbildung in manueller Geschicklichkeit.

Wir danken unserer erweiterten Familie, die dazu beigetragen hat, uns das Leben zu erleichtern, und die stets da ist, wenn es darauf ankommt: Nancy Bohnett, Joey Brown, John Brown, Lynette Chappell, Bettina D'Ettore, Bob Downey, Fay Gordon, Corliss Holiday, Paul Kelsey, Mia Münzell, Annee Noona, Dennie Pasion (unsere persönliche Hairstylistin, die es geschafft hat, 28 Imageveränderungen durchzustehen), Dieter Pohl, Bettina Saade, Martha und Magnus Wilhelm, Marianna Young, Sandy Peters und Sofie Reckelwell.

Den Mitgliedern unseres Teams für ihre unermüdliche Tatkraft und Hingabe an alle Aspekte unserer Karriere.

Vorn: Kenneth Feld (Mitte), Produzent von »Siegfried and Roy at the Mirage«, und unser Manager Bernie Yuman (rechts). Hinten (von links nach rechts): Mark Ferrario, Jerry Sowalsky, John O'Reilly, unser Anwalt, und Harvey Gettleson, unser Finanzberater.

Partner und Freunde

Unser herzlicher Dank gilt der gesamten Unternehmensgruppe Feld: dem verstorbenen großen Irving Feld, Kenneth Feld, Bonnie Feld mit ihren Töchtern, Allen Bloom, Chuck Smith, Jerry Sowalsky und Julian Read mit den Read-Poland Associates.

Für die kenntnisreiche Führung durch die legalen Aspekte unseres Lebens danken wir: John O'Reilly, Mark Ferriaro, Ed Lubbers und Phyllis Norquay. Übrigens wüßten wir noch immer gern, wer hierzulande Grundstücksgrenzen festlegt. Wir sind überzeugt, daß uns ein guter Viertelmeter jenseits der Grenzen gehört ...

Aufrichtiger Dank dem Team, das unsere Tiere betreut: Dr. med. vet. Mike Simon, Dr. med. vet. Lanny Cornell, Dr. med. vet. Greenwood, Ellen De Rosa, Baines und Kay Simpson, Roy Bailey, Pieter Van Boorst und Mark Hoffman.

Wir danken auch:

- Bill Whitten, der uns elegant kleidet, ohne uns »modisch« herauszuputzen;
- Kathy »Turkey« Reese, der besten Garderobiere, die Roy jemals gehabt hat;
- Keith Brooks für seine Treue und Unterstützung als Siegfrieds Garderobier.

Speziellen Dank allen Berufs- und Amateurmagiern, magischen Zirkeln und Vereinigungen in aller Welt für ihren Beitrag zu unserer wunderbaren Kunstform – der MAGIE.

Weiterhin danken wir Richard Aamot und Rosemarie Hughey, dem Büroteam der Siegfried and Roy Production. Ihre unermüdliche Arbeit und Begeisterung haben entscheidend zur Fertigstellung unseres Buches beigetragen. Und sie sind noch immer auf der Suche nach Negativen aus dem Jahre 1951.

Ebenfalls dankbar sind wir Pamela Allen, Bernie Yumans rechter Hand bei SAY Entertainment. Ihr stetes Pflichtbewußtsein und ihr Einsatz für dieses Unternehmen machen sie zu einer wertvollen und unersetzlichen Mitarbeiterin. Auch Hershel Pearl danken wir für unerschütterliche Loyalität und Einsatzfreude.

Unser besonderer Dank gilt Dr. med. vet. Martin Dinnes, der für unsere prachtvolle Tierfamilie von der Geburt bis zum Erwachsensein allein verantwortlich ist – eine lebenslängliche Aufgabe, ganz zu schweigen von den vielen grauen Haaren, die wir in Krisenzeiten gemeinsam bekommen haben.

Danken möchten wir auch:

- Edward J. Maruska, der sich wie wir der Erhaltung des weißen Tigers verschrieben hat und für dessen Freundschaft wir schlicht und einfach sehr dankbar sind;
- der Zoological Society of Cincinnati für ihre Mitwirkung bei der Erhaltung des weißen Tigers;
- dem verstorbenen Maharadscha von Rewa, der die Erhaltung des weißen Tigers ermöglicht hat;
- dem Maharadscha von Boroda für die gemeinsamen Bemühungen zum Schutz dieser gefährdeten Tierart;
- Sohni Löffelhardt und Richard Schmidt für ihren Weitblick bei der Präsentation unserer weißen Tiger im Brühler Phantasialand im Rahmen eines kulturellen Austauschprogramms, das ihren deutschen Landsleuten die Möglichkeit gibt, sich an diesen seltenen Tieren zu erfreuen und mehr über sie zu erfahren.

Aufrichtige Liebe und Anerkennung für das Royal White Tiger Team:

- Lynette Chappell, deren innere Schönheit ihre äußere womöglich noch übertrifft, die unsere rechte Hand, unser Erzengel und unsere böse Königin ist und deren Fürsorge für uns alle sich nicht mit Worten beschreiben läßt;
- den Tierpflegern unserer Arche Noah, die an unseren Träumen teilhaben und tagtäglich mit vorbildlichem Einsatz und Pflichtbewußtsein unsere Tiere versorgen: George Diesko, Thomas Maple, John Molnar, Toney Mitchell, Kathy Gard, Buzz Martin und Monique Bickell – danke!

George Diesko

Thomas Maple

Kathy Gard

Martin »Buzz« Busby

Toney Mitchell

John Molnar

Monique Bickell

Unser Dank gilt Steve Wynn und seinen Mitarbeitern im Mirage, unserem Ensemble und dem Bühnenpersonal im Mirage, deren Einsatz und Unterstützung uns Abend für Abend unentbehrlich sind. Und den Tausenden von Produktions- und Ensemblemitgliedern, die im Laufe der Zeit mit uns zusammengearbeitet haben – danke!

Danken möchten wir auch all den Stars, die wir im Laufe unserer Karriere glücklicherweise kennengelernt haben, die sich unsere Show angesehen, uns besucht und uns inspiriert haben, die unsere Freunde geworden sind – danke!

Ebenfalls danken möchten wir allen Menschen dieser Welt, die unser Geschenk aus Träumen, Unterhaltung, Phantasie und der Erhaltung und Fortpflanzung des weißen Tigers angenommen haben. Durch unser Publikum haben wir gelernt, die wahre Freude ausgelebter Träume zu erfahren. Dafür danken wir allen.

Wir danken unseren Tieren, daß sie uns zu besseren Menschen gemacht haben.

Nach dreißigjähriger Karriere ist es unvermeidlich, daß wir einige Leute zu erwähnen vergessen haben. Wer diesmal unerwähnt geblieben ist, wird sich im nächsten Buch wiederfinden, denn wir haben noch so viel zu erzählen. Als Entertainer wissen wir jedoch, daß eines der Elemente des Erfolgs darin besteht, immer so aufzuhören, daß das Publikum sich noch mehr wünscht. Glauben Sie uns also, wenn wir sagen: Die beste Lektüre kommt erst noch…

Look for the magic
that is around you.

In nature, plants, flowers,
and all the animals that
share this planet with us.

Look for it—
and let it enlighten
your heart and your life.

Until we meet again,
auf wiedersehen.